## 前言

　　雖然有點突然,但我有一個問題。

　　請問今天是幾月幾號?

　　本書將按照1月到12月的順序,一天一件,介紹共366天的日本歷史事件。

　　你所度過的今天也許是個平凡無奇的一天。

　　可是,查查過去的「今天」,說不定發生過刻劃在歷史上的重大事件或值得開心的事。

　　究竟從前的日本發生了什麼事呢——?

　　有了「今天」這個共通點,不覺得歷史又和我們的生活更靠近了嗎?

順帶一提，這本書要怎麼讀都行。既可以從自己或親朋好友生日這天的事件開始讀起，當然也可以很普通地從第一頁讀到最後一頁。

而且，按照日期排列的366起歷史事件，網羅了從飛鳥時代到平成時代（西元6世紀到21世紀）發生的事。即使是不擅長日本史的人，一定也會在閱讀的過程中喜歡上歷史，或是不知不覺把這些知識輸入腦袋。

那麼，就讓我們馬上翻開書頁吧！

小和田哲男

# 本書使用說明

本書會搭配插圖,以簡單易懂的方式介紹日本史上的「今天」發生的事。開心學習1年366天的歷史吧!

**時代** 這裡寫著時代名稱。
確認這是發生在什麼時代的「歷史事件」吧!

- 593～710 飛鳥時代
- 710～794 奈良時代
- 794～1185 平安時代
- 1185～1333 鎌倉時代
- 1333～1392 南北朝時代
- 1336～1493 室町時代
- 1493～1573 戰國時代
- 1573～1603 安土桃山時代
- 1603～1868 江戶時代
- 1868～1912 明治時代
- 1912～1926 大正時代
- 1926～1989 昭和時代
- 1989～2019 平成時代
- 2019～ 令和時代

**日期**
按1月到12月的日期依序排列。

**標題**
快速介紹「歷史大事」。從有興趣的標題開始慢慢讀吧!

**插圖**
把這天發生的事情畫成漫畫插畫,旁邊有補充說明,可以長知識喔!

**解說**
彷彿登場人物本人在說話,親口為你介紹「歷史大事」。

**小測驗**
這裡有跟這一頁有關的「人物」或「歷史事件」的小測驗。答案在該頁的最下面喔!

1月16日(天平勝寶6年)

鑑真抵達日本的日子
西元754年2月12日
大概這時候 710　794 奈良時代

## 即使**喪失視力**我也看得見,這就是我夢寐以求的日本!

唐僧鑑真在歷經千辛萬苦之後終於來到日本。他把佛教徒必須遵守的戒律教給聖武上皇等人,接著又興建唐招提寺傳授自己的講道內容。

鑑真從唐朝(現在的中國)來到日本。據說除了佛教之外,他還將豆腐、味噌及中藥等物品傳入日本。

我要去日本!

### 鑑真終於在第6次東渡踏上日本國土的日子

我接受搭乘遣唐使(※)的船來訪的日本僧侶榮睿師父和普照師父的請託,在天平元年(729年)下定決心前往日本。不過東渡5次都失敗了。直到第6次才終於成功踏上日本國土。可惜的是,當時我的雙眼已經看不見了。

從唐朝來到日本的鑑真。

※代表日本前往唐朝的人。

💡 問題　鑑真曾經住過一段時間的東大寺,位於現在哪裡?

❶ 岩手縣　　❷ 和歌山縣　　❸ 長野縣　　❹ 奈良縣

答案:④　奈良也是當時的都城(平安京)。

**圖示** 這裡有可以一眼看出這天發生過哪種歷史事件的符號喔！

**關於這一天** 用一句話描述這天發生的事情或重要大事。

 忌日
 生日
 即位、任命
 災害
 案件
 活動、紀念日
 政治
條約
 事件
 戰爭

1月5日（慶應3年）

夏目漱石的生日
西元1867年2月9日
1603　　1868
江戶時代

**西元** 目前日本、歐洲及美國等國使用的年月日。

**和曆** 寫著年號，是日本獨有的特殊曆法。

## 肚子痛個不停，身體好不舒服。對了，來寫「小說」吧！

作家夏目漱石從年輕時就體弱多病，常常被胃痛和神經的疾病折磨。他為了轉換心情開始寫作，沒想到一寫就大受歡迎呢！

 問題

提到夏目漱石的小說代表作會想到哪部作品？
❶《小姐》
❷《少爺》
❸《媽媽》

### 從英文老師變成大作家——夏目漱石的生日

漱石出生在江戶時代末期，本名是夏目金之助。雖然他身體虛弱，但很會讀書，在大學畢業後成為英文老師，還曾經到過英國留學。然而，他的神經疾病日漸加劇，用來轉換心情所寫下的作品正是他的第一部小說《我是貓》。他後來辭去教職，改行當作家，發表了《三四郎》、《心》等小說作品，搖身一變成為代表明治時代及日本的大作家喔！

 補充

筆名「漱石」的意思是「頑固的人」或「奇怪的人」。他從20歲左右和朋友正岡子規一起做俳句時，開始使用這個筆名。

答案：② 從二樓一躍而下的主角「有一個禮拜都直不起腰」。

**猜謎** 有些是猜謎，有些是大家來找碴，讀起來非常有趣！答案在該頁的最下面喔！

**補充** 以猜謎或大家來找碴為主的頁數，會有補充說明喔！

**在下乃忍者是也！**
忍者藏身在書頁裡的各個角落。請你找找看吧！

# 目次

## 1月

- **1日** - 日本曆法改成太陽曆的日子 ... 19
- **2日** - 室町幕府第八代將軍足利義政的生日 ... 20
- **3日** - 約翰萬次郎回到日本的日子 ... 21
- **4日** - 改正並減輕地租的日子 ... 22
- **5日** - 夏目漱石的生日 ... 23
- **6日** - 德川慶喜逃出大阪的日子 ... 24
- **7日** - 前島密（郵政制度之父）的生日 ... 25
- **8日** - 江戶幕府第五代將軍德川綱吉的生日 ... 26
- **9日** - 明治天皇即位的日子 ... 27
- **10日** - 頒布《徵兵令》的日子 ... 28
- **11日** - 上杉謙信送鹽給敵人的日子 ... 29
- **12日** - 二十世紀最大的火山爆發！櫻島大噴發的日子 ... 30
- **13日** - 鎌倉幕府初代將軍源賴朝猝死的日子 ... 31
- **14日** - 在南極發現倖存的太郎和次郎的日子 ... 32
- **15日** - 慶祝成人之日的日子 ... 33
- **16日** - 鑑真抵達日本的日子 ... 34
- **17日** - 提出《民撰議院設立建白書》的日子 ... 35
- **18日** - 發生明曆大火的日子 ... 36
- **19日** - 足利義教成為室町幕府第六代將軍的日子 ... 37
- **20日** - 學校開始提供營養午餐的日子 ... 38
- **21日** - 組成薩長同盟的日子 ... 39
- **22日** - 電力公司開業的日子 ... 40
- **23日** - 物理學家湯川秀樹的生日 ... 41
- **24日** - 橫井庄一在關島被人發現的日子 ... 42
- **25日** - 菅原道真被貶到大宰府的日子 ... 43
- **26日** - 文化財防火日 ... 44
- **27日** - 源實朝遭人暗殺的日子 ... 45
- **28日** - 《古事記》完成的日子 ... 46
- **29日** - 藤原道長成為攝政的日子 ... 47
- **30日** - 勝海舟的生日 ... 48
- **31日** - 出現女性專用車廂的日子 ... 49

# 2月

- **1**日 - 開始播放電視節目的日子 …… 50
- **2**日 - 藤原賴通的忌日 …… 51
- **3**日 - 札幌冬季奧運開幕的日子 …… 52
- **4**日 - 發生足尾暴動事件的日子 …… 53
- **5**日 - 明治政府下令設置小學的日子 …… 54
- **6**日 - 採納《華盛頓海軍條約》的日子 …… 55
- **7**日 - 源氏在一之谷之戰獲勝的日子 …… 56
- **8**日 - 郵政符號之日 …… 57
- **9**日 - 舉辦第一場職棒比賽的日子 …… 58
- **10**日 - 日本對俄羅斯宣戰的日子 …… 59
- **11**日 - 建國紀念之日 …… 60
- **12**日 - 江戶幕府成立的日子 …… 61
- **13**日 - 平民也被賦予冠姓義務的日子 …… 62
- **14**日 - 平將門被討伐的日子 …… 63
- **15**日 - 爆發西南戰爭的日子 …… 64
- **16**日 - 《京都議定書》生效的日子 …… 65
- **17**日 - 島崎藤村的生日 …… 66
- **18**日 - 頒布《異國船驅逐令》的日子 …… 67
- **19**日 - 發生大鹽平八郎之亂的日子 …… 68
- **20**日 - 第一次舉辦普通選舉的日子 …… 69
- **21**日 - 源賴朝下令討伐弟弟義經的日子 …… 70
- **22**日 - 聖德太子的忌日 …… 71
- **23**日 - 發現「漢倭奴國王」金印的日子 …… 72
- **24**日 - 日本首次進行電子通訊的日子 …… 73
- **25**日 - 藤原彰子成為中宮的日子 …… 74
- **26**日 - 發生二二六事件的日子 …… 75
- **27**日 - 天武天皇即位的日子 …… 76
- **28**日 - 千利休的忌日 …… 77
- **29**日 - 安土城舉辦上覽相撲的日子 …… 78

每逢四年一次的閏年，2月會有29天！

# 3月

- **1**日 - 滿洲國成立的日子 ... 79
- **2**日 - 英文在棒球術語被禁用的日子 ... 80
- **3**日 - 發生櫻田門外之變的日子 ... 81
- **4**日 - 杉田玄白參觀屍體解剖現場的日子 ... 82
- **5**日 - 發生血盟團事件的日子 ... 83
- **6**日 - 頒布永仁德政令的日子 ... 84
- **7**日 - 推古天皇的忌日 ... 85
- **8**日 - 統一度量衡的日子 ... 86
- **9**日 - 發生東京大空襲的日子 ... 87
- **10**日 - 遷都平城京的日子 ... 88
- **11**日 - 發生東日本大震災的日子 ... 89
- **12**日 - 星期日變成休息日的日子 ... 90
- **13**日 - 壬生浪士組成立的日子 ... 91
- **14**日 - 發表《五條御誓文》的日子 ... 92
- **15**日 - 爆發昭和金融恐慌的日子 ... 93
- **16**日 - 藤田東湖的生日 ... 94
- **17**日 - 東京巨蛋完工的日子 ... 95
- **18**日 - PASMO 啟用的日子 ... 96
- **19**日 - 宗尊親王從京都出發的日子 ... 97
- **20**日 - 上野動物園開園的日子 ... 98
- **21**日 - 發現高松塚古墳壁畫的日子 ... 99
- **22**日 - 頒布《薄葬令》的日子 ... 100
- **23**日 - 鎌倉大佛開始動工的日子 ... 101
- **24**日 - 平氏在壇之浦滅亡的日子 ... 102
- **25**日 - 樋口一葉的生日 ... 103
- **26**日 - 豐臣秀吉出發前往名護屋城的日子 ... 104
- **27**日 - 松尾芭蕉踏上旅途的日子 ... 105
- **28**日 - 頒布廢刀令的日子 ... 106
- **29**日 - 坂本龍馬在蜜月旅行登上高千穗山的日子 ... 107
- **30**日 - 德川吉宗下令實施人口調查的日子 ... 108
- **31**日 - 開始實施 6334 學制的日子 ... 109

# 4月

- **1**日 - 頒布《國家總動員法》的日子 — 111
- **2**日 - 德川家齊退位的日子 — 112
- **3**日 - 聖德太子頒布《十七條憲法》的日子 — 113
- **4**日 - 德川家康參加大坂夏之陣的日子 — 114
- **5**日 - 琉球王國敗給薩摩的日子 — 115
- **6**日 - 板垣退助遇刺的日子 — 116
- **7**日 - 江戶幕府第二代將軍德川秀忠的生日 — 117
- **8**日 - 太田道灌興建江戶城的日子 — 118
- **9**日 - 東大寺大佛舉行開光儀式的日子 — 119
- **10**日 - 日本女性第一次參加選舉的日子 — 120
- **11**日 - 德川秀忠之女千姬的生日 — 121
- **12**日 - 北條政子制定十三人合議制的日子 — 122
- **13**日 - 發生巖流島決鬥的日子 — 123
- **14**日 - 高杉晉作的忌日 — 124
- **15**日 - 阿弖流為向坂上田村麻呂投降的日子 — 125
- **16**日 - 金閣寺完工的日子 — 126
- **17**日 - 頒布《三世一身法》的日子 — 127
- **18**日 - 頒布《專賣特許條例》的日子 — 128
- **19**日 - 日本人在波士頓馬拉松首次奪冠的日子 — 129
- **20**日 - 齋藤道三的忌日 — 130
- **21**日 - 忠犬八公銅像完工的日子 — 131
- **22**日 - 頒布《治安維持法》的日子 — 132
- **23**日 - 發生寺田屋騷動的日子 — 133
- **24**日 - 柴田勝家切腹的日子 — 134
- **25**日 - 爆發金崎之戰的日子 — 135
- **26**日 - 吉備真備將唐朝文物獻給朝廷的日子 — 136
- **27**日 - 日本歷史上最早的地震記錄的日子 — 137
- **28**日 - 日本恢復主權的日子 — 138
- **29**日 - 發生元弘之亂的日子 — 139
- **30**日 - 野生朱鷺剩下最後一隻的日子 — 140

# 5月

- **1**日 - 促成日本紅十字會創立的日子 ... 141
- **2**日 - 鉛筆紀念日 ... 142
- **3**日 - 《日本國憲法》啟用的日子 ... 143
- **4**日 - 開始生產販售彈珠汽水的日子 ... 144
- **5**日 - 小林一茶的生日 ... 145
- **6**日 - 室町幕府第三代將軍足利義滿的忌日 ... 146
- **7**日 - 真田信繁（幸村）戰死的日子 ... 147
- **8**日 - 島津義久向豐臣秀吉投降的日子 ... 148
- **9**日 - 冰淇淋日 ... 149
- **10**日 - 日本貨幣改成「圓」的日子 ... 150
- **11**日 - 發行和同開珎的日子 ... 151
- **12**日 - 發生天明暴動的日子 ... 152
- **13**日 - 足利義滿派使節前往明朝的日子 ... 153
- **14**日 - 大久保利通的忌日 ... 154
- **15**日 - 爆發五一五事件的日子 ... 155
- **16**日 - 間部詮房的生日 ... 156
- **17**日 - 制定府縣制和郡制的日子 ... 157
- **18**日 - 戊辰戰爭結束的日子 ... 158
- **19**日 - 爆發桶狹間之戰的日子 ... 159
- **20**日 - 日野富子的忌日 ... 160
- **21**日 - 爆發長篠之戰的日子 ... 161
- **22**日 - 鎌倉幕府滅亡的日子 ... 162
- **23**日 - 明治天皇出發巡幸的日子 ... 163
- **24**日 - 伊達政宗的忌日 ... 164
- **25**日 - 爆發湊川之戰的日子 ... 165
- **26**日 - 爆發源平合戰的日子 ... 166
- **27**日 - 頒布《墾田永年私財法》的日子 ... 167
- **28**日 - 開始興建長崎出島的日子 ... 168
- **29**日 - 與謝野晶子的忌日 ... 169
- **30**日 - 沖田總司的忌日 ... 170
- **31**日 - 簽訂《塘沽協定》的日子 ... 171

# 6月

- 1日 - 武田信玄頒布《甲州法度之次第》的日子 …… 172
- 2日 - 發生本能寺之變的日子 …… 173
- 3日 - 培里的黑船來到浦賀的日子 …… 174
- 4日 - 開始實施蛀牙預防日的日子 …… 175
- 5日 - 爆發中途島海戰的日子 …… 176
- 6日 - 爆發弘安之役的日子 …… 177
- 7日 - 恢復舉辦祇園祭的日子 …… 178
- 8日 - 大鳴門橋開通的日子 …… 179
- 9日 - 瀧澤馬琴的生日 …… 180
- 10日 - 德川光圀的生日 …… 181
- 11日 - 關門鐵路隧道開通的日子 …… 182
- 12日 - 發生大化革新的日子 …… 183
- 13日 - 爆發山崎之戰的日子 …… 184
- 14日 - 毛利元就的忌日 …… 185
- 15日 - 空海的生日 …… 186
- 16日 - 設置六波羅探題的日子 …… 187
- 17日 - 簽署《沖繩返還協定》的日子 …… 188
- 18日 - 移民海外日 …… 189
- 19日 - 簽訂《美日修好通商條約》的日子 …… 190
- 20日 - 發生應永外寇的日子 …… 191
- 21日 - 參勤交代制度化的日子 …… 192
- 22日 - 保齡球日 …… 193
- 23日 - 水野忠邦的生日 …… 194
- 24日 - 發生嘉吉之亂的日子 …… 195
- 25日 - 爆發韓戰的日子 …… 196
- 26日 - 木戶孝允的生日 …… 197
- 27日 - 召開清洲會議的日子 …… 198
- 28日 - 爆發姉川之戰的日子 …… 199
- 29日 - 披頭四樂團來到日本的日子 …… 200
- 30日 - 隈板內閣開始運作的日子 …… 201

## 7月

- 1日 - 舉辦第一屆眾議院議員總選舉的日子 ... 203
- 2日 - 爆發薩英戰爭的日子 ... 204
- 3日 - 小野妹子出發前往隋朝的日子 ... 205
- 4日 - 完成鎖國的日子 ... 206
- 5日 - 豐臣秀吉統一天下的日子 ... 207
- 6日 - 德川家康改名「家康」的日子 ... 208
- 7日 - 發生盧溝橋事變的日子 ... 209
- 8日 - 豐臣秀吉頒布《刀狩令》的日子 ... 210
- 9日 - 森鷗外的忌日 ... 211
- 10日 - 完成的日本地圖被獻給幕府的日子 ... 212
- 11日 - 發生保元之亂的日子 ... 213
- 12日 - NHK 廣播開播的日子 ... 214
- 13日 - 後鳥羽上皇被流放外島的日子 ... 215
- 14日 - 實施廢藩置縣的日子 ... 216
- 15日 - 豐臣秀次被迫切腹的日子 ... 217
- 16日 - 日本最早的鐵路便當開賣的日子 ... 218
- 17日 - 頒布《禁中並公家諸法度》的日子 ... 219
- 18日 - 室町幕府滅亡的日子 ... 220
- 19日 - 發生禁門之變的日子 ... 221
- 20日 - 江戶幕府第十四代將軍德川家茂的忌日 ... 222
- 21日 - 美國總領事哈里斯抵達下田的日子 ... 223
- 22日 - 沙勿略抵達鹿兒島的日子 ... 224
- 23日 - 二宮尊德（二宮金次郎）的生日 ... 225
- 24日 - 豐臣秀吉獲贈大象的日子 ... 226
- 25日 - 杉原千畝拯救猶太人的日子 ... 227
- 26日 - 《東海道四谷怪談》首演的日子 ... 228
- 27日 - 德川家光成為將軍的日子 ... 229
- 28日 - 江戶川亂步的忌日 ... 230
- 29日 - 發生伊豆大島安永大噴發的日子 ... 231
- 30日 - 明治天皇駕崩的日子 ... 232
- 31日 - 「夢幻東京奧運」決定停辦的日子 ... 233

# 8月

- 1日 - 爆發甲午戰爭的日子 — 234
- 2日 - 設置意見箱的日子 — 235
- 3日 - 《大寶律令》完成的日子 — 236
- 4日 - 吉田松陰出生的日子 — 237
- 5日 - 四國聯合艦隊進攻下關的日子 — 238
- 6日 - 廣島被原子彈轟炸的日子 — 239
- 7日 - 在兵庫縣發現恐龍化石的日子 — 240
- 8日 - 蘇聯向日本宣戰的日子 — 241
- 9日 - 長崎被原子彈轟炸的日子 — 242
- 10日 - 北條泰時頒布《御成敗式目》的日子 — 243
- 11日 - 足利尊氏成為征夷大將軍的日子 — 244
- 12日 - 鎌倉幕府第二代將軍源賴家的生日 — 245
- 13日 - 德川吉宗成為將軍的日子 — 246
- 14日 - 札幌農學校創立的日子 — 247
- 15日 - 第二次世界大戰結束的日子 — 248
- 16日 - 發生永享之亂的日子 — 249
- 17日 - 源賴朝出征的日子 — 250
- 18日 - 發生政變的日子 — 251
- 19日 - 鼠小僧被處死的日子 — 252
- 20日 - 藤原定家的忌日 — 253
- 21日 - 發生生麥事件的日子 — 254
- 22日 - 路面電車在新橋－品川區間通車的日子 — 255
- 23日 - 白虎隊自殺的日子 — 256
- 24日 - 石川五右衛門被處以烹刑的日子 — 257
- 25日 - 鐵砲首次傳入日本的日子 — 258
- 26日 - 源為朝被流放到伊豆大島的日子 — 259
- 27日 - 爆發白村江之戰的日子 — 260
- 28日 - 後白河法皇舉辦東大寺開光儀式的日子 — 261
- 29日 - 日韓合併的日子 — 262
- 30日 - 麥克阿瑟抵達厚木的日子 — 263
- 31日 - 大正天皇的生日 — 264

# 9月

- **1日** — 發生關東大震災的日子 — 265
- **2日** — 發生比企之亂的日子 — 266
- **3日** — 拉克斯曼來到根室的日子 — 267
- **4日** — 關西國際機場啟用的日子 — 268
- **5日** — 簽訂《樸茨茅斯條約》的日子 — 269
- **6日** — 豐臣秀吉之妻高台院（寧寧）的忌日 — 270
- **7日** — 梅田雲濱被逮捕的日子 — 271
- **8日** — 年號改成明治的日子 — 272
- **9日** — 開始施放正午報時午砲的的日子 — 273
- **10日** — 赤松滿祐自殺的日子 — 274
- **11日** — 首次安裝公共電話的日子 — 275
- **12日** — 藤原藥子自殺的日子 — 276
- **13日** — 豐臣秀吉搬到聚樂第的日子 — 277
- **14日** — 津田梅子開設津田塾的日子 — 278
- **15日** — 爆發關原之戰的日子 — 279
- **16日** — 摩斯開始挖掘「大森貝塚」的日子 — 280
- **17日** — 發表《日朝平壤宣言》的日子 — 281
- **18日** — 發生正長土一揆的日子 — 282
- **19日** — 發生正中之變的日子 — 283
- **20日** — 國產飛行船飛過東京上空的日子 — 284
- **21日** — 武市瑞山（半平太）入獄的日子 — 285
- **22日** — 松平容保向新政府軍投降的日子 — 286
- **23日** — 葛飾北齋的生日 — 287
- **24日** — 西鄉隆盛的忌日 — 288
- **25日** — 西博德被流放海外的日子 — 289
- **26日** — 織田信長與足利義昭入京的日子 — 290
- **27日** — 德義日三國同盟成立的日子 — 291
- **28日** — 早良親王的忌日 — 292
- **29日** — 簽署《中日聯合聲明》的日子 — 293
- **30日** — 廢除遣唐使的日子 — 294

# 10月

- **1**日 - 爆發嚴島之戰的日子 ... 296
- **2**日 - 發生安政大地震的日子 ... 297
- **3**日 - 大津皇子被迫自殺的日子 ... 298
- **4**日 - 富岡製絲廠開始生產的日子 ... 299
- **5**日 - 藤堂高虎的忌日 ... 300
- **6**日 - 決定實施ODA的日子 ... 301
- **7**日 - 千利休在禁裏茶會獻茶的日子 ... 302
- **8**日 - 公布佐藤榮作獲得諾貝爾和平獎的日子 ... 303
- **9**日 - 實施男女共學的日子 ... 304
- **10**日 - 松永久秀自殺的日子 ... 305
- **11**日 - 山口法官餓死的日子 ... 306
- **12**日 - 決定成立國會的日子 ... 307
- **13**日 - 執行世界第一場全身麻醉手術的日子 ... 308
- **14**日 - 江戶幕府結束的日子 ... 309
- **15**日 - 中臣鎌足被賜姓藤原的日子 ... 310
- **16**日 - 發生第一次石油危機的日子 ... 311
- **17**日 - 公布川端康成獲得諾貝爾文學獎的日子 ... 312
- **18**日 - 小早川秀秋的忌日 ... 313
- **19**日 - 簽署《日蘇共同宣言》的日子 ... 314
- **20**日 - 爆發文永之役的日子 ... 315
- **21**日 - 舉辦學生兵誓師大會的日子 ... 316
- **22**日 - 桓武天皇遷都平安京的日子 ... 317
- **23**日 - 北條實時的忌日 ... 318
- **24**日 - 發生諾曼頓號事件的日子 ... 319
- **25**日 - 發生島原之亂的日子 ... 320
- **26**日 - 伊藤博文遭到暗殺的日子 ... 321
- **27**日 - 吉田松陰被處刑的日子 ... 322
- **28**日 - 發生萩之亂的日子 ... 323
- **29**日 - 日本最早的彩券開賣的日子 ... 324
- **30**日 - 頒布《教育敕語》的日子 ... 325
- **31**日 - 發生秩父事件的日子 ... 326

## 11月

- 1日 - 山背大兄王被蘇我入鹿襲擊的日子 ...... 327
- 2日 - 東京科學博物館開幕的日子 ...... 328
- 3日 - 頒布《日本國憲法》的日子 ...... 329
- 4日 - 服部半藏的忌日 ...... 330
- 5日 - 貓熊在上野動物園公開亮相的日子 ...... 331
- 6日 - GHQ下令解散財閥的日子 ...... 332
- 7日 - 佐爾格和尾崎秀實被處死的日子 ...... 333
- 8日 - 後水尾天皇因紫衣事件退位的日子 ...... 334
- 9日 - 野口英世的生日 ...... 335
- 10日 - 安裝日本第一臺電梯的日子 ...... 336
- 11日 - 企業家澀澤榮一的忌日 ...... 337
- 12日 - 岩倉使節團從橫濱出發的日子 ...... 338
- 13日 - 尼子經久的忌日 ...... 339
- 14日 - 本田實發現新彗星的日子 ...... 340
- 15日 - 坂本龍馬遭到暗殺的日子 ...... 341
- 16日 - 西鄉隆盛與僧侶月照投水的日子 ...... 342
- 17日 - 發生霜月騷動的日子 ...... 343
- 18日 - 愛因斯坦來到日本的日子 ...... 344
- 19日 - 毛利元就攻陷月山富田城的日子 ...... 345
- 20日 - 平清盛幽禁後白河法皇的日子 ...... 346
- 21日 - 平賀源內因殺人罪入獄的日子 ...... 347
- 22日 - 北條時賴的忌日 ...... 348
- 23日 - 發生寶永大噴發的日子 ...... 349
- 24日 - 下達小田原北條氏討伐命令的日子 ...... 350
- 25日 - 《學問之勸》最終卷出版的日子 ...... 351
- 26日 - 白河天皇開始實施院政的日子 ...... 352
- 27日 - 松下幸之助的生日 ...... 353
- 28日 - 鹿鳴館開幕的日子 ...... 354
- 29日 - 《大日本帝國憲法》啟用的日子 ...... 355
- 30日 - 日本第一座傳染病研究所成立的日子 ...... 356

# 12月

- **1**日 - 出現兒童洋食的日子 ... 357
- **2**日 - 日本人第一次飛上宇宙的日子 ... 358
- **3**日 - 天草四郎據守在原城遺跡的日子 ... 359
- **4**日 - 開設小石川養生所的日子 ... 360
- **5**日 - 聖德太子制定冠位十二階的日子 ... 361
- **6**日 - 持統天皇遷都藤原京的日子 ... 362
- **7**日 - 神戶港開港的日子 ... 363
- **8**日 - 爆發太平洋戰爭的日子 ... 364
- **9**日 - 頒布《王政復古大號令》的日子 ... 365
- **10**日 - 發生三億圓事件的日子 ... 366
- **11**日 - 發生山城國一揆的日子 ... 367
- **12**日 - 小牧・長久手之戰結束的日子 ... 368
- **13**日 - 發生南京大屠殺的日子 ... 369
- **14**日 - 赤穗浪士發動攻擊的日子 ... 370
- **15**日 - 平將門自稱「新皇」的日子 ... 371
- **16**日 - 大和號戰艦完工的日子 ... 372
- **17**日 - 發生日本最後一樁復仇事件的日子 ... 373
- **18**日 - 西鄉隆盛像在上野公園完工的日子 ... 374
- **19**日 - 豐臣秀吉處死天主教徒的日子 ... 375
- **20**日 - 東京車站開幕的日子 ... 376
- **21**日 - 大內義弘戰死的日子 ... 377
- **22**日 - 出現第一任內閣總理大臣的日子 ... 378
- **23**日 - 東京鐵塔完工的日子 ... 379
- **24**日 - 日本首次通過消費稅法案的日子 ... 380
- **25**日 - 薩摩藩邸被燒毀的日子 ... 381
- **26**日 - 德川家康的生日 ... 382
- **27**日 - 松平定信的生日 ... 383
- **28**日 - 平氏燒毀南都的日子 ... 384
- **29**日 - 紫式部成為女官的日子 ... 385
- **30**日 - 日本第一條地下鐵通車的日子 ... 386
- **31**日 - 神話從教科書上消失的日子 ... 387

## 中場休息小專欄

一年的前3個月過完囉！
**一頁日本史 古代篇** ……… 110

今年過完一半了！
**一頁日本史 中世篇** ……… 202

今年只剩下3個月啦！
**一頁日本史 近世篇** ……… 295

這一年來辛苦了！
**一頁日本史 近代篇** ……… 388

小和田老師的話 ……………………………… 389
實用索引！日本史年表 ……………………… 390
參考文獻 ……………………………………… 399

# 1月1日 （明治6年）

日本曆法改成太陽曆的日子
西元1873年1月1日

明治時代

## 12月2日的隔天是1月1日？
## 日本改變曆法的日子

從以月亮盈虧為基準的曆法改成
以地球繞行太陽一周為基準的曆法。

### 改掉季節與日期不一致的古早日本曆法！

日本目前的曆法是以地球繞行太陽一圈所花費時間為基準的「太陽曆（新曆）」。在此之前的曆法叫「太陰太陽曆（舊曆）」，依據基準是月亮的盈虧。但由於季節和日期之間的落差非常嚴重，需要藉由把一年分成13個月等方式進行調整。只不過，現在的太陽曆還是有些微誤差，<u>因此會用四年一次的閏日（閏年）2月29日來調整喔！</u>

 問題　下列何者為閏年？

❶ 2019年　　❷ 2020年　　❸ 2021年　　❹ 2022年

答案：② 2020年（令和2年）原本預計要舉辦東京奧運。

19

# 1月2日 （永享8年）

室町幕府第八代將軍足利義政的生日
西元1436年1月20日

大概這時候
1336 — 1493
室町時代

## 既然義滿爺爺蓋了金閣寺，我就來蓋**銀閣寺**吧！

足利義政享受茶道、潛心繪畫，在興趣嗜好方面登峰造極。他所創造的文化叫「東山文化」。

在完工前敬請您耐心等候。

銀閣寺是在義政去世後才完工的。為了哀悼他的逝去，這座寺廟也用於祈求他能在極樂淨土安樂無憂。

**室町幕府第8代將軍足利義政在這天誕生！**

14歲就當上將軍的我，願望是像我敬愛的祖父一樣過著風流(※)的生活。我的祖父是建造金閣寺的室町幕府第3代將軍足利義滿。雖然有人說連續打了快11年的應仁之亂都是我造成的，不過我興建的銀閣寺挺氣派的吧？

※高雅、有品味。

### 問題　室町幕府的初代將軍是？

❶ 足利尊氏　❷ 足利義滿　❸ 足利義教　❹ 足利義尚

答案：❶　尊氏34歲時被光明天皇任命為征夷大將軍。

# 1月3日 （嘉永4年）

**約翰萬次郎回到日本的日子**
西元1851年2月3日

大概這時候
1603　1868
江戶時代

1月3日

## 久違的日本！
### 果然還是故鄉最棒了～

土佐的中濱萬次郎（約翰萬次郎）是第一位踏上美國國土的日本人，他回國的時間正值幕末。當時有很多知識分子都受到萬次郎的影響。

### 14歲赴美的約翰萬次郎，睽違十年回到母國

在現今高知縣作為漁夫之子出生的萬次郎，14歲時以船廚的身分搭乘日本漁船遭遇船難。在無人島上生活的他被美國的捕鯨船所救，就這樣搭著捕鯨船前往美國生活。後來，他在美國拼命唸書，靠著在船上工作和淘金努力存錢。接著在發生船難的十年之後，他才總算成功回到了日本。附帶一提，他在回國後從事口譯等重要的工作喔！

 **問題**　獲救的萬次郎在前往美國本土的途中經過了哪一座島？

❶ 伊豆大島　　❷ 關島　　❸ 夏威夷　　❹ 茂宜島

答案：③　當時稱夏威夷王國（1795至1893年），與美國是不同國家。

21

# 1月4日

（明治10年）

改正並減輕地租的日子
西元1877年1月4日

大概這時候
1868　　　1912
明治時代

## 不忍了！這麼高的稅金誰付得起啦～？

明治政府在這天修改了四年前制定的稅金政策。
原因是有很多民眾都不滿稅率太高了。

### 明治政府將地租從3%調降至2.5%

明治政府一改過去以作物等物品收稅的舊稅制，制定以地價的3%作為地租，改用金錢納稅的「地租改正」制度。因為這樣一來，政府每年都會收到固定的金額，收入會變得比較穩定。然而農民即使作物收成不佳也必須繳納一樣多的錢，於是各地開始興起反對運動。不知道是不是擔心這樣下去會一發不可收拾，政府便將地租調降成2.5%了。

💡 問題　日本史上最早在全國各地實施的土地制度改革是？

❶ 天皇檢地　　❷ 關白檢地　　❸ 太閤檢地　　❹ 將軍檢地

答案：③　天正10年（1582年），羽柴（豐臣）秀吉在山崎之戰後開始實施，調查田地的面積與收穫量。

# 1月5日 （慶應3年）

夏目漱石的生日
西元1867年2月9日

大概這時候
1603　1868
江戶時代

## 肚子痛個不停，身體好不舒服。對了，來寫「小說」吧！

作家夏目漱石從年輕時就體弱多病，常常被胃痛和神經的疾病折磨。他為了轉換心情開始寫作，沒想到一寫就大受歡迎呢！

**問題**

提到夏目漱石的小說代表作會想到哪部作品？

❶《小姐》
❷《少爺》
❸《媽媽》

### 從英文老師變成大作家──夏目漱石的生日

漱石出生在江戶時代末期，本名是夏目金之助。雖然他身體虛弱，但很會讀書，在大學畢業後成為英文老師，還曾經到過英國留學。然而，他的神經疾病日漸加劇，用來轉換心情所寫下的作品正是他的第一部小說《我是貓》。他後來辭去教職，改行當作家，發表了《三四郎》、《心》等小說作品，搖身一變成為代表明治時代及日本的大作家喔！

**補充**

筆名「漱石」的意思是「頑固的人」或「奇怪的人」。他從20歲左右和朋友正岡子規一起做俳句時，開始使用這個筆名。

答案：② 從二樓一躍而下的主角「有一個禮拜都直不起腰」。

23

# 1月6日 （慶應4年）

> 德川慶喜逃出大阪的日子
> 西元1868年1月30日
>
> 1603 ─── 1868　大概這時候
> 江戶時代

## 將軍大人在敵人面前逃跑？
## 這樣怎麼可能會贏啊！

在德川幕府與新政府軍首次交鋒的鳥羽伏見之戰，德川慶喜面對敵人拔腿就跑，戰爭結束得令人錯愕。

### 德川慶喜拋下自己的軍隊逃出大阪城

在德川幕府軍對新政府軍的戊辰戰爭，坐鎮大阪城指揮緒戰（※）──鳥羽伏見之戰的是第15代將軍德川慶喜。不知道是不是被使用最新武器、來勢洶洶的新政府軍嚇得「皮皮剉」，慶喜只帶上身分較高的家臣，偷偷摸摸地一路逃回江戶。被他拋下的幕府軍大失所望。**戰爭以新政府軍的勝利告終，德川家的地位因此而衰退。**

※戰爭最剛開始的階段。

**問題** 戊辰戰爭發生當時的天皇是誰？

❶ 孝明天皇　　❷ 明治天皇　　❸ 大正天皇　　❹ 昭和天皇

答案：❷ 明治天皇在慶應3年（1867年）即位。

# 1月7日 （天保6年）

前島密（郵政制度之父）的生日
西元1835年2月4日

大概這時候
1603 ── 1868
江戶時代

1月7日

## 你認識 1日圓郵票 上面的人嗎？
## 那是我啦！

開創日本郵政事業的人是1日圓郵票上的人前島密，世人稱他為「郵政制度之父」。

我就是模特兒啦！

郵政制度縮短了配送時間、降低了郵資，因此過去負責送信的「飛腳」便逐漸消失了。

### 變成郵票圖案的「郵政制度之父」前島密

在大家平常使用的普通郵票當中，只有1日圓郵票的圖案自從昭和22年（1947年）發行以來都沒有變過。原因是印在上面的人像是人稱「郵政制度之父」的我！日本新郵政事業的成立、郵票的發行以及郵筒的設置也都是由我一手主導的喔！

**問題** 下列何者是已經停產的普通郵票？

❶ 2日圓郵票　❷ 3日圓郵票　❸ 5日圓郵票　❹ 10日圓郵票

答案：② 3日圓郵票在2019年9月30日停止生產。

25

# 1月8日 （正保3年）

> 江戶幕府第五代將軍德川綱吉的生日
> 西元1646年2月23日
> 大概這時候
> 1603 ── 1868
> 江戶時代

## 大家要**愛護動物**！
## 不許你們欺負狗狗大人！

江戶幕府第5代將軍綱吉以頒布《生類憐憫令》揚名於世。因為他特別愛狗，所以又被稱作「狗將軍」。

找出3個不同之處

### 其實是個用功好學的好將軍──德川綱吉的生日

德川綱吉接替哥哥──即第四代將軍家綱，在35歲當上將軍。當時叫作元祿時代，不但景氣很好，各種文化在江戶和大阪百花齊放。綱吉也是個認真勤奮的好將軍，但他在40歲左右頒布的《生類憐憫令》風評很差。這道命令要求人們愛護動物，例如<u>不准砍伐有鳥巢的樹、不准為了好玩釣魚</u>等等。尤其特別照顧狗狗，據說偷偷舉報欺負狗的人會有獎金喔！

**補充**　一說綱吉愛狗是因為他在狗年出生。他派官員在一間大狗屋駐守，尊稱狗為「御犬大人」並保護牠們。

答案：①家臣的頭　②德川綱吉右手拿的東西　③腿上的狗

# 1月9日 （慶應3年）

明治天皇即位的日子
西元1867年2月13日

大概這時候
1603 — 1868
江戶時代

## 武士的天下已經過時了！
## 現在正是**新時代**的起點！

從平安末期延續至今的武士執政宣告結束，在明治天皇的統治之下，開啟了以天皇為中心的新政體。

### 明治天皇作為第122代天皇即位

江戶幕府末期，孝明天皇駕崩（※），明治天皇即位成為第122代天皇。同年，德川慶喜實行大政奉還（※），結束武家政權以後，明治天皇便宣布要成立新政府。日本在新政府的執政下制定了《大日本帝國憲法》、《皇室典範》（關於天皇和皇族的規範）以及《教育敕語》（天皇針對教育的一席話）等法律，一個以天皇為中心的國家誕生了！

※駕崩：天皇或皇后過世。　※大政奉還：把政權交還給朝廷。

💡 **問題**　大正元年是明治幾年？

❶ 15年　　❷ 45年　　❸ 50年　　❹ 64年

答案：② 明治45年7月30日因為改元變成大正元年7月30日。

27

# 1月10日 （明治6年）

頒布《徵兵令》的日子
西元1873年1月10日

大概這時候
1868 ── 1912
明治時代

## 當兵竟然是**義務**，我們從來沒聽說啊！

「全民皆兵制」是指所有男性都要在規定的期間內成為軍人保衛國家。為了完成這個制度，明治新政府頒布了《徵兵令》。

### 以徵召國民當兵為目的的法律──《徵兵令》

國家召集國民，要求國民在服滿一定時間的兵役稱為「徵兵」。明治政府認為，為了趕上歐洲各國及美國，日本需要國民軍，於是在這天頒布了《徵兵令》。國民軍會從通過身體檢查的男性當中以抽籤的方式選出，被選中的人會被賦予從軍三年的義務。而且要是在退伍後的四年內發生戰爭，他們就必須返回軍隊。

💡 **問題** 目前採用徵兵制的國家是？

❶ 德國　　❷ 英國　　❸ 法國　　❹ 韓國

答案：④　韓國男性年滿18歲是為徵兵檢查對象。

28

# 1月11日 （永祿10年）

**上杉謙信送鹽給敵人的日子**
西元1567年2月19日

大概這時候
1493 ─ 1573
戰國時代

## 我絕不允許**卑鄙的手段**！
## 武士就要用弓和刀來一較高下！

武田信玄被敵人今川氏及北條氏截斷鹽路，立場變得相當艱困。在此時伸出援手的是他多年來的宿敵上杉謙信。

在當時，鹽是百姓賴以維生的重要物品。謙信在寫給信玄的信上答應，需要多少鹽他就給多少鹽。

不愧是謙信，我好感動啊！

我與閣下所爭為弓箭而非鹽也！

激動落淚

### 上杉謙信送鹽給宿敵武田信玄

聽說我命中注定的對手武田信玄正因為被今川氏和北條氏攔截重要的鹽運而大傷腦筋。真是豈有此理！靠打仗分出勝負才是武士的規矩。他們竟然用鹽折磨敵人，實在是太卑鄙了！信玄啊，你不用擔心。既然如此，我就一直送鹽給你。然後我們再堂堂正正地一決勝負吧！

送鹽的上杉謙信

---

💡 **問題** 　上杉謙信在「元服」（指成人禮）前的名字叫作什麼？

❶ 松平元康　　❷ 長尾景虎　　❸ 明智十兵衛　　❹ 木下藤吉郎

答案：② 他在永祿4年（1561年）繼承上杉家，改姓上杉。

29

# 1月12日 （大正3年）

> 二十世紀最大的火山爆發！櫻島大噴發的日子
> 西元1914年1月12日
> 大概這時候
> 1912 ─────── 1926
> 大正時代

## 鹿兒島的象徵大噴發！變得不再是「島」了？

櫻島從以前開始就噴發過好幾次，直到現在火山活動都相當活躍。大正大噴發使櫻島和大隅半島的陸地連在一起了。

找出3個不同之處

### 在事發前曾出現地震及冒煙等前兆的櫻島大噴發

噴發的預兆早在前一年就開始出現了。海水溫度上升導致成千上萬的魚蝦死亡，地面也變得很溫暖，明明正值冬天，但蛇和青蛙卻沒有冬眠，繼續活動。由於地震增加，而且還冒出白煙，居民開始進行避難。接著，在這天的上午10點5分，櫻島伴隨巨大的聲響開始噴發，往上空竄升的煙霧高達3公里。<u>大量的熔岩流瀉而出，填平大海，連接了櫻島及大隅半島的陸地。</u>

補充

大正大噴發的煙霧覆蓋了整個九州地方。在相隔超過1000公里的小笠原諸島及東北地方都有觀測到火山灰。

答案： ①噴出來的石頭 ②熔岩 ③右邊的人的頭巾花紋

# 1月13日 （建久10年）

鎌倉幕府初代將軍源賴朝猝死的日子
西元1199年2月9日
大概這時候
1185　　　1333
鎌倉時代

## 真實原因不太確定？
## 沒有留下紀錄的**賴朝之死**

有一本叫《吾妻鏡》的史書彙整了鎌倉幕府的種種事跡，但書中並沒有記載初代將軍源賴朝的死亡原因。

**問題**　導致賴朝過世的原因是什麼？

❶ 落馬
❷ 被家臣背叛
❸ 家裡失火

### 沒有留下正式紀錄，充滿謎團的賴朝之死

《吾妻鏡》是一本詳細記載鎌倉幕府從初代將軍源賴朝自伊豆出征到第6代將軍為止，這87年間發生了哪些事情的史書。然而書中卻獨獨缺了賴朝過世前三年的紀錄。雖然有另一本書，記載他在過世的前一年，參加了相模川橋梁落成的慶祝活動，但是其他部分依舊成謎。為什麼沒有留下紀錄呢？難道他是被暗殺的嗎？

**補充**　相傳賴朝是從橋梁落成慶祝活動返家的途中落馬，位於此處的河川後來被稱為「馬入川」。這也是出現落馬說的原因之一。

答案：① 一說他是因為罹患嚴重的糖尿病才摔落馬背。

31

# 1月14日（昭和34年）

在南極發現倖存的太郎和次郎的日子
西元1959年1月14日

大概這時候
1926　　　　1989
**昭和時代**

## 謝謝你們還活著！
## 抱歉把你們留在這裡！

因為天氣太差被留在南極的雪橇樺太犬當中，
幸運生還的太郎和次郎在一年後被發現了。

### 感動全日本的太郎和次郎的奇蹟！

抵達昭和基地(※)的第三次越冬隊發現了倖存的兩隻小狗——太郎和次郎。牠們是為了幫忙拉雪橇，跟著人類前往南極的樺太犬兄弟。一年前，當人類因為天氣惡劣，放棄繼續留在南極過冬時，有15隻狗被繫著項圈留在原地。儘管人們對牠們的生存不抱任何希望，但太郎和次郎卻大難不死地活了下來。後來，太郎回到日本活到將近15歲，次郎則是5歲時在基地裡病死了。

※日本的南極觀測基地。

**問題**　下列何者不是大陸？

❶ 北極　　　❷ 非洲　　　❸ 澳洲　　　❹ 南極

答案：① 由海水結冰形成的北極並非大陸。

# 1月15日 （昭和24年）

慶祝成人之日的日子
西元1949年1月15日

大概這時候
1926 — 1989
昭和時代

## 慶祝20歲！這下子我也加入**大人**的行列了？

昭和23年制定的《祝日法》訂定了慶祝成年的成人之日等等，總共9個國定假日。

### 成人之日作為國定假日之一開始實施

日本從很早以前就有「元服」、「裳著」這些慶祝小孩子長大成人的儀式。元服是11到16歲的男生，裳著是12到14歲的女生，年紀和現在的國中生差不多，所以說，古時候可是小小年紀就會被當成大人對待了喔！20歲成年的規定出現在明治時代；在昭和24年開始，1月15日變成國定假日的「成人之日」；而從平成12年（2000年）改成1月的第二個禮拜一。

 問題　下列何者不是日本的國定假日？

❶ 元旦　　❷ 成人之日　　❸ 女兒節　　❹ 兒童節

答案：③　3月3日的女兒節（桃之節句）不是國定假日。

# 1月16日 （天平勝寶6年）

鑑真抵達日本的日子
西元754年2月12日

大概這時候
710 — 794
奈良時代

## 即使**喪失視力**我也看得見，這就是我夢寐以求的日本！

唐僧鑑真在歷經千辛萬苦之後終於來到日本。他把佛教必須遵守的戒律教給聖武上皇等人，接著又興建唐招提寺傳授自己的講道內容。

鑑真從唐朝（現在的中國）來到日本。據說除了佛教之外，他還將豆腐、味噌及中藥等物品傳入日本。

我要去日本！

### 鑑真終於在第6次東渡踏上日本國土的日子

我接受搭乘遣唐使(※)的船來訪的日本僧侶榮睿師父和普照師父的請託，在天平元年（729年）下定決心前往日本。**不過東渡5次都失敗了。直到第6次才終於成功踏上日本國土。**可惜的是，當時我的雙眼已經看不見了。

從唐朝來到日本的鑑真。

※代表日本前往唐朝的人。

💡 **問題**　鑑真曾經住過一段時間的東大寺，位於現在哪裡？

❶ 岩手縣　　❷ 和歌山縣　　❸ 長野縣　　❹ 奈良縣

答案：④　奈良也是當時的都城（平安京）。

# 1月17日 （明治7年）

提出《民撰議院設立建白書》的日子
西元1874年1月17日
大概這時候
1868 ── 1912
明治時代

## 大家一起爭取來的**明治維新**！（※）
## 才不會讓薩長為所欲為呢！

在維新運動中舉足輕重的薩摩藩和長州藩，持續霸占重要職務。此舉引發反彈，出現了「建立以國民為中心的民主國會」的運動。

少數人坐擁大權太狡猾了！
板垣退助

畢竟推翻德川家的人是我嘛！
大久保利通

土佐出生的政治家板垣退助等人對至今為止的執政相當不滿，要求政府建立民主國會。

**以民主議會為目標，提出《民撰議院設立建白書》**

放任身為明治維新中心的薩摩（現在的鹿兒島縣）及長州（現在的山口縣）兩藩在維新後繼續霸占政界實在是太奇怪了！於是，土佐出生的我、後藤象二郎以及佐賀出生的副島種臣等人向政府提出意見書，要求由國民選出的代表組成國會（民撰議院），以實現民主政治。

※江戶時代末期，為了促使日本近代化而改革社會的運動。

 **問題**　板垣退助出生於土佐。土佐位於現在哪個地方？

❶ 北海道　　❷ 福井縣　　❸ 高知縣　　❹ 鹿兒島縣

答案：③　因維新後的廢藩置縣變成高知縣。

# 1月18日 (明曆3年)

發生明曆大火的日子
西元1657年3月2日

大概這時候
1603 ─── 1868
江戶時代

## 小心火燭以避免發生憾事！別忘了檢查火源

明曆大火、明和大火及文化大火是江戶時代的重大災害，人稱「江戶三大火災」。其中災情最為慘重的正是明曆大火。

### 把江戶城天守也燒個精光的明曆大火

江戶是一個經常發生火災的城市。對於木造房屋居多的江戶來說，火災事關重大！明曆大火不僅將人口密集的鬧區燒得所剩無幾，還把江戶城的天守也燒光了。火災造成的死亡人數甚至多達10萬人左右！重建以後，幕府規劃了用來防火的寬敞道路，並且統一了城內住宅和店面的大小以及道路的寬度。

**問題** 江戶時代的消防員叫作什麼？

❶ 火消　　❷ 岡引　　❸ 雲助　　❹ 浪人

答案：① 根據所屬單位分成3種：「定火消」、「大名火消」與「町火消」。

# 1月19日 （應永35年）

**足利義教成為室町幕府第六代將軍的日子**
西元1428年2月4日

大概這時候
1336 —— 1493
室町時代

## 讚啦！
## 我靠**抽籤**當上將軍了！

全日本最了不起的將軍大位。
據說在室町時代還有人是靠抽籤的方式被選中的。

### 這一天，足利義教獲選成為室町幕府的第6代將軍

室町幕府的第五代將軍足利義量才19歲就英年早逝。繼任的第6代將軍一般來說是由義量的孩子繼承，但可惜義量膝下無子。因此下一任將軍的候選人便成了第4代將軍足利義持的四個弟弟，要從他們當中決定誰當將軍……。選擇的方式出乎意料，竟然是用抽籤的！而獲選出任將軍的人正是足利義教。

**問題** 足利義教在當上將軍之前的職業是？

❶ 農民　　❷ 武士　　❸ 商人　　❹ 僧侶

答案：④　足利義教原本是名為義圓的僧侶。

# 1月20日 （昭和22年）

學校開始提供營養午餐的日子
西元1947年1月20日

大概這時候
1926 — 1989
昭和時代

## 今天的配菜是什麼呢？
## 大家一起享用，**我們開動囉！**

戰後，為了避免正在發育的孩子們營養不良，政府開始在全國各地的學校供應營養午餐。

### 全國學校開始提供營養午餐

以貧困家庭的兒童為對象提供麵包等簡易食品的措施，從明治、大正時代開始就已經有了，轉變成全國規模則是戰後的事。政府在東京、神奈川以及千葉的學校進行試辦，並從這天起將對象擴大至全國。當時300萬名學童每天吃的營養午餐與現在不同，非常簡單，菜色竟然只有番茄濃湯和脫脂奶粉而已！

**問題** 下列何者不是主食？

❶ 白飯　　❷ 麵包　　❸ 烏龍麵　　❹ 湯

答案：④　主食中，過去曾是主流的麵包在近年減少，飯食逐漸增加。

# 1月21日 （慶應2年）

組成薩長同盟的日子
西元1866年3月7日

大概這時候
1603　1868
江戶時代

## 昨天的敵人是**今天的朋友！**
## 幕府給我們洗好脖子等著吧！

因為立場不同而互相對立的薩摩和長州迅速靠攏。透過坂本龍馬等人的居中協調，雙方組成以推翻江戶幕府為目標的軍事同盟。

> 坂本龍馬
> 雖然是可恨的對手，
> 現在就先忍忍唄！
> 來，你們握個手！
> 西鄉隆盛
> 桂小五郎

### 推翻江戶幕府！薩摩和長州攜手合作的薩長同盟

你知道慶應2年（1866年）的薩長同盟讓倒幕運動一口氣前進了很大一步嗎？在京都的薩摩藩（現在的鹿兒島縣）宅邸，薩摩的西鄉隆盛等人與長州（現在的山口縣）的桂小五郎（後來的木戶孝允）等人進行會面，發誓要以武力推翻幕府。據說，在長期處於敵對關係的薩摩及長州之間居中斡旋的人，是土佐（現在的高知縣）的坂本龍馬和中岡慎太郎喔！至此，幕府終於被逼得走投無路了。

💡 **問題**　由坂本龍馬帶頭組成的組織是？

❶ 奇兵隊　　❷ 陸援隊　　❸ 海援隊　　❹ 白虎隊

答案：③　海援隊是由日本第一家股份有限公司「龜山社中」發展而成的組織。

39

# 1月22日

## 1月22日 (明治20年)

電力公司開業的日子
西元1887年1月22日

**大概這時候**
1868 —— 1912
明治時代

## 這是什麼？亮得跟白天一樣耶！這就是**電力**帶來的光嗎？

日本成立的第一家電力公司是「東京電燈會社」，最早點燈的地點是一幢名為「鹿鳴館」的西洋會館。

用來招待外國貴賓、讓有錢人互相交流的鹿鳴館，幾乎每天都在舉辦舞會。

沒有好好化妝的話會被看出來的！

把電帶到日本！

哇——！好亮喔！

輕拍 粉撲

### 日本最早的營業用電燈出現在鹿鳴館

今天是鹿鳴館利用移動式發電機點燈的日子。我是電機製造商東芝的創辦人，人稱「日本愛迪生」的藤岡市助。這是我身為創立者之一的日本第一家電力公司「東京電燈會社（現在的東京電力）」自開業以來首次點燈，真是個值得紀念的日子！

日本愛迪生藤岡市助。

### 問題　人們在電燈普及之前使用什麼照明設備？

❶ 行燈　　❷ 蠟燭　　❸ 油燈　　❹ 煤氣燈

答案：④　主要作為路燈使用。

# 1月23日 （明治40年）

物理學家湯川秀樹的生日
西元1907年1月23日

大概這時候
1868 ─ 1912
明治時代

## 賀！恭喜榮獲諾貝爾獎！
## 凡事冠上「第一」就是厲害！

自第二次世界大戰戰敗之後過了四年，日本依然處在戰勝國美國的統治之下。這是為國民帶來勇氣、睽違已久的好消息。

我得到了日本第一座諾貝爾獎！

「質子和中子之所以不會分開，難道不是因為有什麼使他們緊密結合嗎？」一切都是從這個疑問開始的。

### 湯川秀樹以「介子理論」獲得諾貝爾物理學獎

物質的最小單位是原子。「介子理論」預言在位於中心的原子核內，有一種叫作「介子」的不明物質。後來因為英國物理學家鮑威爾（Cecil Powell）發現了「π介子」，我的理論因而得證，讓我在昭和24年（1949年）獲得諾貝爾獎。附帶一提，隔年的得獎人是鮑威爾喔！

好厲害喔——！

💡 問題　在湯川秀樹之後，第二位得到諾貝爾獎的日本人是？

❶ 朝永振一郎　　❷ 川端康成　　❸ 田中耕一　　❹ 山中伸彌

答案：① 獲獎獎項為物理學獎。這是他生涯第8次被提名。

# 1月24日 (昭和47年)

横井庄一在關島被人發現的日子
西元1972年1月24日

大概這時候
1926 ── 1989
昭和時代

## 被灌輸「投降是可恥的！」28年來都住在叢林

被派到關島作戰的前日本士兵橫井庄一，由於不知日本已戰敗，隱居在叢林裡長達28年，直到昭和47年才被當地漁夫發現。

### 前日本兵橫井庄一在關島被人發現了

第二次世界大戰結束的28年後，前日本士兵橫井庄一在關島被人發現了。橫井在昭和19年（1944年）以士兵的身分前往關島，為了逃離美軍，潛伏在叢林當中，並且在不曉得戰敗的情況下一直過著自給自足的生活。他在回國時說：「我萬分羞愧地回來了。」這句話表現出他在上戰場時已經做好不會活著回來的覺悟了。

---

**問題** 關島現在是哪個國家的領土？

❶ 西班牙　　❷ 美國　　❸ 英國　　❹ 日本

答案：② 在太平洋戰爭爆發到戰爭接近尾聲的這段期間歸日本統治。

# 1月25日 （昌泰4年）

菅原道真被貶到大宰府的日子
西元901年2月16日
大概這時候
794 ——— 1185
平安時代

## 這個仇要是不報，我**死不瞑目**！

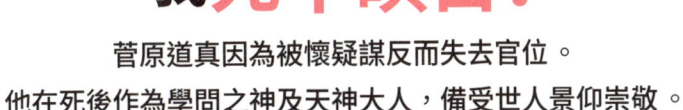

菅原道真因為被懷疑謀反而失去官位。
他在死後作為學問之神及天神大人，備受世人景仰崇敬。

### 菅原道真因涉嫌謀反丟掉官位的「昌泰之變」

提到學問之神及天神大人，指的便是菅原道真。他既能幹又深受天皇信賴，一路平步青雲，官拜朝廷第二的右大臣。然而朝廷之首——擔任左大臣的藤原時平向天皇稟報，道真在背地裡策畫謀反。導致道真被貶官並遠調大宰府，鬱鬱而終。在那之後，怪事和災禍接連出現，被視為是道真的怨念作祟。為了平息他的怒氣，人們開始把道真奉為「天神大人」祭拜他。

**問題** 後世在京都建造了哪一座神社以平息菅原道真的怒氣？

❶ 八坂神社　　❷ 北野天滿宮　　❸ 清水寺　　❹ 伏見稻荷大社

答案：② 以暱稱「天神」為人所知，現在依然有許多考生前往參拜。

# 1月26日 （昭和24年）

**文化財防火日**
西元1949年1月26日

大概這時候
1926 ─ 1989
昭和時代

## 一旦燒毀就再也無法修復
## 保護重要的**文化財**免於祝融之災！

法隆寺的火災導致重要文化財的壁畫慘遭焚毀，以這件事為契機，日本政府制定了「文化財防火日」。

### 法隆寺金堂發生火災，文化財壁畫遭到燒毀

平成5年（1993年），法隆寺作為世界最古老的木造建築，被登錄為日本第一座聯合國教科文組織（UNESCO）的世界遺產。這天是寺內金堂（供奉寺廟本尊佛像的建築物）發生火災，許多文化財壁畫付之一炬的日子。文化財防火日便是以這場火災為契機所制定的節日。從昭和30年（1955年）開始實施，<u>舉辦全國性的文化財防火運動以及避難訓練等活動</u>。

### 問題　是誰興建了法隆寺？

❶ 聖德太子　　❷ 蘇我入鹿　　❸ 天智天皇　　❹ 中臣鎌足

答案：① 根據用明天皇駕崩前的遺願，為供奉藥師三尊像建造而成。

# 1月27日 （建保7年）

源實朝遭人暗殺的日子
西元1219年2月13日

大概這時候
1185 —— 1333
鎌倉時代

## 連在另一個世界的賴朝也傻眼！
## 源氏將軍3代就結束了！

源氏在源平合戰消滅平氏，並於鎌倉開闢幕府，然而實朝的死，導致幕府最高權力從源氏轉移至北條氏手中。

呀——！

在正月積雪的鶴岡八幡宮埋伏等待的公曉（第2代將軍賴家之子）襲擊了前來參拜的實朝。

### 源實朝遭到暗殺，繼承源氏血脈的將軍就此斷絕

作為開闢鎌倉幕府的源賴朝之子出生的我，繼承兄長賴家成為第3代將軍。然而權力卻被母親的親戚北條氏奪去，在前往鶴岡八幡宮參拜時，被姪子公曉殺害了。至此，源氏將軍也在我這一代結束了。我實在沒有臉在另一個世界面對我偉大的父親啊～！

---

💡 問題　下列哪一位女性既是源賴朝的妻子，也是源實朝的母親？

❶ 阿市　　❷ 日野富子　　❸ 北政所　　❹ 北條政子

答案：④　在實朝死後成為將軍的監護人（輔佐幼主的職務），人稱尼將軍。

# 1月28日 （和銅5年）

《古事記》完成的日子
西元712年3月9日

大概這時候
710 ─── 794
**奈良時代**

## 包含這則神話和那則神話，大家**熟悉的故事都在書裡！**

太安萬侶完成了記載從建國開始到推古天皇為止，日本最古老的史書《古事記》。

### 《古事記》完成後被進獻給天皇

提到日本最古老的史書，就會想到《古事記》吧？編撰(※)本書的人是太安萬侶。根據序文（前言），這本書完成於和銅5年（712年），被進獻（將物品呈給身分崇高之人）給第43代的元明天皇。內容分成上、中、下三卷，上卷為序文及神話，中卷從初代的神武天皇記錄到第15代的應神天皇，下卷從第16代的仁德天皇記錄到第33代的推古天皇。

※蒐集各種資料，將其彙整或加筆製成書籍。

**問題** 下列何者是與《古事記》齊名的日本古代史冊？

❶《日本書紀》　❷《史記》　❸《太閤記》　❹《今昔物語》

答案：① 《日本書紀》也是最早奉天皇之命編撰的史書。

# 1月29日 （長和5年）

藤原道長成為攝政的日子
西元1016年3月10日

大概這時候
794 ─ 1185
平安時代

## 我想要的東西
## 全都到手啦！

只要女兒生下的孩子當上天皇，即使身為一介人臣也能獲得莫大的權力。實現了這個願望的藤原道長坐上了操控政治的攝政之位。

當第三個女兒成為天皇的妻子時，道長詠下這首短歌：「此世是為吾世也，恰似望月盈無缺。」

一如滿月完整無缺！

哇哈哈

這個世界簡直就像是為我而存在的！

哈哈哈

### 藤原道長成為攝政，藤原氏的時代來臨了

官位升至家臣當中地位最高的左大臣，藤原道長成功讓自己的女兒嫁給天皇為妻！自此，他成了後一條天皇、後朱雀天皇以及後冷泉天皇的外祖父（※）。他在後一條天皇即位時成為攝政（代替天皇執政的官職），藤原氏霸占攝政和關白（輔佐天皇的重要官職）的位子，藤原攝關政治的時代開始了！

※母親那邊的祖父為外祖父。成為天皇的外祖父可以得到偌大的權力。

**問題** 擔任藤原道長女兒的家庭教師暨《源氏物語》的作者是？

① 清少納言　② 紫式部　③ 和泉式部　④ 小野小町

答案：② 紫式部還留下了作為史料也相當有價值的《紫式部日記》。

47

# 1月30日 （文政6年）

**勝海舟的生日**
西元1823年3月12日

大概這時候 1603 — 1868 江戶時代

## 若想**與西方平等**對話，國家就必須團結一心

出生在貧窮武士家的勝海舟以船長的身分前往美國。他深知與外國交流的重要性，確立了推翻江戶幕府的路線。

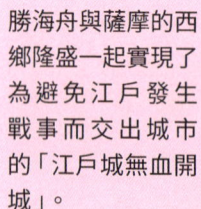

勝海舟與薩摩的西鄉隆盛一起實現了為避免江戶發生戰事而交出城市的「江戶城無血開城」。

> 確實如此，確實如老師所言～！
> 日本人自相殘殺真的是太荒謬了！

西鄉隆盛　勝海舟

### 為江戶幕府265年的歷史拉下帷幕的勝海舟

任何事情只要久了就會出現毛病，就算是幕府也一樣。你知道嗎？美國是透過投票（選舉）來決定國家領導人的。我把這件事告訴弟子坂本龍馬等人以後，他們立刻就在薩摩（現在的鹿兒島縣）和長州（現在的山口縣）之間來回奔走策畫著什麼。無論如何，德川幕府也到了該下臺的時候了。

幕末英雄勝海舟。

💡 **問題**　由海舟擔任艦長，首次藉日本人之手成功橫渡太平洋的船是？

❶ 伊呂波丸　❷ 順動丸　❸ 咸臨丸　❹ 梵天丸

答案：③　這艘船是幕府向荷蘭訂製的軍艦。

# 1月31日 （明治45年）

**出現女性專用車廂的日子**
西元1912年1月31日

大概這時候
1868 ── 1912
明治時代

## 男性**不准上車**！
## 這是我們專用的！

為了讓女性能夠安心搭乘電車，女性專用車廂開始上路。
日本鐵路首次採用這種車廂是在明治末期左右。

> 我是男生，不能上車。

> 本車廂為女性專用車廂！

魚貫而入……

### 女性專用車廂在日本首次上路

如今被視為理所當然的女性專用車廂，最早出現在明治45年（1912年）。當時中央本線沿線設置好幾間女子學校，早晚都擠滿了通勤的女學生。為了讓她們可以放心搭車，中央本線在上下學時間安排專用電車通行。雖然沒過多久就取消了……。在那之後，重新啟用這種車廂是從平成17年（2005年）開始的喔！

---

💡 **問題**　當時「車站」叫做什麼？

❶ 停留所　　❷ 停車場　　❸ 宿場　　❹ 待合所

答案：② 目前在日本法律上的名稱依然是「停車場」。

49

# 2月1日 （昭和28年）

開始播放電視節目的日子
西元1953年2月1日

大概這時候
1926 ─ 1989
昭和時代

## 所有人都到**電視機**前面集合！
## 裡面的人快等得不耐煩啦！

NHK在日本首次播出電視節目，半年後，日本電視臺也跟上腳步。電視就這樣在家家戶戶逐漸普及。

> 上啊──！
> 就是那裡──！
> 哇──！
> 有人在箱子裡面嗎……？

### NHK開始播放日本最早的電視節目

你知道電視節目播放的原理嗎？電視臺將影像和聲音轉換成電子訊號，以電波傳送，電視機再把這些電子訊號變回影像和聲音。如此一來，大家就能在家裡開心地收看電視節目啦！NHK從這一年開始播放全日本最早的電視節目。最初是在車站或商店等人潮聚集的地方安裝街頭電視，讓一大群人一起收看。

**問題** 播放日本最早電視節目的NHK，其正式名稱為何？

❶ 日本電視放送網　❷ 日本放送協會　❸ 東京電視臺　❹ 東京放送協會

答案：② NHK是日本唯一的公共廣播。

# 2月2日
（延久6年）

藤原賴通的忌日
西元1074年3月2日

大概這時候
794　　　1185
平安時代

## 我也想和父親一樣**掌握大權**啊……

從藤原道長時代開始的藤原攝關政治(※)，全盛時期在繼位的賴通這一代宣告結束。

> 女兒沒生下男孩，真是不妙啊！
> 要想想辦法才行……
> 撲通！

無緣獲得孫子的藤原賴通出家為僧。他把權力讓給弟弟教通，在83歲時駕鶴西歸。

### 繼承父親道長坐上攝政關白之位的藤原賴通

你有看過10日圓硬幣嗎？硬幣背面的平等院就是我蓋的喔！我繼承父親道長的衣缽繼續施行攝關政治，可是嫁給天皇的女兒並沒有生下繼承皇位的男孩。作為天皇外戚（母親那邊的親戚）耀武揚威的藤原氏時代也就此走到盡頭了。

賴通興建的平等院。

※由擔任攝政、關白的人掌權執政，而非天皇。

**問題**　藤原賴通的父親叫什麼名字？

① 藤原鎌足　② 藤原龍也　③ FUJIWARA　④ 藤原道長

答案：④　登上作為人臣的最高位，建立藤原氏的全盛時期。

## 2月3日 （昭和47年）

札幌冬季奧運開幕的日子
西元1972年2月3日

大概這時候
1926 — 1989
昭和時代

# 全日本第一次！全亞洲第一次！
# 萬眾期盼的**冬季奧運**

其實在更早以前，曾經有一屆因為戰爭停辦的「札幌冬季奧運」，正因如此，全日本對本屆賽事的舉辦充滿高度期盼。

**問題**

在札幌冬季奧運上，
日本得到了幾面獎牌？

❶ 1面
❷ 2面
❸ 3面

### 睽違32年才舉辦的札幌冬季奧運

昭和15年（1940年）9月，亞洲第一場夏季奧運原定將在東京舉行，同時也決定同年2月要在札幌舉辦冬季奧運，然而當時中國抗日戰爭戰況激烈，兩場盛會都停辦了。當昭和39年（1946年）的東京奧運敲定之後，札幌申請主辦昭和47年（1972年）的冬季奧運，決定進行第二次挑戰。這是在「夢幻奧運」的32年後舉辦的賽事。

**補充**

本屆奧運獲得最多獎牌的是蘇聯（現在的俄羅斯），有16面。日本有3面，是35個參賽的地區及國家當中的第11名。

答案：③ 在跳臺滑雪項目，日本隊獲得了金牌、銀牌、銅牌各1面。

# 2月4日 （明治40年）

**發生足尾暴動事件的日子**
西元1907年2月4日

大概這時候
1868 ─────── 1912
明治時代

## 這種薪水是要人怎麼活！
## 上面的人，給我們滾出來！

足尾銅山因為公害事件在全國各地惡名昭彰。
在那之後，發生了由被壓榨的礦工們所引起的暴動事件。

> 改善待遇！
> 提高薪資！
> 怒氣沖沖！

### 足尾銅山發生礦工暴動

從山裡開採銅礦時，礦毒（對人體有害的物質）流入鄰近河川，汙染周遭農地，這就是足尾礦毒事件。有很多人身體不適，農作物也受到波及，成為非常重大的社會問題。足尾銅山礦工的工作環境極度惡劣，薪水也相當微薄，導致眾多礦工內心不滿，爆發了足尾暴動事件，情況嚴重到甚至還出動了軍隊呢！

### 問題　足尾銅山位於哪一個都道府縣？

❶ 栃木縣　　❷ 東京都　　❸ 沖繩縣　　❹ 北海道

答案：① 位於栃木縣上都賀郡足尾町（現在的日光市足尾地區）。

# 2月5日 （明治2年）

明治政府下令設置小學的日子
西元1869年3月17日
大概這時候
1868　　　　　1912
明治時代

## 精神抖擻地到**小學**上課！今天也要好好用功喔！

實現明治維新的日本政府，下一個目標是國家的近代化。為了提升國民的教育水準，政府下令設置小學。

### 為提升教育水準，在全國設置小學

儘管國內局勢尚未穩定，日本若要像歐美國家一樣進步發展，國家的近代化必不可缺。政府為了提升國民的教育水準，籌備了以中小學校為首的學校制度。學校就宛如雨後春筍般一間一間開在全國各地！除此之外，記錄哪個人在哪裡出生、父母是誰的「戶籍」資料也在逐步建立喔！

---

💡 **問題**　日本的義務教育制度為？

❶ 4・3・2制　　❷ 6・6制　　❸ 6・3制　　❹ 9年制

答案：③　也有國、高中維持一貫教育的完全中學。

# 2月6日 （大正11年）

採納《華盛頓海軍條約》的日子
西元1922年2月6日

大概這時候
1912 ─ 1926
大正時代

## 為什麼只對英國和美國**有利**呢？

在戰爭輸贏取決於海軍戰艦強弱的時代，缺乏資金建造戰艦而陷入困境的國家之間，簽訂了縮減軍備的條約。

> 我會縮減軍備啦！
> 不使用
> 嘖，真沒辦法⋯⋯。

### 在華盛頓會議上簽署《華盛頓海軍條約》

第一次世界大戰以後，主要戰勝國仍試圖藉由擴充海軍的士兵人數及武器來強化武力。為了建造比其他國家更厲害的戰艦所耗費的龐大開銷，成了讓各國頭痛的問題。於是各國召開華盛頓會議，約定不再繼續擴大海軍的武力。簽署條約的國家要在十年內停止建造新的戰艦，而持有戰艦的比例則是「英國和美國：日本：法國和義大利＝5：3：1.67」。

💡 **問題** 舉辦會議的華盛頓（Washington, D.C.）為哪國的首都？

❶ 日本　　❷ 美國　　❸ 英國　　❹ 法國

答案：②　「D.C.」指的是哥倫比亞特區，取名自哥倫布。

55

# 2月7日（壽永3年）

源氏在一之谷之戰獲勝的日子
西元1184年3月20日

大概這時候
794 ──── 1185
平安時代

## 敵軍就在這個**懸崖下面**！不要怕，跟著我殺下去吧！

在源氏與平氏的其中一場戰役──一之谷之戰，源義經帶領源氏拿下勝利，他以令人意想不到的方式展開進攻。

> 源平合戰著名的一幕──「鵯越奇襲」。平氏的軍隊受到來自山上的突襲，戰敗逃到海上。

真的要衝下去嗎……？可能會死人耶。

走，所有人往下衝啊！

### 源義經奇襲成功，源氏在一之谷之戰大獲全勝！

原來如此。平氏的軍隊在攝津國一之谷布陣嗎？北側面山、南側面海的一之谷入口狹窄，守備堅固。要想從正面進攻取勝實屬不易。既然如此，就只剩下從山上突襲這個方法了。有人說從鵯越到一之谷的懸崖是人馬都無法通行的陡峭險坡，但這點坡度根本不算什麼！

在一之谷之戰大顯身手的源義經。

**問題** 源義經的幼名是？

❶ 吉法師　　❷ 惡源太　　❸ 金太郎　　❹ 牛若丸

答案：④　元服後改名義經。

## 2月8日 （明治20年）

**郵政符號之日**
西元1887年2月8日

大概這時候
1868 ─ 1912
明治時代

# 非常抱歉！
# 不是「T」，是「〒」才對

現在大家很熟悉的郵局符號「〒」，
一開始其實被社會大眾誤認為是「T」呢。

> 用遞信省的「テ」來當標誌吧！
> 奇怪？寫成「T」了耶？
> 「〒」有多一橫啦！

※現在郵局、郵筒等使用的「〒」為日本郵政株式會社的註冊商標。

### 制定郵政符號作為遞信省的標誌

當時，管理郵政及通信等的政府機關稱為「遞信省」。這天是決定用「〒」作為其標誌的日子喔！雖然決定採用從遞信省的字首「テ(TE)」設計而成的「〒」，但是在透過官報(※)進行宣傳時被誤植為「T」，到了2月19日才訂正成「〒」。不過也有另外一種說法認為，政府是發現T在國外代表郵資不足，才連忙改掉的。

※類似由國家發行的報紙，刊載法律或制度等的修改變更。

---

**問題** 最早的郵筒是用什麼材質做的？

❶ 紙　　❷ 銅　　❸ 木頭　　❹ 鐵

答案：③　最早的郵筒叫作「書狀集箱」，是用木頭製成的喔！

# 2月9日 （昭和11年）

舉辦第一場職棒比賽的日子
西元1936年2月9日

大概這時候
1926　　　　1989
昭和時代

## 由七個球團揭開序幕的日本職棒。在第一場比賽獲勝的隊伍是？

據說棒球在明治時代初期從美國傳入日本。目前有12支隊伍的日本職棒在當時只有7隊。

### 問題

日本的第一場職棒比賽辦在哪一座球場？

❶ 後樂園球場（東京都）
❷ 鳴海球場（愛知縣）
❸ 甲子園球場（兵庫縣）

### 日本職棒的第一場比賽出現在昭和11年！

日本的第一場職棒比賽由東京巨人軍（現在的讀賣巨人）對戰名古屋金鯱軍，以10：3由名古屋金鯱軍獲勝。其他隊伍還有大阪虎（現在的阪神虎）、名古屋軍（現在的中日龍）、阪急軍（現在的歐力士猛牛）、東京參議員以及大東京軍。有些隊伍現在已經不存在了。所有球隊都加入的組織──「日本職業野球聯盟」是在2月5日成立的，這天也是「職業棒球日」喔！

### 補充

東京巨人軍在這場比賽的五天後出發遠征美國。在選手的陣容當中有實現日本職棒第一場無安打比賽的投手澤村榮治。

答案：② 這是能夠容納超過兩萬人觀賽的大型球場，位於現在的愛知縣名古屋市綠區。

# 2月10日 (明治37年)

日本對俄羅斯宣戰的日子
西元1904年2月10日

大概這時候
1868　1912
明治時代

## 這是一場絕對不能退讓的**戰爭**！
## 稱霸東亞的是哪一國？

想趁清朝（現在的中國）勢力衰弱時擴張領土的日本和俄羅斯，爆發了事關中國滿洲地區及朝鮮半島的戰爭。

### 日本對俄羅斯宣戰(※)，爆發日俄戰爭

甲午戰爭以後，想往南方侵略的俄羅斯以及想入侵中國的日本開始發生衝突，於是雙方就滿洲（現在的中國東北部）及朝鮮問題爆發戰爭。當時，日本和英國達成協議，若彼此遭到複數國家攻擊，就會與對方並肩作戰。由於俄羅斯不想與英國開戰，因此無法向簽訂密約(※)的清朝求援。

※宣戰：告訴對手「我要跟你開戰了喔」。　※密約：祕密條約。

**問題**　當時俄羅斯的正式國名為？

① 俄羅斯帝國　② 俄羅斯聯邦　③ 俄羅斯共和國　④ 蘇維埃聯邦

答案：①　由於1917年俄國革命，使得君主制（由皇帝統治國家、執掌政治）宣告終結。

# 2月11日 （昭和42年）

**建國紀念之日**
西元1967年2月11日

大概這時候
1926 — 1989
昭和時代

## 一起來**慶祝**日本的誕生吧！就這麼辦！

慶祝國家成立的建國紀念日。
日本將這天定在神武天皇即位的紀元節。

> 中間有「之」喔！
> 建國紀念之日
> 建國紀念之日。

### 制定慶祝日本成立的建國紀念之日

建國紀念日的慶祝方式因國家而異。美國是簽署《美國獨立宣言》，從英國獨立出來的日子；德國是東西分裂的兩個國家再次統一的日子；日本的比較複雜一點，以前是把初代神武天皇即位的2月11日定為紀元節來慶祝的喔！雖然紀元節在戰後遭到廢除，但新的建國紀念日也選在這一天。

**問題** 訂定紀元節時參考了哪一本史書？

❶《萬葉集》　❷《日本書紀》　❸《今昔物語》　❹《太閣記》

答案：② 將《日本書紀》的神武天皇即位日換算成新曆後所制定的。

## 2月12日 (慶長8年)

**江戶幕府成立的日子**
西元1603年3月24日
大概這時候

1603 ——— 1868
江戶時代

# 六十歲的我，終於當上**將軍**了！
# 沒想到花了這麼長的時間啊！

德川家康在關原之戰的兩年後被任命為征夷大將軍（※），
延續265年的江戶幕府就此揭開序幕。

在德川家康的家臣大久保忠鄰的舉薦下，家康的三子秀忠成為江戶幕府的第2代將軍。

父親大人，之後就交給我吧！

雖然征服了天下，但我畢竟已經60歲了。

## 德川家康成為征夷大將軍，江戶幕府誕生了

我總算當上征夷大將軍了！這是我盼了一輩子，才終於盼到的江戶幕府的起點。如今想來，我真的是忍耐了好久、好久啊！不過，我不能放心。驀然回首，我也已經60歲了。得趁早把將軍之位傳給兒子秀忠才行。從今往後，幕府的將軍將會由德川一族代代相傳！

江戶幕府初代將軍德川家康。

※由朝廷任命，是幕府地位最高的人。

**問題** 在幕府的統治之下，由各大名治理的土地叫作什麼？

❶ 縣　　❷ 郡　　❸ 都　　❹ 藩

答案：④　因為明治初期實施廢藩置縣，改成縣了。

61

# 2月13日 （明治8年）

> 平民也被賦予冠姓義務的日子
> 西元1875年2月13日
> 大概這時候
> 1868　　　1912
> 明治時代

## 健忘的人這下也能安心了？
## 取名字要越簡單越好！

在江戶時代之前，要稱呼一個人有正式名稱或暱稱等各式各樣叫法。明治政府統整了這些資料，規定「姓＋名」為日本人的命名基礎。

（漫畫：要取哪個姓好呢～？　江戶川／磯野／野原／木村／山田／高橋）

### 日本人的名字變成現在的「姓＋名」

明治4年（1871年），為了了解國民的情況，明治政府制定了一套名為「戶籍法」的法律。這套法律決定了每一位國民都必須擁有由「姓」和「名」組成的名字。從這時起，一般人也開始可以使用原本只有身分尊貴的人才能用的姓。不過，這個規定一直沒有被廣泛執行，因此政府重新制定了《平民苗字必稱義務令》，敦促每一位國民都要冠姓。

### 💡 問題　以「名字很難唸」聞名的武者小路實篤姓什麼？

❶ 武者　　❷ 武者小　　❸ 武者小路　　❹ 武者小路實

答案：③　武者小路實篤是活躍於明治到昭和時代的小說家及詩人。

# 2月14日 （天慶3年）

> 平將門被討伐的日子
> 西元940年3月25日
> 大概這時候
> 794　　　1185
> 平安時代

## 就到此為止了嗎？
## 想來這天下真是**短暫**啊……

平將門是史上最大起地方武士叛亂的發起者。
雖然征服了關東，卻在實現野心的半路上丟了性命。

（漫畫對白）
啊！將門大人……！
呃啊！
噗嚓——！
我才是新皇～！

### 自稱新皇的平將門遭到朝廷的軍隊討伐

進入平安時代中期以後，地方武士勢力漸長。下總國（現在的千葉縣及茨城縣部分地區）的豪族(※)平將門也是其中之一，他的勢力擴及整個關東。將門自稱「新皇」與天皇抗衡，最後遭平貞盛與藤原秀鄉討伐戰死。據說被掛在都城示眾的將門首級朝關東飛去，最終筋疲力盡掉下來，落在現今東京大手町的平將門首塚之處。雖然不確定真相為何，但是有夠恐怖的啦！

※在地方握有龐大財富及權力的一族。

**問題** 平將門因為身體的哪一處中箭而死？

❶ 額頭　　❷ 脖子　　❸ 心臟　　❹ 肚臍

答案：① 相傳他因為額頭被流箭射中一命嗚呼。

# 2月15日 （明治10年）

爆發西南戰爭的日子

西元1877年2月15日

大概這時候

1868 1912

明治時代



## 昨日的朋友是今日的**敵人**？即便如此，我還是好難過唄

造成社會制度大幅改變的明治維新，引發了武士們的不滿，這種不滿日積月累，最後爆發了以西鄉隆盛為中心的叛變。

上啊！
哦！
雖然很想避免開戰，但實在是沒辦法了……
列隊
前進

明治10年9月24日，於西南戰爭敗北的西鄉隆盛在城山（現在的鹿兒島市西部）自盡身亡。

### 薩摩爆發武士與政府之間的西南戰爭

一直到推翻德川幕府為止，一切都還算順利。看來咱們似乎在改變社會制度上操之過急了。薩摩（現在的鹿兒島縣）也出現越來越多不滿的聲浪，情況彷彿一觸即發。這樣下去，咱也不得不跟同伴一起對抗政府。雖然唯有日本人自相殘殺是咱最不想看到的局面唄！

**問題** 誰曾是西鄉的盟友，卻在西南戰爭擔任敵對的政府軍領導者？

❶ 大久保利通　❷ 木戶孝允　❸ 江藤新平　❹ 伊藤博文



答案：① 大久保利通在西南戰爭的隔年遭到暗殺。

# 2月16日 （平成17年）

《京都議定書》生效的日子
西元2005年2月16日

大概這時候
1989 ——— 2019
平成時代

## 為了未來的子子孫孫
## 阻止全球**暖化**吧！

要想阻止全球暖化，就得減少溫室氣體。
世界各國經過一番討論之後，《京都議定書》正式生效(※)。

> 你們排放這麼多二氧化碳卻不受限制，太狡猾了！
> 哪有！你們這些已開發國家才排放了一堆吧！
> 江澤民
> 柯林頓

### 防止全球暖化的《京都議定書》生效了

以防止全球暖化為目標的會議在京都召開，制定了為減少二氧化碳等溫室氣體的規範，這些規範就是《京都議定書》。以1990年的排放量為基準設定目標，要在2008年到2012年之間，將溫室氣體的排放量減少5%以上。但是發生了美國退出、中國等開發中國家沒有減量目標等等的諸多問題，到生效為止花了超過7年的時間喔！

※法律或規定等發生效力。

### 問題　對全球暖化影響最大的溫室氣體是？

❶ 一氧化二氮　　❷ 二氧化碳　　❸ 甲烷　　❹ 氯氟烴

答案：② 被當成燃料的石油及煤炭的燃燒會釋放大量的二氧化碳。

# 2月17日 （明治5年）

島崎藤村的生日
西元1872年3月25日

大概這時候
1868 ——————— 1912
明治時代

## 我也有很多首詩被改編成**歌曲**傳唱喔

浪漫主義是起源於歐洲的藝術運動。備受矚目的詩人島崎藤村，後來成了自然主義文學（※）的小說家。

第一本詩集《若菜集》裡的〈初戀〉作為島崎藤村的代表作，名聞遐邇。

不論過去還是現在，青澀的戀慕之心都令人心動不已啊！

### 成為自然主義文學先驅的島崎藤村

我開始從事文學創作的契機，是在女子學校擔任英文老師時，與學生之間的一段戀情。我在苦思良久之後辭去教職，在旅行途中加入雜誌《文學界》，開始在上面發表詩之類的文學作品。到了結婚那時，我的創作主體就從詩變成小說了。

詩人兼小說家島崎藤村。

※ 觀察自然事實，為了表現「真實」，不對事物進行美化的文學。

**問題** 下列哪一所大學是島崎藤村畢業並幫校歌作詞的母校？

❶ 青山學院大學　❷ 上智大學　❸ 明治學院大學　❹ 成蹊大學

答案：③　島崎藤村是明治學院本科（明治學院大學的前身）的第一屆畢業生。

# 2月18日 （文政8年）

頒布《異國船驅逐令》的日子
西元1825年4月6日

大概這時候
1603　　　　1868
江戶時代

## 一看到**外國船**就立刻開砲！
## 什麼都不用想，給我轟！用力轟！

江戶幕府向全國各地的大名下令，只要一看到靠近日本沿岸的外國船隻，就馬上將他們全數驅逐。

找出3個不同之處

### 再也受不了外國船！《異國船驅逐令》頒布啦！

江戶幕府採取鎖國政策，歐洲國家只有荷蘭獲准在長崎的出島進行貿易。但是大約從18世紀末開始，俄羅斯和英國等國的船隻開始擅自開進日本，引發紛爭。幕府對此大為震怒，頒布了《異國船驅逐令》，上面甚至寫著「就算看錯也沒關係，通通趕走就對了」，可見幕府真的很生氣喔！

**補充**　得知天保13年（1842年）英國在鴉片戰爭戰勝清朝（現在的中國）、迫使對方開國以後，幕府就急急忙忙地取消驅逐令了。

答案：　①砲彈　②前面的人左手拿的東西　③後面的人背的旗子

67

# 2月19日 （天保8年）

**發生大鹽平八郎之亂的日子**
西元1837年3月25日

大概這時候
1603　　　1868
江戶時代

## 我們不需要百姓**面臨危機**時什麼事都做不了的幕府！

明明有人因為糧食不足活活餓死，幕府卻毫無作為。原本是奉行所與力（※）的大鹽平八郎在一氣之下興兵造反。

高舉「救民」旗幟的大鹽平八郎及同伴襲擊富商，發射大砲和點燃的箭矢。

就是說嘛！
砲聲隆隆！
幕府在搞什麼東西啊！

### 由前大阪町奉行所與力大鹽平八郎發動的叛亂

你問我這個在奉行所裡人人稱讚的好長官，為什麼要帶頭造反？那是因為已經有人在大饑荒（※）時餓死了，幕府卻根本不打算提出有效的解決辦法啊！儘管這個舉動最後讓我不得不以日本刀自行了斷，但據說有很多人追隨我的腳步，讓幕府疲於奔命。

著名與力大鹽平八郎。

※與力：類似現代的警察署長。　　※饑荒：農作物歉收導致人們沒有東西吃挨餓受苦。

**問題** 大鹽平八郎在哪裡擔任與力？

❶ 町奉行所　❷ 寺社奉行所　❸ 勘定奉行所　❹ 監獄

答案：①　大鹽家代代都是大阪町奉行所的與力。

# 2月20日（昭和3年）

第一次舉辦普通選舉的日子
西元1928年2月20日

大概這時候
1926　　　1989
昭和時代

## 就算取消納稅限制，不是還有年齡和性別的限制嗎？

過去是用納稅金額來決定誰能投票，但是在這天，具有日本國籍、年滿25歲以上的所有男性都獲得了投票權。

> 我們終於也可以……
> 不受納稅金額限制參與投票了！
> 我們還沒辦法投票……。

### 舉辦限25歲以上的男性才能參加的普通選舉

這天舉辦了日本的第一場普通選舉，是個值得紀念的日子。投票率高達現在難以想像的80%以上，有將近1000萬人前往投票所。然而選舉權僅限於年齡超過25歲以上的男性，並不完善。在社會立場仍處於弱勢的女性既不能參選、也不能投票。女性參與國政獲得大眾認可，要到日本戰敗後的昭和20年（1945年）以後了。

**問題**　目前日本的選舉權年齡限制為？

❶ 16歲以上　　❷ 18歲以上　　❸ 20歲以上　　❹ 25歲以上

答案：②　自平成28年（2016年）6月19日起，從原本的20歲調降至18歲以上。

# 2月21日 （文治4年）

**源賴朝下令討伐弟弟義經的日子**
西元1188年3月20日
大概這時候
1185　　　1333
鎌倉時代

## 開闢幕府的源賴朝
## 對弟弟一點都不手軟！

擊敗平氏的源賴朝與弟弟義經產生對立。
賴朝命令東北的藤原泰衡除掉義經。

弁慶也死了！萬事休矣！

無論身中幾箭，我都會堅守陣地，不會離開！嗚嗚……！

### 源賴朝命令藤原泰衡殺死弟弟源義經

在源平合戰留下赫赫戰功的源義經是源氏棟樑（領導者）源賴朝的弟弟。兩人的關係漸漸出現裂痕，於是賴朝下定決心要消滅義經，原因似乎是因為他對義經亮眼的表現心存畏懼。當朝廷下令除掉義經之後，賴朝利用與義經有過交情、東北地方的奧州藤原氏第四代當家藤原泰衡，迫使義經以刀自刎。

**問題** 在名叫牛若丸的幼年時代，義經在哪裡遇到了弁慶？

❶ 萬世橋　　❷ 金門橋　　❸ 渡月橋　　❹ 五條大橋

答案：④　在童謠《牛若丸》裡也有唱到兩人的相遇。

# 2月22日 （推古天皇30年）

聖德太子的忌日
西元622年4月8日

大概這時候
593 ─────── 710
飛鳥時代

## 就算同時有10個人跟我講話，我也可以全部**聽清楚**喔！

聖德太子在昭和時代變成鈔票上的圖案。
他以皇子的身分出生，建立了各式各樣的制度。

點頭　附和

「好的、好的。這件事要這樣。那件事要那樣。」

據說即使有10個人（也有說法是8個人）同時對他說話，他都可以確實回覆每一個人的問題。

關於遣隋使……
關於憲法……

### 擔任攝政輔佐推古天皇的廄戶皇子就是聖德太子

我是廄戶皇子（※），後世似乎稱我為聖德太子，好像還把我的肖像印在鈔票上。我在姑姑推古天皇的治世下就任攝政（輔佐天皇的重要官職），制定了冠位十二階以及《十七條憲法》。除此之外，派出遣隋使與隋朝交流、興建法隆寺和四天王寺的人也是我喔！

※因為出生在廄戶前面，因而得名。「廄」是飼養馬匹或家畜的小屋。

**問題** 聖德太子派誰以遣隋使的身分前往隋朝（現在的中國）？

❶ 蘇我馬子　　❷ 小野妹子　　❸ 刀自古郎女　　❹ 蘇我蝦夷

答案：② 小野妹子作為推古天皇15年（607年）的第二批遣隋使被派到隋朝。

# 2月23日 （天明4年）

**發現「漢倭奴國王」金印的日子**
西元1784年4月12日

大概這時候
1603 ── 1868
江戶時代

## 我找到好漂亮的印章！
## ……咦？這是1700年前的東西？

在福岡縣志賀島，一位正在務農的男性發現了一枚金印。
經過調查，那是後漢皇帝送給日本國王的印章。

> 這個金印給你，就當作承認你是倭國王的證明！
> 閃閃發光～
> 謝主隆恩──！

### 發現記載在中國史書上的「漢倭奴國王」金印

把志賀島的農民在務農時找到的大石頭拿來研磨之後，發現了一個閃著金光的物體！仔細一看，那是一顆長寬約2.5公分、高0.9公分的金印，上面有蛇型印鈕，而且印面還刻著「漢倭奴國王」……。中國史書《後漢書》寫到，後漢的光武帝曾賜「印綬(※)」給倭（現在的日本）奴國（過去位於福岡縣一帶的古國）國王。想不到金印就是這個印綬！

※藉由賜印來證明對方的身分。

**問題** 中國史上，後漢的下一個朝代是？

❶ 秦　　❷ 三國時代　　❸ 西晉　　❹ 隋

答案：② 後漢滅亡後分裂成魏、蜀、吳三國。

# 2月24日 （嘉永7年）

日本首次進行電子通訊的日子
西元1854年3月22日

大概這時候
1603　　　　1868
江戶時代

## 只要有這個，就可以把命令從江戶傳遞到日本的任何一處？

幕末時期，與海外的交流與日俱增，許多先進技術傳入日本。利用電報機以摩斯電碼傳送訊號的電子通訊也是其中之一。

### 用美國總統送的電報機成功實現日本首次的電子通訊

培里（Matthew Perry）司令為了強迫日本開國來到日本。第二次訪日時，他帶來了美國總統送給幕府的禮物——壓紋式電報機。只要在這臺機器輸入一種叫「摩斯電碼（Morse code）」的文字符號，就能在紙上壓出痕跡，接收文字訊號。當時培里還做了個實驗，從900公尺外發送電報信號，成功展示了電子通訊。這台電報機現在被保存在郵政博物館，還被指定為重要文化財呢！

**問題**　培里第一次抵達日本時從哪裡入港？

❶ 下田　　❷ 晴海　　❸ 浦賀　　❹ 長崎出島

答案：③　東京灣的入口，位於三浦半島東部。

# 2月25日 （長保2年）

藤原彰子成為中宮的日子
西元1000年4月2日

大概這時候
794 ———— 1185
平安時代

## 明明已經有一個皇后，竟然還想把我也冊封成**正室**？！

藤原道長以強硬的手段讓女兒彰子成為一條天皇的中宮（※）。因為天皇本來就已經有皇后定子，所以變成一位丈夫同時有兩位妻子。

> 我也是正室！

> 我才是正室！

> 拜託妳們不要吵架嘛！

藤原彰子是一條天皇的正室。服侍她的人有寫下《源氏物語》的紫式部以及著名歌人和泉式部。

### 定子是皇后、彰子是中宮，一個天皇有兩個妻子

我是彰子——天皇的「中宮」。明明天皇已經有定子這位明媒正娶的「皇后」了，父親藤原道長卻為了爭權想盡辦法要讓我成為天皇的正室……以前我的伯父道隆曾把「中宮」硬說成是皇后正室，於是父親也利用這套說辭，唉……

※原指「皇后的居所」，後來衍伸為正室的意思。

**問題** 下列何者不是侍奉彰子的女房（女官）？

❶ 紫式部　　❷ 和泉式部　　❸ 赤染衛門　　❹ 清少納言

答案：④　清少納言作為女房，侍奉的是中宮定子。

# 2月26日 （昭和11年）

**發生二二六事件的日子**
西元1936年2月26日

大概這時候
1926 — 1989
昭和時代

## 我們要像被白雪覆蓋的城鎮一樣一鼓作氣**改變**日本！

陸軍青年們企圖以武力奪取政權。
雖然他們沒有成功，但這起事件卻使得陸軍的權力日益壯大。

> 我們要用武力改變日本！
> 這也是為了國家！
> 喀噠喀噠 喀噠喀噠 喀噠喀噠 喀噠喀噠

### 由陸軍年輕軍官發動的政變「二二六事件」

陸軍青年們企圖透過武力進行改革，率領一千多位士兵發動政變，這就是二二六事件。內大臣齋藤實以及大藏大臣高橋是清等人慘遭殺害，有多人重傷。叛亂集團據守在國會和首相官邸等永田町一帶，但是政變失敗，帶頭者被處以死刑。不過以這起事件為契機，原本分成兩派的陸軍團結一致，開始在政治上掌握主導權。

---

💡 **問題**　大藏大臣高橋是清的綽號是？

❶ 達摩　　❷ 天狗　　❸ 火男　　❹ 福助

答案：❶　人們稱他為「達摩先生」或「達摩宰相」。

# 2月27日 （天武天皇2年）

**天武天皇即位的日子**
西元673年3月20日

大概這時候
593 ─── 710
飛鳥時代

## 雖然對哥哥和姪子很抱歉，但我會作為**天皇**好好努力的！

大海人皇子是幫助哥哥天智天皇推動大化革新的人。他在王申之亂戰勝大友皇子，即位成為天武天皇。

「關原」是串連東西的交通重地，也是大海人皇子與大友皇子爆發王申之亂的事件舞臺。

> 高昂
> 鬥志
> 朕今後要在關原贏來的位子上好好努力！
> 皇子真有幹勁！

### 天智天皇的弟弟大海人皇子即位成為天武天皇

哥哥天智天皇的目標是打造一個把所有的權利和財富集中在天皇身上的國家。之所以推行包含大化革新在內的許多大膽改革，也全都是為了這個目的。繼承如此偉大的哥哥的人非我莫屬！不過把哥哥的兒子大友皇子逼上絕路是有一點太過分了啦！

第40代天皇天武天皇。

### 問題　天武天皇即位的都城是？

❶ 飛鳥淨御原宮　　❷ 藤原京　　❸ 平城京　　❹ 平安京

答案：① 橫跨天武天皇及持統天皇兩代。

# 2月28日（天正19年）

**千利休的忌日**
西元1591年4月21日

大概這時候
1573 ——— 1603
安土桃山時代

## 明明我做得很好，叫我切腹會不會太過分了？

茶人千利休不論作為文化人或政治家都是舉足輕重的存在。豐臣秀吉覺得這樣的利休很礙眼，下令要他切腹自盡。

千利休既是商人、也是茶人，除了豐臣秀吉，他還侍奉過織田信長，在戰國時代宣揚茶道文化。

偷看

大人是不是又有什麼企圖啊……

也差不多該讓這傢伙退場了。

### 千利休奉豐臣秀吉之命切腹

都是因為在豐臣秀吉大人底下做事，我才能追求自己心目中的理想茶道。<u>讓重視「侘」、「寂」心境，任何人都能輕鬆體驗的「侘茶」能順利更進一步。</u>不過，我可能是讓身為政治家的權力過度膨脹了，才會被秀吉大人勒令切腹。

茶人千利休。

**問題** 千利休的老家是做什麼生意的？

① 蔬果行　② 水產店　③ 書店　④ 茶道具店

答案：② 屋號是「魚屋」。

# 2月29日 （天正6年）

安土城舉辦上覽相撲的日子
西元1578年4月6日

大概這時候
1573 ─ 1603
安土桃山時代

## 力量與力量的碰撞，看著真是大快人心啊！

在熱愛相撲的眾多戰國大名中，又以織田信長為最。他召集好幾位相撲力士聚集在安土城內，觀賞他們比賽。

### 織田信長召集三百位相撲力士並觀賞比賽

相撲是日本的國技。戰國武將也熱愛相撲，尤其織田信長更是經常舉辦上覽（※）相撲。根據保留下來的紀錄，他還曾經把300位近江國（現在的滋賀縣）的相撲力士召集到安土城。據說在以力氣為傲的力士當中，也有人曾經得到信長的賞識，變成家臣喔！此外，若是在比賽中表現傑出，好像還能獲得以金銀裝飾的太刀、脇差（※）或服飾等豪華獎品呢！

※上覽：指天皇、將軍等身分崇高的人到場觀賽。　※脇差：較短的刀。

**問題** 相撲力士綁在腰上的布叫作什麼？

❶ 缽卷　　❷ 前垂　　❸ 腰帶　　❹ 襷

答案：③　以絲綢製成。又稱「締込」。

# 3月1日 （昭和7年）

滿洲國成立的日子
西元1932年3月1日

大概這時候
1926　　　　1989
昭和時代

## 就算是傀儡，國家還是國家、皇帝還是皇帝！

日本為了入侵中國而成立滿洲國，並擁護清朝皇帝溥儀擔任一國之首。

> 這樣還稱得上是皇帝嗎？
> 擺弄
> 操縱
> 這是今天的劇本～！

### 日本在中國活動的據點──滿洲國誕生了

九一八事變(※)的結果是成功控制滿洲（現在的中國東北部）的日本成立了滿洲國。儘管日本讓中國皇帝溥儀出任政治領導人，指派滿洲人擔任大臣之類的重要職務，然而滿洲國卻是個被日本隨意操控的傀儡國家。雖然日本因此能在中國大陸進行活動，但也有好長一段時間身陷於中國抗日戰爭、太平洋戰爭等戰事的泥沼當中不能自拔。

※1931年，關東軍炸毀南滿洲鐵路，藉此占領整個滿洲。

**問題** 清朝末代皇帝溥儀的別名是「LAST _____」？

❶ SAMURAI　　❷ SYŌGUN　　❸ EMPEROR　　❹ KING

答案：③　「皇帝」的英文。

# 3月2日 （昭和18年）

英文在棒球術語被禁用的日子
西元1943年3月2日

大概這時候
1926 ─── 1989
昭和時代

## 「選手沒能擊出『正打』！」你說的是「hit」嗎？

太平洋戰爭進入白熱化後，日本政府便開始呼籲國民不要使用英文，棒球用的英文術語也被替換成別的說法了。

### 問題

日文「輕打（KEIDA）」是以下哪個棒球術語的替代說法？

❶ bunt（短打）
❷ fly（高飛球）
❸ foul（界外球）

### 不准使用敵國的語言！棒球術語禁用英文！

法律上並沒有任何條文明文禁止說：「因為英文是敵國的語言，所以大家都不要用。」即便如此，社會還是瀰漫著一種讓人無從反駁的「不舒服的氣氛」，因此棒球術語才會禁止使用英文。另外還有其他改用替代說法的例子，像是廣播用語的「announcer」改叫「播報員」、「microphone」改叫「傳話器」；食物的「croquette」改叫「炸肉包」、「curry rice」改叫「辣味醬汁蓋飯」。

### 補充

在日本職棒，俄羅斯出生的Starukhin選手被改名為「須田博（SUDA HIROSHI）」。他在戰後成為日本職棒史上首位達成生涯三百勝的偉大投手。

答案：① 附帶一提，「三支好球，到此為止」是指「三好球，打者出局」，「正打」是「安打」的意思。

# 3月3日 （安政7年）

發生櫻田門外之變的日子
西元1860年3月24日

大概這時候
1603　　　1868
江戶時代

## 我也不是因為喜歡才和外國交朋友的啊！

負責輔佐將軍的高官井伊直弼在江戶城的櫻田門外遭人暗殺，這起事件成為幕府垮臺的導火線。

> 幕府的做法是不對的！
>
> 嘖！
>
> 會與外國簽訂條約是逼不得已的啊！

### 井伊直弼在江戶城的櫻田門外遭到暗殺

大老井伊直弼被水戶（現在的茨城縣）及薩摩（現在的鹿兒島縣）人暗殺的事件稱為「櫻田門外之變」。原因據說是井伊未經天皇許可就和外國簽訂條約，打壓「尊皇攘夷」派[※]。雖然事情發生在城門之外，但畢竟被暗殺的是江戶城在政治上的最高權力者大老，因此在當時是一條轟動社會的大新聞喔！以這起事件為契機，幕府的權力劇烈震盪，日本邁入了下一個時代。

※尊敬天皇、將外國勢力逐出日本的思想。

### 問題

下列哪個日本公家機關的廳舍坐落在城門正面，因此又稱「櫻田門」？

❶ 國會　　❷ 警視廳　　❸ 法院　　❹ 國稅廳

答案：② 現在的廳舍於昭和55年（1980年）完工。

# 3月4日 （明和8年）

**杉田玄白參觀屍體解剖現場的日子**
西元1771年4月18日

大概這時候
1603 ── 1868
江戶時代

## 這張圖畫得跟真的一模一樣！不愧是西方，好先進喔！

為了確認荷蘭文醫學書上的解剖圖有沒有畫對，蘭學家杉田玄白參觀了屍體解剖的現場。

杉田玄白及前野良澤把荷蘭文的醫學書翻譯成日文，完成了《解體新書》。

把這本書翻成日文是我們的使命！

和解剖圖一樣耶！

### 杉田玄白等人在小塚原刑場參觀屍體解剖現場

荷蘭文醫學書《解剖圖集》（Tabulae Anatomicae）上面畫的解剖圖是正確嗎？為了確認這個答案，我和前野良澤先生以及中川淳庵先生去參觀了死刑犯的解剖現場，結果解剖圖的精準程度遠遠高於我們的預期。我和良澤先生雙雙發誓，一定要把這本書翻譯成日文。

蘭學家杉田玄白。

### 問題　蘭學的「蘭」指的是哪一個國家？

❶ 英國　　❷ 法國　　❸ 荷蘭　　❹ 瑞典

答案：③　日本過去以漢字「和蘭」或「阿蘭陀」來表示荷蘭。

# 3月5日 （昭和7年）

發生血盟團事件的日子
西元1932年3月5日

大概這時候
1926 ━━━━━ 1989
昭和時代

## 政財兩界的人都老奸巨猾！所以我們要**改變社會**！

想要用暴力改變日本的血盟團制定了暗殺計畫，鎖定政財兩界大老的恐怖攻擊造成了兩名犧牲者。

> 竟然策畫暗殺首相，這個社會真不平靜！
> 哇——！
> 號外——！
> 哇——！

### 血盟團事件導致財界大老團琢磨慘遭殺害

血盟團是一個以日蓮宗的僧侶井上日召為中心的集團。據說他們的原定計畫是要暗殺首相犬養毅等十多個人。雖然犬養首相幸運地逃過一劫，但前大臣井上準之助及財界大老團琢磨卻死於非命。井上日召看到好吃懶做的統治階級與窮困潦倒的農村，認為社會必須做出改變。因此他打著「昭和維新」的口號，把政財兩界的大老當成攻擊目標。

**問題** 創立日蓮宗的人是？

❶ 日蓮　　❷ 親鸞　　❸ 蓮如　　❹ 道元

答案：① 順帶一提，親鸞是淨土真宗的開祖；蓮如是淨土真宗的僧侶；道元是曹洞宗的開祖。

# 3月6日 （永仁5年）

頒布永仁德政令的日子
西元1297年3月30日

大概這時候
1185　　　1333
鎌倉時代

## 咦？**債務**全免了！
## 那我就再借更多錢吧！

由於有越來越多武士在經濟上捉襟見肘，鎌倉幕府頒布了《德政令》。該法律命令債主免除債務，但卻導致情況變得更加混亂。

> 你現在是說不借我錢嗎！
> 非常抱歉，我無法為您提供借款服務。
> 不會還錢的客人是拒絕往來戶！

### 用來拯救經濟困難的武士的法律

鎌倉時代，幕府頒布來免除債務的法律稱為《德政令》。裡面規定借來的錢不用還、勞工不需要工作等等，或許可說是一種允許人投機取巧的法律吧。儘管幕府是想藉此幫助面臨困境的武士，但法規過於偏袒向人借錢的一方，反而導致社會陷入混亂。順帶一提，室町時代和戰國時代也有頒布《德政令》喔！

---

**問題** 大名提供土地，命令家臣跟隨自己的封建制度起於何時？

❶ 平安時代　　❷ 鎌倉時代　　❸ 室町時代　　❹ 江戶時代

答案：② 鎌倉至江戶時代也是武家政權。

# 3月7日 （推古天皇36年）

推古天皇的忌日
西元628年4月15日

大概這時候
593 ─── 710
飛鳥時代

## 日本首次由**女性**登基成為**天皇**。推古天皇曾經是一位絕世美女！

第33代的推古天皇是日本第一位女性天皇。她與廄戶皇子（聖德太子）及蘇我馬子同心協力，共同處理政務。

### 問題

推古天皇大力推廣哪一件事？

❶ 整理儀容
❷ 孝順父母
❸ 信仰佛教

### 證明女性也能從政！

額田部皇女（後來的推古天皇）因為身為天皇的丈夫和哥哥相繼過世而傷透腦筋，於是她扮演在兒子長大成人前的銜接角色，成為日本的第一位女性天皇。相傳她容貌秀麗、冰雪聰明！與當時掌握大權的舅舅蘇我馬子以及優秀的姪子廄戶皇子（聖德太子）合力推動政治。不過因為廄戶皇子早一步離世，推古天皇在還沒有決定繼承人的情況下就駕崩了。

### 補充

擔任推古天皇攝政（輔佐官）的廄戶皇子因制定《十七條憲法》及冠位十二階廣為人知，其目的是為了鞏固天皇的權力。

答案：③ 《十七條憲法》的第二條規定要「篤敬三寶」。三寶為「佛、法、僧」。佛教在大約九十年前從中國傳入日本。

# 3月8日（大寶2年）

統一度量衡的日子
西元702年4月9日

大概這時候：593 — 710 飛鳥時代

## 用參差不齊的**工具測量**結果當然會不一樣啊！

過去用來測量的單位和工具種類繁多，經常造成混亂，因此文武天皇統一了度量衡作為量測的標準。

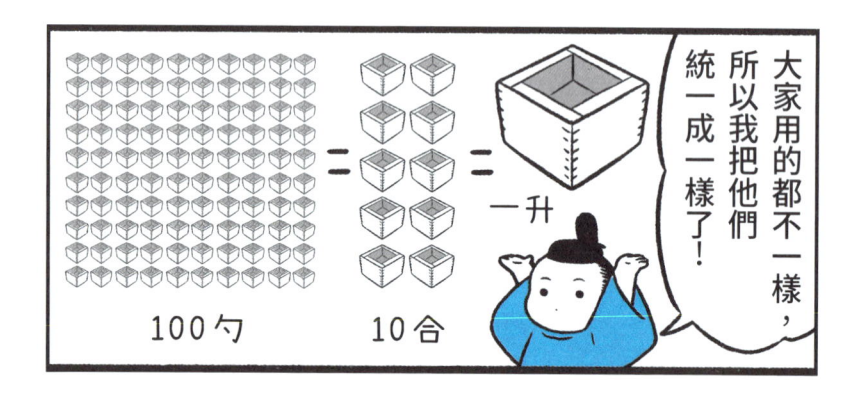

100勺 ＝ 10合 ＝ 一升

> 大家用的都不一樣，所以我把他們統一成一樣了！

### 文武天皇統一了亂七八糟的度量衡

「度量衡」是古時候對「測量」的稱呼。「度」指長度、「量」指體積、「衡」指質量（重量），同時也是指用來測量這些的尺、枡、秤等工具喔！這天是第42代的文武天皇制定了日本史上最早的測量單位（度量衡）的日子。文武天皇以國家近代化為目標實施了各式各樣的改革。制定包含統一度量衡在內的《大寶律令》(※)也是其中之一。

※律令＝國家的基本法。律是刑法，令是跟行政、訴訟有關的法律。

### 問題　下列何者不是測量長度的工具？

❶ 直尺　　❷ 捲尺　　❸ 天秤　　❹ 卡尺

答案：③　天秤是測量重量的工具。

# 3月9日 （昭和20年）

發生東京大空襲的日子
西元1945年3月9日

**大概這時候**
1926 —— 1989
昭和時代

## 要逃到哪裡才安全呢……
## 東京被**烈火**包圍的日子

空襲警報在小工廠與住家林立的下町響徹雲霄。
深夜裡，無數架B29轟炸機覆蓋整片天空，半個東京化為焦土……。

> 媽媽，好燙喔！
> 猛烈火勢
> 到處都是一片火海，根本無處可逃啊……

### 東京大空襲使得下町化成焦土

太平洋戰爭末期，美國為了盡可能提早結束戰爭，在東京下町進行了大規模的空襲。參與行動的B29轟炸機竟然多達300架，令人難過的是這次空襲造成了<u>大約10萬名罹難者以及300萬名受災者</u>，而且東京有一半化為焦土，約有70萬棟房屋被燒成灰燼。此外，在沖繩戰役及廣島、長崎的原子彈轟炸也出現了程度相當的嚴重災情。

---

**問題** B29轟炸機主要使用哪一種以製造火災為目的炮彈？

❶ 燒夷彈　　❷ 導彈　　❸ 手榴彈　　❹ 氫彈

答案：① 用來燒毀以木造房屋居多的日本城鎮。

# 3月10日 （和銅3年）

遷都平城京的日子
西元710年4月13日

大概這時候
710 ──── 794
奈良時代

## 遷都是很好，但這裡又有新的問題……

仿造唐朝（現在的中國）長安的平城京成為新的首都。
但是不久之後，馬上又出現了新的遷都計畫。

708年決定遷都，兩年後的710年，平城京宣告完工。當時只有皇居這些比較重要的設施。

臭氣沖天～

遷都吧！

臭成這樣根本毫無雅趣可言啊……。

### 元明天皇從藤原京遷都平城京

由我遷都的平城京不愧是仿造唐朝的首都長安，坐落得相當氣派。只不過，此地遠離大型河道，運輸較不方便；加上排水不良，在衛生方面也有問題。雖然才剛搬過來沒有多久，但我還是再搬去其他地方好了。這樣會搬得太快嗎？

遷都的元明天皇。

💡 問題　下列何者是歷時最久的日本首都？

❶ 平城京　　❷ 長岡京　　❸ 平安京　　❹ 東京

答案：③　扣掉平清盛暫時遷都福原的時間，平安京是日本的千年之都。

# 3月11日 （平成23年）

發生東日本大震災的日子
西元2011年3月11日

1989 ─── 大概這時候 ─── 2019
平成時代

## 前所未有的**劇烈搖晃**。
## 日本列島天搖地動的日子！

以東日本為中心，發生了伴隨觀測史上最大海嘯的大地震，許多人因此喪生，同時也引發了嚴重的核電廠事故。

> 巨浪席捲而來……
> 手機打不通，大家沒事吧？
> 城市被黑色的海浪沖走了……！

### 大地震和大海嘯襲擊東北地方的東日本大震災

這天下午2點46分左右，三陸外海發生芮氏規模9.0的大地震。震度7的劇烈搖晃以及觀測史上最大的海嘯，造成從東北到關東的大範圍地區災情慘重。截至令和2年（2020年）3月1日為止，有1萬5899人死亡、2529人失蹤。在這起地震當中，福島第一核電廠也遭到波及。令人聯想到蘇聯（現在的俄羅斯）的車諾比核電廠事故。

💡 **問題**　下列何者是在作品中描述震災的NHK晨間劇？

❶《鬼太郎之妻》　❷《小海女》　❸《多謝款待》　❹《夏空》

答案：② 故事舞臺是位於岩手縣三陸海岸的鄰海城鎮。

# 3月12日 （明治9年）

星期日變成休息日的日子
西元1876年3月12日

大概這時候
1868 ———— 1912
明治時代

## 哇！原來以前的人沒有**休息日**啊！

這一年，日本公務員的休息日效仿歐美改成週休制，但是花了超過一百年的時間，才變成完全週休二日制。

> 明明以前休這麼多天，現在卻變少了！

> 感覺好像有點虧耶。

修改前＝● 修改後＝○

### 國家公務員改成週六休半天、週日休整天的週休二日制

現在的公司和學校週休一天以上被視為理所當然。然而明治時代初期規定，每個月除了三十一日以外，只有遇到尾數是「一」和「六」的日期才放假。直到這一年，才改成和歐美一樣的週休制。當時是週六休息半天、週日休息整天。平成4年（1992年），國家公務員和許多公立學校改成週休二日。雖然公立學校後來變成完全週休二日制，不過現在好像有越來越多週六要上課的學校喔！

**問題** 規定星期一放假，讓六、日、一變成三連休的制度叫作「○○ MONDAY」？

❶ PREMIUM　❷ VIVA　❸ HAPPY　❹ DELICIOUS

答案：③ 成人之日、海之日、敬老之日和體育之日被調到星期一。

# 3月13日 （文久3年）

**壬生浪士組成立的日子**
西元1863年4月30日

大概這時候
1603 ———— 1868
江戶時代

## 為了守護京都的治安，我們要賭上性命而戰！

在由幕府召集來保護將軍的組織——浪士隊，其中理念不同的一派退出隊伍。留下來的近藤勇等人組成了後來變成新選組的壬生浪士組。

> 我們是壬生浪士組！一定會守護京都的治安！

在新選組擔任副長的土方歲三和一番隊隊長的沖田總司也都是浪士組的成員。

### 新選組的前身——壬生浪士組成立了

從江戶大老遠來到此地的我們壬生浪士組得到京都守護職（※）松平容保大人的正式認可了！從今以後，守護京都的治安以及將軍的安全是我們的工作。雖然沒有地位、也沒有人脈，只有一身高超的劍術，但我們一定會從這裡闖出一片天！每個人都要小心謹慎地執行任務！

※為保護京都設立的幕府官職。

**問題** 近藤勇傳授的劍術流派是？

❶ 二天一流　　❷ 北辰一刀流　　❸ 柳生新陰流　　❹ 天然理心流

答案：❹ 加入新選組的土方歲三和沖田總司也是同一個流派。

# 3月14日 （慶應4年）

發表《五條御誓文》的日子
西元1868年4月6日

大概這時候
1603　　　1868
江戶時代

## 既然向神明發過誓，就得兌現誓言啊！

明治新政府制定了由五條條文構成的基本方針。明治天皇將其作為《五條御誓文》對神明起誓。

> 發表誓言時，在神前宣讀的人不是明治天皇，而是三條實美。

好緊張喔……
抖個不停
終於要發表了！

### 明治天皇宣誓《五條御誓文》

御誓文具有以天皇之名向天地眾神起誓的重大意義。這些內容將成為明治新政府的基本方針。交給由利公正起草、福岡孝弟修正、木戶孝允做最後統整，集眾人之力合力完成。在京都御所的正殿紫宸殿舉行的儀式，氣氛非常肅穆莊嚴。

《五條御誓文》。

---

**問題**　木戶孝允在幕末使用的名字是？

❶ 桂小五郎　　❷ 西鄉吉之助　　❸ 才谷梅太郎　　❹ 大久保一藏

答案：① 他在戊辰戰爭結束後改名木戶孝允。

# 3月15日 （昭和2年）

**爆發昭和金融恐慌的日子**
西元1927年3月15日

大概這時候
1926　　　　　1989
昭和時代

## 銀行和大企業都**倒閉**了！還有哪裡可以相信呢？

關東大地震以後，企業的經營每況愈下，人們對銀行等金融機關的不信任感水漲船高，爆發了經濟恐慌。

（漫畫對白）
- 把錢還來！現在是什麼情況！
- 哇～！
- 銀行終於撐不下去破產了！

### 人們因為大臣說了不該說的話陷入恐慌！

因為大正12年（1923年）的關東大地震而無法兌現的支票（手形）稱為「震災手形」。政府想藉由國家代為承擔債務的方式來處理震災手形，但銀行和企業卻涉嫌違規，因而導致手續中斷。管理國家財政的大藏大臣因為想盡快推動手續的進行，在發言時說出「東京渡邊銀行破產了」的錯誤訊息，這句話使得擔心金融機關倒閉等的恐慌(※)迅速擴散。

※企業倒閉、股價暴跌等景氣急速惡化的情況。

**問題** 發生在1930年代的經濟大恐慌始於哪一個國家？

❶ 英國　　❷ 德國　　❸ 美國　　❹ 日本

答案：③　在1929年秋天從美國擴大成世界規模。

# 3月16日 （文化3年）

**藤田東湖的生日**
西元1806年5月4日

大概這時候
1603 — 1868
江戶時代

## 西方根本沒什麼好怕的！應該把他們徹底驅逐！

藤田東湖是深受水戶（現在的茨城縣）藩主德川齊昭倚重的部下，他的思想和行為影響了幕末那些懷抱雄心壯志的武士。

藤田東湖的活躍表現備受期待，但是他在安正大地震為了保護母親，被壓在房子下面重傷身亡。

擁護天皇！

驅逐外國！

### 對尊皇攘夷(※)派帶來影響的藤田東湖

「必須承認天皇的絕對權威，驅逐接近我國的其他國家！」這是我抱持的想法，好像在全國各地的年輕人之間傳開了呢！前陣子就有一位薩摩人（現在的鹿兒島縣），名叫西鄉隆盛的青年來拜訪我。他的想法和我很接近，同時擁有寬闊的心胸，相信他一定會做出留名青史的壯舉吧！

水戶藩士兼學者藤田東湖。

※尊敬天皇、將外國勢力逐出日本的思想。

### 問題 以「水戶黃門」為人所知的水戶藩第二代藩主是？

❶ 德川賴房　❷ 德川光圀　❸ 德川齊昭　❹ 德川昭武

答案：② 德川家康的孫子。編撰史書《大日本史》。

# 3月17日 （昭和63年）

**東京巨蛋完工的日子**
西元1988年3月17日

大概這時候
1926 ─ 1989
昭和時代

## 即使下雨也不必擔心！
## 可以在巨蛋裡**看棒球賽**啦──

作為讀賣巨人和日本火腿鬥士的新主場，在雨天也能比賽的東京巨蛋正式完工了。

> 屋頂的總重量為400噸。透過不斷朝室內灌入空氣來支撐這個沉重的屋頂。

> 又叫作「BIG EGG」。

> 就算天氣不好也沒關係！

### 日本首座室內棒球場──東京巨蛋完工了

說到讀賣巨人的主場就會想到東京巨蛋。昭和末期，東京巨蛋在後樂園球場的舊址竣工，它最大的特徵是日本首座全天候型多功能體育館。就算雨天也可以打球喔！順帶一提，到平成16年（2004年）為止，這裡也是日本火腿鬥士隊的主場。

東京巨蛋（東京都文京區）。

---

💡 **問題**　日本火腿鬥士從2004年開始使用的新主場是？

❶ 札幌巨蛋　　❷ 名古屋巨蛋　　❸ 京瓷巨蛋　　❹ 川崎球場

答案：① 預計在2023年遷移到新球場。

# 3月18日（平成19年）

**PASMO 啟用的日子**
西元 2007 年 3 月 18 日

大概這時候
1989 ———— 2019
平成時代

## 搭電車和公車只要這張卡！還能用來買飲料喔！

每次通過驗票閘門都要把車票或票卡插入驗票機，實在很麻煩，於是以「TOUCH & GO（感應通過）」計算車資的 PASMO 等 IC 卡問世了。

PASMO 打從啟用之初就能在首都圈的 23 家鐵路公司和 31 家客運公司使用。

要「嗶」一下喔！

嗶

可以用來搭電車和公車，好方便喔！

### 繼 Suica 之後的交通 IC 卡——PASMO 誕生

我的名字叫 PASMO，是一張只要感應一下就能買東西的 IC 卡！我的出現讓人們不必再依照鐵路分別使用不同的月票；而且前輩 Suica 和我 PASMO 的使用區域還能互通，也能當作行動支付使用，是一種非常優秀的產品。能夠使用我的地方還一直在持續增加喔！

PASMO。
※「PASMO」是 PASMO 株式會社的註冊商標。

💡 問題　**PASMO 的官方吉祥物是？**

❶ 企鵝　　❷ 老鼠　　❸ 機器人　　❹ 狗

答案：③　沒有名字，通稱「PASMO 的機器人」。

# 3月19日 （建長4年）

> 宗尊親王從京都出發的日子
> 西元1252年4月29日
> 大概這時候
> 1185 ── 1333
> 鎌倉時代

## 稱我一聲「將軍」，卻**什麼事情都不讓我做**！

日本步入由北條氏在鎌倉幕府掌握實權的時代。
宗尊親王成為第一位出自皇族的將軍。

既然無事可做，我就來詠一首歌吧！

揮毫

哦──！

### 鎌倉幕府第6代將軍宗尊親王離開京都

源賴朝當上征夷大將軍後經過了六十年，與賴朝血脈相連的第3代將軍實朝死後，源氏將軍就此絕後。因此幕府從家世良好的九條家連續選出第4代的藤原賴經以及第5代的藤原賴嗣兩任將軍。然而，不滿九條家同時霸占朝廷和幕府的後嵯峨天皇，扶持自己的二皇子宗尊親王坐上第6代將軍之位。於是，第一位皇族將軍就此誕生。

**問題** 鎌倉幕府大約維持了多少年？

❶ 25年　　❷ 80年　　❸ 150年　　❹ 250年

答案：③　正慶2年（1333年）被新田義貞推翻。

# 3月20日（明治15年）

上野動物園開園的日子
西元1882年3月20日

大概這時候
1868 —— 1912
明治時代

## 不是只有貓熊而已喔！多達350種**動物**大集合

直到今天遊客都還絡繹不絕的上野動物園，擁有將近140年的歷史。而最受歡迎的熊貓區更是天天都吸引大批人潮聚集。

上野動物園的正式名稱是「恩賜上野動物公園」。「恩賜」的意思是天皇賞賜的禮物。

可以免費參觀可愛的動物耶～！

### 在開園紀念日這天可以免費入場♪

作為日本第一座近代化動物園成立的上野動物園，在開園當時是國營設施。大正13年（1924年），為了紀念昭和天皇（當時為皇太子）結婚，才和上野公園一起被賞賜（※）給東京都。現在除了大貓熊之外，還飼養了超過350種動物喔！

上野動物園（東京都台東區）。

※身分高貴的人將物品等給予他人。

### 問題　上野動物園在平成30年時，全年的入園人數有多少？

❶ 50萬人左右　❷ 100萬人左右　❸ 200萬人左右　❹ 500萬人左右

98　答案：④　2019年最有人氣的前三名分別是上野動物園、東山動物園（愛知縣名古屋市）和天王寺動物園（大阪市）。

# 3月21日 （昭和47年）

發現高松塚古墳壁畫的日子
西元1972年3月21日

大概這時候
1926　　　1989
昭和時代

## 美麗的事物永不褪色！
## 大家在課本上看過的**飛鳥美人**

從高松塚古墳的石室裡面發現了色彩斑斕的壁畫。
其中特別著名的是描繪飛鳥時代女性的女子群像。

> 1972年，住在附近的村民正在挖掘存放生薑的洞穴，當時的偶然的發現，成了一切的起點。

「都是大美女耶！」
「好棒喔──真漂亮！」

### 發現飛鳥時代七彩繽紛的壁畫了！

畫著我們幾個姊妹的壁畫竟然保存了長達1300年，真是太令人驚訝了！而且聽說被發現的時候，顏色還保持得很鮮豔喔！後世的各位似乎稱呼我們是「飛鳥美人」？而且大部分的日本教科書都放了我們的畫，好高興喔♡

西壁女子群像（飛鳥美人）。

---

💡 問題　高松塚古墳位於何處？

❶ 京都府　　❷ 奈良縣　　❸ 香川縣　　❹ 福岡縣

答案：②　位在奈良縣高市郡明日香村的國營飛鳥歷史公園內。

99

# 3月22日（大化2年）

頒布《薄葬令》的日子
西元646年4月12日

大概這時候
593 — 710
飛鳥時代

## 不管是墳墓還是其他東西，不是越大越好！

作為權力的象徵，巨大古墳時代的人會比較墳墓的大小。為這種風氣畫上休止符的是在大化革新(※)期間頒布的《薄葬令》。

### 限制墳墓規格須與身分相符的《薄葬令》

例如像大仙古墳(仁德天皇陵寢)這種前方後圓的陵墓建造型式，這種規模龐大、設計講究的古墳被大量建造的時代又叫「古墳時代」。宏偉壯觀的墳墓也有彰顯亡者生前權力的用途，因此人們才會對古墳這麼執著。這時，作為大化革新的其中一環，頒布了規定墳墓大小須按照身分打造的《薄葬令》。在那之後，地方豪族就不再比賽誰的墳墓比較大了。

※為推翻掌握政治實權的蘇我氏爆發的政變。

**問題** 誰是大化革新的中心人物，還成為藤原氏的第一代當家？

❶ 中大兄皇子　❷ 蘇我入鹿　❸ 中臣鎌足　❹ 藤原道長

答案：③　在臨終時獲天智天皇賜姓「藤原」。

# 3月23日（嘉禎4年）

**鎌倉大佛開始動工的日子**
西元1238年5月8日
大概這時候
1185 ─── 1333
鎌倉時代

## 沒有大佛殿(※)反而是一件幸運的事？
## 與大自然互相調和的鎌倉**地標**

在鎌倉時代被建造來當作高德院本尊(※)的鎌倉大佛，現在的模樣幾乎和以前別無二致。

> 要蓋到何時才能蓋完啊……

也有一說是源賴朝看到奈良大佛非常感動，所以才計畫也在鎌倉造一尊大佛。

### 建造大佛
### 作為鎌倉高德院的本尊

以「鎌倉大佛」名揚四海的我是高德院的本尊。剛開始是一尊木造佛像，在建長4年（1252年）才改建成現在的青銅像。以前我還有一座屋頂，不過被明應4年（1495年）的海嘯沖垮了。之後就變成大家現在看到的樣子，在戶外任憑日曬雨淋。我裡面是中空的，還可以進來參觀喔！

> 累死人了！

※大佛殿：供奉大佛的建築物。　※本尊：寺院裡供信徒參拜的主要佛像。

### 問題　鎌倉大佛是哪一位佛教神明的佛像？

❶ 釋迦如來　　❷ 大日如來　　❸ 藥師如來　　❹ 阿彌陀如來

答案：④　在極樂淨土說法的佛，是淨土宗及淨土真宗的本尊。

101

# 3月24日 （元曆2年）

平氏在壇之浦滅亡的日子
西元1185年4月25日

大概這時候
794 —— 1185
平安時代

## 無論昔日有多麼輝煌，滅亡也只在**頃刻之間**……

以源義經為中心的源氏軍在壇之浦與平氏軍激烈交戰！源氏贏得勝利，曾經風光一時的平氏就此滅亡。

相傳兼具智慧和勇氣的平氏大將平知盛，在最後穿著兩層盔甲投海自盡。

我只能自我了斷！

撲通！

### 源平合戰於壇之浦之戰落幕

盛極一時的平氏也到此為止了嗎？我們從京都一路逃到壇之浦（現在的山口縣下關市），但就連最擅長的海戰也輸給對方，實在找不到任何藉口了。<u>繼承平氏血脈的安德天皇跟和我並肩作戰的武將們也都相繼死去</u>。我能做的只剩下給自己一個了結。

壇之浦之戰
《安德天皇緣起繪圖》。

**問題** 建立平氏政權的平知盛之父是？

❶ 平將門　　❷ 平清盛　　❸ 平教經　　❹ 平宗盛

102

答案：② 知盛是清盛的四子。

# 3月25日 （明治5年）

樋口一葉的生日
西元1872年5月2日
大概這時候
1868 ━━━ 1912
明治時代

## 過去為錢所困的我，肖像竟然成為五千日圓的圖案！

樋口一葉是以描繪生活在社會底層的女性作品受到矚目的小說家。儘管深受讀者喜愛，但年僅24歲就香消玉殞了。

> 她在女性難以外出工作的時代陸續發表了《比肩》、《濁流》等經典作品。

沒有錢好傷腦筋啊！

妳要不要試試看寫小說呢？

### 近代第一位女性作家──樋口一葉

身為家中經濟支柱的父親和哥哥相繼過世，17歲的我肩負起照顧樋口家的責任。於是，我利用自己引以為傲的寫作能力成為小說家，但光靠這樣還是無法餬口，所以又開了一家雜貨店。就在這時，我看到走進店裡的那些身分低微的女性客人，腦中浮現了小說的靈感。

小說家樋口一葉。

**問題** 因肺結核過世的樋口一葉以小說家的身分工作了多久？

❶ 十個月　　❷ 一年兩個月　　❸ 兩年半　　❹ 三年

答案：② 她因為患有當時還沒有治療方法的肺結核，在二十四歲六個月時撒手人寰。

# 3月26日 （天正20年）

**豐臣秀吉出發前往名護屋城的日子**
西元1592年5月7日

大概這時候　1573 — 1603
安土桃山時代

## 日本的一切都是我的。下一步終於要進軍海外啦！

完成國內統一的豐臣秀吉，下一個目標鎖定中國。他先是派兵前往朝鮮，接著自己也朝著名護屋城出發了。

> 往朝鮮派兵！
> 我們要整頓江戶的建設，無法出兵。先保留戰力吧……

### 為準備出兵朝鮮，豐臣秀吉往名護屋城出發

名護屋城是豐臣秀吉用來當作出兵朝鮮的基地，在現在的佐賀縣建造的城池。把關白（※）之位傳給外甥豐臣秀次的秀吉，為了專心指揮與朝鮮之間的戰事，在這天朝著京都出發了。他抵達名護屋城的時間是4月25日，當時與朝鮮軍之間的戰爭已經開打。秀吉將國內的政務託付給秀次，花了大約一年三個月的時間，從名護屋城關注和朝鮮的戰況。

※輔佐天皇的重要官職。

**問題** 豐臣秀吉出兵朝鮮的時間對應中國的哪一個朝代？

❶ 漢　　❷ 唐　　❸ 元　　❹ 明

答案：④　出兵朝鮮的根本目的是為了征服明朝。

# 3月27日（元禄2年）

**松尾芭蕉踏上旅途的日子**
西元1689年5月16日

大概這時候
1603　　　1868
江戶時代

## 充滿看頭的旅程。
## 走啊走，徒步走過 2400公里！

松尾芭蕉與弟子曾良從江戶出發，展開一趟奧州（現在的東北）及北陸之旅。《奧之細道》是芭蕉記錄此次旅行見聞的遊記。

> 夏草漫漫，士兵將領，皆為夢痕。

> 這時想到一句……

### 松尾芭蕉踏上《奧之細道》之旅的日子

生活在平安末期到鎌倉初期的僧侶西行曾多次遊歷四方，過著走到哪裡就在哪裡詠一首歌的日子。江戶時代的俳人松尾芭蕉非常敬佩西行這位僧人，在他逝世滿500年的這一年，芭蕉本人也朝著東北及北陸展開旅程。他從住家所在的江戶深川出發，目的地是景色優美、名聲響亮的松島和象潟，途中還經過了日光東照宮和平泉等名勝古蹟喔！

**問題**　和俳句一樣都是用5、7、5共17字組成的詩體是？

❶ 和歌　　❷ 川柳　　❸ 漢詩　　❹ 都都逸

答案：② 川柳沒有俳句的季語。

105

# 3月28日 (明治9年)

**頒布廢刀令的日子**
西元1876年3月28日

大概這時候
1868 ─ 1912
明治時代

## 明明以前那麼囂張，少了刀就只是**普通人**？

在武士與庶民地位相差懸殊的封建社會，象徵武士身分的刀被禁止攜帶，讓武士們的不滿越積越深。

> 喂！禁止帶著刀在路上閒晃！
>
> ㄉㄟˇ勢！⋯今天只是剛好有一把刀插在我腰上啦～

### 禁止曾為武士特權的刀，廢刀令頒布了

過去豐臣秀吉實施的「刀狩」決定了可以佩刀的武士與不能佩刀的庶民之間的階級差距。換句話說，武士在當時是透過佩刀來證明身分的高貴不凡。明治政府頒布的廢刀令則反其道而行，為了建立平等的社會，剝奪了武士的特權。除了穿著大禮服(※)以及軍人跟警察之外，其餘人等禁止佩刀。這條法律引起諸多反彈，甚至還引發了叛亂。

※進入皇宮或參加重要儀式時穿著的服裝。

**問題** 明治政府想藉由頒布廢刀令來實現什麼？

❶ 兵農分離　❷ 上意下達　❸ 四民平等　❹ 封建制度

答案：③　目的是從屬於統治階級的武士身上剝奪象徵身分的刀。

# 3月29日 （慶應2年）

坂本龍馬在蜜月旅行登上高千穗山的日子
西元1866年5月13日

大概這時候
1603　　　1868
江戶時代

## 把開心度假的過程告訴姊姊♪
## 龍馬和阿龍的**蜜月旅行**

坂本龍馬在幕末的日本四處奔走，夢想著要打造新的時代。
他在死前與妻子在溫泉度過的短暫時光，成為日本最早的蜜月旅行。

**問題**　坂本龍馬和妻子阿龍到哪裡度蜜月？

❶ 桂濱（高知縣）
❷ 伊勢神宮（三重縣）
❸ 霧島（鹿兒島縣）

### 龍馬夫妻的「蜜月旅行」，其實目的是為了療傷

坂本龍馬因為成功讓交惡的薩摩藩和長州藩締結薩長同盟(※)而聲名大噪。其實就在這件事的兩天後，他在京都一間叫作寺田屋的旅社被幕府的官員襲擊，與妻子阿龍一起倉皇逃命。推薦受傷的龍馬到鹿兒島泡溫泉療傷的人，正是薩摩藩的西鄉隆盛。龍馬夫妻到霧島溫泉旅遊，登上高千穗山。龍馬還把當時的風景寫在信裡，附上插圖，寄給姊姊。

※兩藩（現在的鹿兒島縣和山口縣）約好會在政治和軍事上互助合作。

**補充**　龍馬在這趟旅行後回到自己出生的土佐藩（現在的高知縣），同年11月在京都遇刺身亡。犯人的身分至今成謎。

答案：③　據傳介紹坂本龍馬夫妻到鹿兒島的人是西鄉隆盛。

# 3月30日 （享保8年）

**德川吉宗下令實施人口調查的日子**
西元1723年5月4日

大概這時候
1603 —— 1868
江戶時代

## 工作的人變多，年貢的量也應該要變多……吧？

制定政策的時候需要參考數字。
德川吉宗為了解有多少勞動力，下令定期實施人口調查。

### 德川吉宗下令每隔6年要實施一次人口調查

江戶時代首次施行的全國性人口調查是「享保改革(※)」的其中一環。推動此次改革的是第8代將軍德川吉宗。他發現一直以來都在持續增加的年貢，在自己這一代毫無成長。於是，吉宗開始著手進行調漲年貢、開墾新田等改革，人口調查也是其中之一。吉宗為了了解有多少作為年貢依據基礎的勞動力，下令每隔六年實施一次人口調查。

※吉宗為改善幕府的統治所做的制度改革。

**問題** 德川吉宗的別名是？

❶ 米將軍　　❷ 改革大王　　❸ 年貢大將　　❹ 人口將軍

答案：① 財政的根本在米，因此他將施政重點放在穩定米價。

# 3月31日 （昭和22年）

開始實施6334學制的日子
西元1947年3月31日

大概這時候
1926　　　1989
昭和時代

## 只要不用考試，在學的 16年 就會過得很快樂吧！

戰後，日本在教育方面也需要一個符合民主主義社會的方針，於是政府制定了《學校教育法》，開始實施新學制。

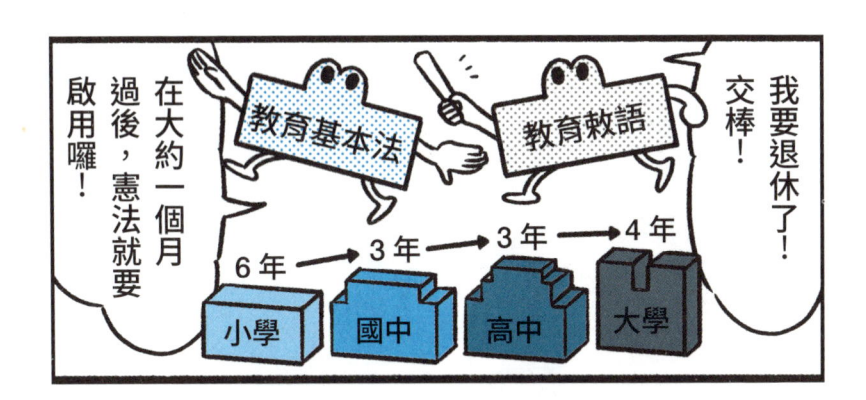

（圖中文字：在大約一個月過後，憲法就要啟用囉！／教育基本法／教育敕語／交棒！／我要退休了！／6年 小學 → 3年 國中 → 3年 高中 → 4年 大學）

### 訂定6‧3‧3‧4學制的《學校教育法》

在戰前，《教育敕語》(※)是國家教育的基礎。到了戰後，國家需要遵循《日本國憲法》精神的全新方針，《教育基本法》因而誕生。「受教機會人人平等、義務教育免費以及男女共學」都是這部法律裡面的規定喔！《學校教育法》是將《教育基本法》的理念具體化的結果。<u>小學6年、國中3年、高中3年、大學4年的「6‧3‧3‧4學制」也是根據這部法律來制定的</u>。

※由天皇針對教育的一席話彙整而成。

### 問題　在日本，義務教育的對象為？

❶ 到幼稚園為止　❷ 到小學為止　❸ 到國中為止　❹ 到高中為止

答案：③　日本規定從6歲到15歲的9年為義務教育期間。

109

**中場休息小專欄**

**1年的前3個月過完囉!**

# 一頁日本史
# 古代 篇

▼

> 我就是這個國家的王!
> 
> 卑彌呼大人!

▼

### 很……久以前,有一位叫作卑彌呼的女王!

人類移居到日本的時間是在距今超過1萬6千年前。據說他們拿著一種「磨製石器」,也就是用石頭打磨而成的武器獵捕動物喔!這個時代叫作「舊石器時代」。後來,中間經過使用陶器和弓箭的「繩紋時代」,再到「彌生時代」。在彌生時代,人們種植稻米、加工金屬,文明相當發達。這位被稱為「卑彌呼」的女王,約莫出現在這個時代的末期。雖然她確實曾經生活在日本的某個地方,但是不曉得詳細位置。是在九州嗎?還是在近畿呢?

# 4月1日 （昭和13年）

頒布《國家總動員法》的日子
西元1938年4月1日

大概這時候
1926 ─── 1989
昭和時代

## 不惜奪走國民的一切 還是想繼續**打仗**嗎？

日本為了全力應戰，制定了將所有國家資源用於戰爭的法律。從這時起，全國上下就逐漸被戰爭的氣氛吞沒了。

### 使國內清一色染上戰爭色彩的《國家總動員法》

戰爭爆發時，政府可以自由運用人力、物資等所有國家資源的法律，就是《國家總動員法》。這是一道在日本與中國發生戰爭的期間所制定的法律，對象包含勞動力、資金、物價、運輸、貿易、文化及言論等等，範圍遍及國民生活的各個角落。實際上，基於《國家總動員法》的天皇命令層出不窮，日本上下清一色都被染成戰爭的顏色。

**問題** 由國家分配生活必需品的制度是？

❶ 國民總背番號制　❷ 配給制　❸ 徵兵制　❹ 價格等統制令

答案：② 配給制除了白米、雞蛋這些食物之外，連身上穿的衣物等等都是由國家分配。

# 4月2日 (天保8年)

**德川家齊退位的日子**
西元1837年5月6日

大概這時候
1603 ─── 1868
江戶時代

## 兒女滿堂錯了嗎？
## 生下**繼承人**也是將軍的工作

德川家齊在位時，與老中（※）松平定信合力推行寬政改革（※）。卸任以後，他開始過著紙醉金迷的生活。

> 從今天起，我要盡情揮霍！

德川家齊退休四年就過世了，包含他任職將軍的時間在內，這50年稱為「大御所時代」。

### 把將軍之位傳給次子家慶
### 德川家齊過著優雅的日子

在53名子女當中，我把將軍這份工作傳給了次子家慶，不過我的身體還很硬朗。退休之後，我還是跟以前一樣繼續掌握政治實權。當上將軍時，我與老中松平定信推動了寬政改革，但那實在是憋死我了！老年我想過得更悠哉、更奢侈一點啦！

※老中：幕府的最高官職。　※寬政改革：為了讓社會變得更好，實施屯糧、節約等制度改革。

**問題** 德川家齊死後，老中水野忠邦施行的改革是？

❶ 天保改革　　❷ 安政改革　　❸ 享保改革　　❹ 文政改革

答案：① 比寬政改革更嚴格地要求節約。

# 4月3日 （推古天皇12年）

聖德太子頒布《十七條憲法》的日子
西元604年5月6日
大概這時候
593　　　　710
飛鳥時代

## 人事制度的下一步是制定規範。
## **建設國家**真累人啊！

聖德太子（廄戶皇子）在推古天皇的治世下建立新的國家制度。他制定了緊接在冠位十二階後面的第二項改革──《十七條憲法》。

> 相傳聖德太子的《十七條憲法》成了《御成敗式目》等後世法律的立法基礎。

一、以和為貴。
二、十七條憲法……
各位要銘記在心！
啦啦啦

### 聖德太子制定了成為國家基本法的《十七條憲法》

我制定了日本最早的階級制度──冠位十二階，作為聘請優秀人才任官時的參考依據。下一步是作為國家根本的憲法。聽說最近豪族(※)內部吵得不可開交。既然如此，我就來提倡「和」的可貴！因為我還想推廣佛教，所以在裡面宣揚對三寶（佛、法、僧）的崇敬之心吧！

聖德太子

※在地方握有龐大財富及權力的一族。

💡 **問題**　協助聖德太子施行種種改革的人是？

❶ 蘇我入鹿　　❷ 蘇我蝦夷　　❸ 蘇我馬子　　❹ 蘇我稻目

答案：③　蘇我馬子受推古天皇所託，從旁協助聖德太子的工作。

113

# 4月4日 （慶長20年）

> 德川家康參加大坂夏之陣的日子
> 西元1615年5月1日
> 大概這時候
> 1603　　　1868
> 江戶時代

## 來吧！這次一定要做個了斷！秀賴，你給我洗好脖子等著！

成為天下人的德川家康要面對的課題只剩下消滅豐臣家。向各大名下達號令後，他也親赴大阪城應戰。

壕溝填平了，剩下的就輕鬆啦！

嘿咻～！

大阪城被認為是一座難以攻略的城池。家康的策略是填平大阪城重要的壕溝，結果非常成功。

### 為了與豐臣家的最終決戰，德川家康參加大坂夏之陣

我叫他們把所有浪人逐出大阪城，但豐臣秀賴果然拒絕了啊。反正我本來就不覺得他會乖乖聽話，這樣的發展還算是在預料之中。麻煩的壕溝也填平了，威震八方的大阪城這下也沒戲唱了吧？為了提振全軍的士氣，我也親自參戰吧！

💡 問題　秀賴的父親是豐臣秀吉，那母親是誰？

❶ 阿市　　❷ 北政所　　❸ 築山殿　　❹ 淀殿

答案：④　本名茶茶，是信長的妹妹阿市之女。

# 4月5日 (慶長14年)

**琉球王國敗給薩摩的日子**
西元1609年5月8日
大概這時候
1603　　1868
江戶時代

## 不管對象是中國或日本，我都**不想交出國家**！

薩摩（現在的鹿兒島縣）出兵攻打琉球王國。
由於琉球無意應戰，因此幾乎是毫無抵抗的情況下就被征服了。

> 琉球怎麼可以變成薩摩的領土！
> 我死都不同意！
> 拳打腳踢

### 琉球因為薩摩藩的侵略遭到征服

琉球王國的第7任國王尚寧被明朝（現在的中國）的皇帝神宗封為貴族，代價是接受明朝對琉球的統治。可是三年之後，薩摩派兵侵略琉球。戰敗的尚寧輾轉被送到好幾個地方，依序分別是鹿兒島、德川家康所在的駿府（現在的靜岡縣）以及第2代將軍秀忠所在的江戶（現在的東京都）。最後，尚寧同意讓薩摩統治琉球，這才終於獲准回國。

**問題** 統治薩摩的是哪一個大名家？

① 德川家　　② 毛利家　　③ 大友家　　④ 島津家

答案：④　從鎌倉時代開始到明治維新為止，薩摩都是島津家的領地。

# 4月6日（明治15年）

板垣退助遇刺的日子
西元1882年4月6日

大概這時候
1868　　　　1912
明治時代

## 要是被刺一刀就死掉了，怎麼可能有辦法獲得自由！

土佐（現在的高知縣）出生的板垣退助在明治維新政府擔任要職，後來作為自由民權運動(※)的中心人物參與政治運動。

> 哦哦哦哦哦
> 不，你還會活很久好嗎！
> 就算我死了，自由也不會滅亡！

### 以完全開放的國會為目標的板垣退助

板垣退助雖然被賦予維新政府的重要職務，卻在征韓論(※)與大久保利通等人互相對立，聯合西鄉隆盛等人一起退出。後來，他推動讓國民得以參政的自由民權運動，組成日本的第一個全國性政黨──自由黨。他在從事政治運動，於岐阜各地巡迴演說的時候遭人刺殺。當時他留下的名言是：「板垣雖死，自由不滅。」

※自由民權運動：追求自由的政治運動。　※征韓論：對採取鎖國主義的朝鮮發動侵略的主張。

💡 **問題**　和板垣同為土佐出生，並參與自由黨組黨的政治家是？

❶ 後藤象二郎　❷ 江藤新平　❸ 副島種臣　❹ 大隈重信

答案：①　推動幕府的大政奉還（把政權還給朝廷）。

# 4月7日（天正7年）

江戶幕府第二代將軍德川秀忠的生日
西元1579年5月2日
大概這時候
1573　　　1603
安土桃山時代

## 沒想到當上將軍的人
## 不是能幹的哥哥，而是我啊！

德川家康就任征夷大將軍，開闢了江戶幕府。
成為他繼承人的是三子秀忠。

秀忠繼承德川家康的衣缽，為江戶幕府奠定根基。聽說他的個性既認真又溫和敦厚。

雖然排行老三卻當上了將軍！真走運！
那我算什麼……
好詐喔……！

### 繼承偉大父親的第2代將軍──德川秀忠

父親大人開闢幕府、為德川政權揭開序幕，這樣是很厲害沒錯，但問題在於要由誰來繼承他的事業。在關原之戰遲到的事害我的評價差強人意。可是長子信康哥哥因為被織田信長懷疑，切腹自殺了；次子秀康哥哥也成了豐臣秀吉家的孩子，所以最後是我當上了將軍。

江戶幕府第2代將軍德川秀忠。

**問題** 下列何者是德川秀忠的長女，因為政治聯姻嫁給秀賴？

❶ 千姬　　❷ 珠姬　　❸ 勝姬　　❹ 初姬

答案：① 母親是織田信長的妹妹──阿市的三女江。

# 4月8日 （康正3年）

太田道灌興建江戶城的日子
西元1457年5月1日

大概這時候
1336　1493
室町時代

## 江戶之所以會變成**大都市**都是多虧有我在這裡築城？

室町後期，太田道灌繼江戶城之後還蓋了其他城堡。他努力為扇谷上杉家壯大勢力，但最終遭人暗殺，命喪黃泉。

> 你們不知道吧！
> 其實我比家康更早就蓋好江戶城了！

### 太田道灌在江戶氏宅邸的舊址修建江戶城

江戶城的起源出現在平安時代末期。當時與其說是城堡，更像是一棟大豪宅，直到鎌倉時代為止都是江戶氏的居所。室町時代後期，重新在已經徹底荒廢的江戶氏宅邸舊址興建城堡的人，正是在南關東稱霸一方的太田道灌。江戶時代的城堡有本丸、二之丸、三之丸等結構，而道灌的城堡已經非常接近這種構造。後來，德川家康進行改建，把這裡變成一座適合將軍的雄偉城堡。

💡 **問題**　將軍的妻妾們在江戶城裡生活的地方叫作什麼？

❶ 二之丸　　❷ 天守　　❸ 西之丸　　❹ 大奧

答案：④　將軍以外的男性禁止進入。

# 4月9日 （天平勝寶4年）

> 東大寺大佛舉行開光儀式的日子
> 西元752年5月26日
> 大概這時候
> 710 ── 794
> 奈良時代

## 建造佛像的**最後一個步驟**是用毛筆點上眼睛

聖武天皇即位以後，災害和瘟疫接連發生，於是天皇為了祈求國家安泰，下令建造大佛。

（漫畫對白）
- 不要給我壓力啦！
- 閃閃
- 發光
- 要是在天皇面前失敗就慘囉！

### 舉行為東大寺大佛注入靈魂的開光儀式

製作佛像時，完成其他部分後，會在最後畫上眼睛，恭迎神靈進入佛像。佛像或墳墓完工之後，會舉行一種叫「開光儀式」的祈福法會。東大寺大佛（盧舍那佛）的開光儀式在比預定晚了一天的這天隆重登場。在用心裝潢過的大佛殿（※）裡舉行的這場儀式上，有下令建造大佛的聖武太上天皇、皇太后以及孝謙天皇等人到場參加喔！

※供奉大佛的建築物。

**問題**　「太上天皇」的簡稱為？

❶ 法皇　　❷ 上天皇　　❸ 上皇　　❹ 院

答案：③　太上天皇是尊稱已經將皇位傳給繼承人的天皇。

# 4月10日（昭和21年）

日本女性第一次參加選舉的日子
西元1946年4月10日

大概這時候
1926　　　　1989
昭和時代

## 男女平等的社會真好！
## 女性也能去投票！

女性得以參與政治的女性參政權獲得認可的第一場選舉發生在第二次世界大戰結束之後。

> 這才是名副其實的普通選舉啊！
> 我們終於也可以投票了！

### 為了民主化，日本也承認了女性參政權

在日本，承認女性得以參政的權利是戰後的事。原因是因戰爭一度中斷的婦女參政權運動重新啟動，以及GHQ（※）為日本民主化所下達的指令當中也包含婦女參政權。昭和20年（1945年）12月，女性也獲准擁有投票的權利（選舉權）和成為候選人的權利（被選舉權）。在隔年4月的眾議院議員大選，大約有1380萬名女性參與投票；79位女性候選人中，其中有39位當選了喔！

※盟軍最高司令官總司令部，最高司令官是道格拉斯・麥克阿瑟（Douglas MacArthur）。

### 問題　成為日本首位女性閣僚的中山雅是什麼大臣？

❶ 大藏大臣　　❷ 外務大臣　　❸ 文部大臣　　❹ 厚生大臣

答案：④　平成13年（2001年）起與勞動省合併，改為厚生勞動大臣。

# 4月11日 （慶長2年）

德川秀忠之女千姬的生日
西元1597年5月26日

大概這時候
1573 ─── 1603
安土桃山時代

## 因為身邊都是天下人，人生似乎過得不太容易呢！

祖父是德川家康，舅公是織田信長，第一任丈夫的父親是豐臣秀吉。這樣的出生背景讓千姬度過了一波三折的一生。

> 本多先生是我喜歡的類型！

本多忠刻與千姬是一對俊男美女夫妻。他們在兩人居住的姬路城裡過著鶼鰈情深的婚後生活。

### 因為政治聯姻(※) 嫁給豐臣秀賴的千姬

> 可是秀賴先生的柔情也令我難以忘懷！

我的第一任結婚對象豐臣秀賴大人個性溫和，婚後的生活非常圓滿。因此當他過世時，我難過得心都碎了。後來再婚的本多忠刻大人也是一個很棒的人。他的容貌美到令人不敢置信這是一名男子，害我在初次見面時嚇了好大一跳呢！但不管怎麼說，我這輩子能結下這些良緣真的很幸運。

※為了政治目的無視當事人的心意強行讓他們結婚。

### 問題　豐臣秀賴在哪一場戰役殞命？

❶ 關原之戰　❷ 大坂冬之陣　❸ 大坂夏之陣　❹ 島原之亂

答案：③　秀賴在大阪城淪陷時自盡，豐臣家就此滅亡。

# 4月12日 (建久10年)

**北條政子制定十三人合議制的日子**
西元1199年5月8日

大概這時候
1185 ──── 1333
鎌倉時代

## 不能因為是將軍就**專斷獨行**！
## 大家一起商量之後再做決定吧！

家臣們對鎌倉幕府第2代將軍源賴家的任性妄為非常不滿，於是北條氏建立了「透過13個人互相討論來決定事情」的制度。

由賴家的家臣中位高權重的成員商討決議的「合議制」成立了。不過，這13個人從來沒有全員到齊過。

可惡！我沒辦法再自己決定事情了！

### 鎌倉幕府導入「十三人合議制」

我是北條政子。賴朝大人走得突然，小犬賴家18歲就當上了征夷大將軍。因為賴家凡事都自己作主，所以出現了許多來自家臣們的反彈聲浪。於是，我想出一個辦法，以我的娘家北條家為中心，讓13個人共同決議的制度。如此一來，賴家肯定也不會再繼續亂來了吧。

制定合議制的北條政子。

### 💡問題　北條氏的根據地位於什麼地區？

❶ 奧州　　❷ 房總　　❸ 伊豆　　❹ 鎌倉

答案：③　當家北條時政原本負責監視被流放到伊豆國的源賴朝。

122

# 4月13日 （慶長17年）

**發生巖流島決鬥的日子**
西元1612年5月13日

大概這時候
1603 ─── 1868
江戶時代

## 兩位劍術高手**激烈交鋒**！
## 究竟哪一方比較強呢？

在全國各地精進武藝的宮本武藏與小倉藩的（現在的福岡縣）劍術老師佐佐木小次郎，以劍術為傲的兩人在巖流島進行決鬥。

### 宮本武藏與佐佐木小次郎在巖流島對決

宮本武藏和佐佐木小次郎是彼此的宿敵，成為兩人決鬥場地的巖流島原本的名字是「船島」，但因為小次郎自稱「巖流（岩流）」，所以世人才改口稱之為「巖流島」。傳說在決鬥當天，武藏故意遲到兩個小時，藉此激怒小次郎。手拿木劍的武藏和手持長刀的小次郎，<u>兩人的決鬥在轉眼之間就由武藏的勝利畫下句點</u>。

💡 **問題** 　在戰前發表的小說《宮本武藏》的作者是誰？

① 吉川英治　　② 司馬遼太郎　　③ 海音寺潮五郎　　④ 山岡莊八

答案：① 昭和10年（1935年）開始連載。在戰爭期間成為暢銷書籍。

# 4月14日（慶應3年）

高杉晉作的忌日
西元1867年5月17日

大概這時候
1603 ── 1868
江戶時代

## 不要因為與幕府為敵就退縮！贏的人是**我們**！

長州藩（現在的山口縣）被視為朝廷之敵，曾兩度被幕府派兵出征。對面臨巨大危機的長州藩而言，高杉晉作是勝利的原動力。

> 與高杉晉作並肩作戰的戰鬥集團──奇兵隊，成員不分出生高低，也會從庶民階級募集兵力。

沒事吧？不要緊嗎？

咳咳！最近好像有點咳嗽……

### 組織奇兵隊對抗幕府的長州藩士高杉晉作

聽說伊藤俊輔（博文）用「動如雷電，發如風雨」來評價我。他應該是在稱讚我的行動力和決斷力吧，但是這樣不會有點太誇大其詞了嗎？當時，與幕府的大戰已經迫在眉睫，所以這是他用來激勵我和奇兵隊兄弟們的話喔！

長州藩士高杉晉作。

---

💡 **問題**　高杉晉作的老師是誰？

❶ 勝海舟　　❷ 緒方洪庵　　❸ 吉田松陰　　❹ 桂小五郎

答案：③　他和伊藤博文等人都是松陰開設的松下村塾的學生。

# 4月15日 （延曆21年）

阿弖流為向坂上田村麻呂投降的日子
西元802年5月19日

大概這時候
794 ─────── 1185
平安時代

## 本以為<u>朝廷軍</u>不堪一擊！沒想到這次卻不一樣？

身為膽澤地方的族長，阿弖流為擊敗了蝦夷征討軍，然而他打不贏征夷大將軍坂上田村麻呂的軍隊，最後認輸了。

（漫畫）
阿弖流為在哪裡！
殺氣騰騰
糟了！我好像打不贏這個傢伙⋯⋯

### 蝦夷族長阿弖流為向坂上田村麻呂投降

古代日本用「蝦夷」來稱呼住在東北地方和北海道的居民，阿弖流為是在8世紀末期左右以陸奧國膽澤（現在的岩手縣奧州市）為活動場域的蝦夷族長。延曆8年（789年），他擊敗了征東將軍紀古佐美的軍隊，可是聽說在面對征夷大將軍坂上田村麻呂時，他卻乖乖投降了。後來，儘管田村麻呂試圖援救被押送到平安京的阿弖流為，但他還是被處死了。

**問題** 以下哪間寺廟相傳是由坂上田村麻呂所建？

❶ 東大寺　　❷ 法隆寺　　❸ 延曆寺　　❹ 清水寺

答案：④　寶龜9年（778年），供奉十一面千手觀世音菩薩為本尊建造而成。

# 4月16日 （應永4年）

**金閣寺完工的日子**
西元1397年5月13日

大概這時候
1336 ─ 1493
室町時代

## 光彩炫目的金色寺廟。其實在昭和時代燒掉了？

由室町幕府第3代將軍足利義滿建造的金閣寺，現在保留下來的是昭和30年（1955年）重建的建築物。

### 問題

金閣寺的正式名稱為？

❶ 鹿苑寺
❷ 慈照寺
❸ 法隆寺

### 室町時代前期文化的代表建築──金閣寺完工的日子

以觀光勝地聞名的金閣寺，漂浮在池塘上的金色建築（金閣）是用來供奉佛骨的「舍利殿」，其餘建築及整座庭園的正確名稱則是「鹿苑寺」。此處是足利義滿蓋來處理政務的地方，後來被指定為國寶，但是在昭和25年（1950年）遭到一位年輕和尚縱火，整棟建築付之一炬。這起事件在三島由紀夫的小說《金閣寺》裡面也有寫喔！在縱火事件的五年後，金閣寺向全國各地募款重建。

### 補充

以金閣寺為代表的北山文化還有由觀阿彌、世阿彌父子兩人集大成的能劇，以及《太平記》等軍記物語文學等等。

答案：① ②是銀閣寺的正式名稱；③是擁有世界最古老木造建築的奈良寺院。

# 4月17日 (養老7年)

**頒布《三世一身法》的日子**
西元723年5月25日
大概這時候
710　　　794
奈良時代

## 原本土地是屬於天皇的，但可以**變成自己**的喔！

在奈良時代，人口增加導致田地不足開始演變成問題，出現了在一定條件下承認土地私有的法律。

漫畫對白：
- 我已經累了啦！
- 可以傳三代
- 要開墾這種地方很辛苦耶！
- 僅限自己一代
- 選這邊比較輕鬆！

### 能夠將土地當成個人所有物的《三世一身法》

進入奈良時代以後，人口的增加導致田地等等日漸不足，於是政府頒布了《三世一身法》。這道法律規定，若是挖鑿新渠道開墾田地，該田地就能歸個人所有，包含自己、孩子、孫子（一說是孩子、孫子、曾孫）三代使用；而如果是用舊渠道的話，則只限自己一代所有。不過，因為土地最後終究會被政府回收，所以增加田地的效果並不顯著。

**問題** 決定遷都平城京時，當時的天皇是哪一位？

① 天武天皇　② 持統天皇　③ 元明天皇　④ 聖武天皇

答案：③　慶雲4年（707年）即位。和銅3年（710年）遷都平城京。

# 4月18日 （明治18年）

頒布《專賣特許條例》的日子
西元1885年4月18日

大概這時候
1868 ─ 1912
明治時代

## 沒有**專利制度**的國家稱不上近代化喔！

明治時代頒布的《專賣特許條例》是《特許法》的立法依據。當時的政府非常想對海外各國展現日本的近代化。

（漫畫）
我們開始實施專利制度囉！
這樣就能對外國進行宣傳了！
專利

### 後來變成《特許法》的《專賣特許條例》頒布了

擔任特許廳第一任長官的高橋是清等政治家頒布了現在的《特許法》的前身──《專賣特許條例》。目的是讓好不容易發明出來的創意或技術不被遭到竊取，而且他們認為<u>保護能夠開枝散葉、衍伸出其他更多發明的創意，會使國家走向近代化、為經濟帶來成長，還會讓國民的生活變得更加便利</u>。4月18日也是「發明日」，這個節日也是從頒布《專賣特許條例》的日期來的喔！

**問題** 負責處理專利相關事務的日本行政機關為？

❶ 東京特許許可局　❷ 特許廳　❸ JASRAC　❹ JIS

答案：② 隸屬於經濟產業省的行政機關。頒布《專賣特許條例》時的名稱是「商標登錄所」。

# 4月19日 （昭和26年）

日本人在波士頓馬拉松首次奪冠的日子
西元1951年4月19日

大概這時候
1926 ─── 1989
昭和時代

## 我要在美國的賽事拿下冠軍為日本人帶來勇氣！

在第55屆波士頓馬拉松比賽上，田中茂樹選手贏得冠軍！他同時達成日本人首次參賽以及首次奪冠兩項紀錄。

> 幸好有這麼做，我才能好好放鬆！
> 優雅滑行～
> 我前一天聽從教練的建議，看了花式滑冰的表演！

### 日本人在第55屆波士頓馬拉松首次參賽&首次奪冠

美國將爆發獨立戰爭的4月19日定為「愛國日」。為了紀念這天而舉辦的比賽就是波士頓馬拉松，其歷史悠久的程度僅次於奧運的馬拉松項目喔！在戰爭剛結束沒多久的這一年，第55屆的波士頓馬拉松第一次出現了日本人選手──田中茂樹。沒想到他竟然首次參賽就首次奪冠，紀錄是2小時27分45秒喔！

**問題** 主場在波士頓的美國職棒大聯盟（MLB）球隊是？

❶ 紅襪　　❷ 賽爾提克　　❸ 大都會　　❹ 愛國者

答案：① 從美國聯盟創立之初就存在的傳統球隊。

# 4月20日 （弘治2年）

齋藤道三的忌日
西元1556年5月28日

大概這時候
1493 ── 1573
戰國時代

## 與父親長井新左衛門尉一起出人頭地 以蝮蛇之名令人聞風喪膽的**戰國大名**

儘管眾說紛紜，因為飛黃騰達而揚名於世的齋藤道三是統治美濃國（現在的岐阜縣）的戰國大名。

**問題** 齋藤道三的父親是賣什麼的？
1. 水
2. 酒
3. 油

### 最後的敵人是兒子？「美濃蝮蛇」齋藤道三

原為僧侶的父親長井新左衛門尉搖身一變，成為美濃大名。後來，道三流放了守護大名土岐賴藝，篡奪了國家。世人將他的實力比喻成有毒的「蝮蛇」，對他心存畏懼。道三還和女婿織田信長合作，把美濃治理得井然有序。然而退休之後，他的兒子義龍對他發動戰爭，於長良川之戰戰死沙場。據說信長也有前去營救，只可惜沒有趕上。

**補充** 相傳遭到義龍舉兵進攻時，很少人站在道三這邊。那是個把爭奪國家視為理所當然的時代。「力量」應該比親子間的「情分」更重要吧。

答案：③ 相傳是對他的賣油表演深感佩服的武士建議他去習武的。

# 4月21日 （昭和9年）

忠犬八公銅像完工的日子
西元1934年4月21日

大概這時候
1926 — 1989
昭和時代

## 快要到教授回來的時間了！我得去迎接他！

目前位於澀谷車站前面的忠犬八公像是戰後重建的第二尊。第一尊雕像建於戰前，八公也親自到場參加了揭幕儀式。

> 本尊也在喔！
> 那隻狗跟我長得一樣耶……

### 澀谷車站前的忠犬八公銅像完工了

不知道最愛的飼主已經過世，每天依舊持續往返澀谷車站的忠犬八公的故事，在海外也非常知名。提到澀谷車站前的八公銅像，其實現在的銅像是第二尊。第一尊在八公還活著的這一年竣工。在揭幕儀式上，擔任銅像模特兒的八公也有到場參加喔！第一尊銅像在戰爭中遭到破壞，因此在戰爭剛結束的昭和23年（1948年）重建了第二尊。

---

💡 問題　八公的品種是？

① 愛奴犬　　② 秋田犬　　③ 柴犬　　④ 紀州犬

答案：②　是日本犬中唯一的大型犬，對飼主忠心耿耿。

# 4月22日（大正14年）

頒布《治安維持法》的日子
西元1925年4月22日

大概這時候
1912　　　1926
大正時代

## 政府的作法是**對**的！
## 反抗就逮捕你們喔！

為了因應越來越激烈的社會運動所制定的《治安維持法》，在戰爭期間被用來打壓站在政府對立面的人。

### 以取締社會運動為目的的《治安維持法》

《治安維持法》是以取締民眾為實現新思想或理想社會制度所舉辦的集會為目的所制定的。這是因為政府不想讓與國家理念不同的人進行運動、活動，或是引發暴動、騷動。《治安維持法》在戰爭期間擴大取締對象，還被用來打壓反抗政府的思想或學問。據說遭到逮捕的人數有六、七萬人到數十萬人。

**問題**　被以《治安維持法》逮捕並拷問致死的作家小林多喜二，代表作是？

❶《山椒魚》　　❷《雪國》　　❸《父歸》　　❹《蟹工船》

答案：④　描寫在螃蟹加工船上工作的工人們所面對的殘酷現實。

# 4月23日 （文久2年）

發生寺田屋騷動的日子
西元1862年5月21日

大概這時候
1603　1868
江戶時代

## 至今仍留存在京都的「寺田屋」是幕末發生事件的知名旅館？

被稱為「寺田屋騷動」的重大事件有兩起，足以撼動時代的事件在同一家旅館發生了兩次。

找出3個不同之處

### 從坐著談判變成持刀互砍的「寺田屋騷動」

身為薩摩藩（現在的鹿兒島縣）藩主之父兼最高掌權者的島津久光，想把具有推翻幕府這種過激思想的武士從藩裡趕出去。得知這些人下榻在京都一家叫作寺田屋的旅館，久光派出九名劍術高超的部下去進行勸說。然而，談判破局。部下們揮刀攻擊，倒幕派武士的中心成員幾乎全數陣亡，剩下的不是逃跑、就是投降了。

**補充**　另一起寺田屋騷動是慶應2年（1866年）坂本龍馬遇刺的事件。龍馬雖然受了傷，但還是成功和妻子一起逃走了。

答案：①左後方　②左邊的人手上的東西　③右邊的柱子

133

# 4月24日 （天正11年）

柴田勝家切腹的日子
西元1583年6月14日

大概這時候
1573　　　1603
安土桃山時代

## 如果不用看到猴子統治天下，**切腹**也不壞嘛！

羽柴（豐臣）秀吉和柴田勝家為了推派誰當織田信長的繼承人互相對立。當秀吉在兩人之間的戰爭勝出以後，戰敗的勝家便切腹自殺了。

> 妳可以逃走，沒關係的！

抖個不停

> 不，我要陪伴勝家大人走完最後一程！

逃到北庄城的勝家被秀吉的軍隊團團包圍。他帶著夫人（即織田信長的妹妹）阿市等人一同自盡。

### 戰敗的柴田勝家切腹自殺，秀吉贏下信長的繼位戰爭

從信長大人父親那一輩開始就是織田家家臣的我，竟然會輸給那隻半路出家的猴子（秀吉的綽號）！從今以後，猴子應該會利用年幼什麼都不懂的三法師（※），把權力握在自己手中吧！儘管心有不甘，但這也是命。雖然很對不起陪我一起上路的妻子，不過就讓我像個武士一樣果敢切腹吧！

※信長的長子信忠之子。祖父及父親的死讓他三歲就成為織田家的當家。

### 問題　發動本能寺之變，將織田信長逼上絕路武將是？

❶ 齋藤道三　　❷ 明智光秀　　❸ 前田利家　　❹ 石田三成

答案：② 敗給秀吉後，他遇到攻擊落難武士的匪徒命喪黃泉。

# 4月25日 （元龜元年）

爆發金崎之戰的日子
西元1570年5月29日

大概這時候
1493　　1573
戰國時代

## 妹婿竟然倒戈了？
## 哪有人這樣的啦！

在織田信長對戰越前（現在的福井縣）朝倉義景的金崎之戰，妹婿淺井長政的背叛使信長陷入巨大危機。

> 猴子啊，後面就交給你！我要撤了！
> 咻！
> 這裡包在我身上。大人您快逃吧！

### 淺井長政背叛織田信長的金崎之戰

為了消滅越前的朝倉義景，織田信長攻打金崎城，往朝倉氏的所在地進軍。不過他在途中收到了出乎預料的消息：淺井長政倒戈了！長政是信長的妹妹——阿市的丈夫。要是在這裡被朝倉軍和淺井軍前後夾擊，就算是信長也沒有勝算。當機立斷決定逃跑的信長好不容易撤退之後，隨行的士兵只剩下寥寥無幾的數十個人。

**問題** 下列何者是阿市的女兒及德川秀忠的妻子？

❶ 茶茶　　❷ 初　　❸ 江　　❹ 孝子

答案：③　江在第三次結婚時嫁給秀忠。

# 4月26日 （天平7年）

吉備真備將唐朝文物獻給朝廷的日子
西元735年5月22日

大概這時候
710 ─── 794
奈良時代

## 孜孜矻矻在唐朝苦讀18年！
## 還帶了一堆當地特產回國喔！

以遣唐使（※）的身分到唐朝（現在的中國）留學的吉備真備帶著書籍和資料回國。作為獎勵，他的官階一口氣晉升了十級。

> 吉備真備從「從八位下」的低等位階一口氣升了十級，變成「正六位下」，後來也一路平步青雲。

啦啦啦～

我在唐朝學到很多東西，還帶了一堆伴手禮回來喔！

### 遣唐使吉備真備從唐朝帶回許多書籍和資料

我作為第九批遣唐使渡唐，在那裡求學18年。回到日本已經是天平6年（734年）的事了。除了書籍之外，我還從唐朝帶回日晷、樂器以及弓箭等物品，把這些當成伴手禮獻給朝廷，天皇看了龍心大悅。派出第十二批遣唐使的時候，我又去了唐朝第二趟喔！

遣唐使吉備真備。
※代表日本前往唐朝的人。

### 問題　平安京參考了哪一座唐朝首都？

❶ 北京　　❷ 洛陽　　❸ 長安　　❹ 成都

答案：③　位於現在的西安市附近。也是前漢的首都。

# 4月27日 （推古天皇7年）

日本歷史上最早的地震記錄的日子
西元599年5月26日
大概這時候
593 ─── 710
飛鳥時代

## 哇！房子垮掉了！救命啊！地震之神！

日本最早的史書《日本書紀》裡還保留了當時發生的地震紀錄，其中關於推古地震的紀錄也有提及受災情況。

> 一定是神明大人生氣了！
> 天搖地動
> 好晃啊！
> 震不停

### 被記錄在《日本書紀》，日本最古老的地震災情

日本最早的史書《日本書紀》保留了一些關於地震的紀錄。其中，有提到受災情況、年代最久遠的紀錄，是發生在這一年，史稱「推古地震」的大地震。震央位於近畿地方，推測是震度達芮氏規模7.0的強震。當時還沒有針對地震的防災對策，災情想必非常慘重吧！紀錄上面甚至寫到：「地動。舍屋悉破。則令四方俾祭地震神。」（地震了，房屋全毀，於是命令四方祭祀地震之神。）

💡 **問題** 地震發生當時，推古天皇的攝政是誰？

❶ 中大兄皇子　❷ 聖德太子　❸ 蘇我馬子　❹ 中臣鎌足

答案：② 也有鄉野逸聞謠傳代替天皇執政的聖德太子有預測到會發生地震。

# 4月28日 （昭和27年）

**日本恢復主權的日子**
西元1952年4月28日

大概這時候
1926 ———— 1989
昭和時代

## 沒有**主權**好痛苦喔……絕對再也不打仗了！

自行決定國家事務的權利稱作「主權」。
即使拿回了主權，沖繩等地依然是由美國掌控。

> 從今天起，日本要真正地脫胎換骨！
> 唰！

### 日本藉《舊金山和約》恢復主權

戰敗的日本受到美國控制，處在無法自行決定任何事情的情況之下。但是，透過《舊金山和約》，日本和以美國為首的四十八國簽訂條約，與許多國家握手言和，恢復國與國之間的交流。<u>日本取回主權，重新變回國際社會的一份子</u>！只不過，有幾個國家拒絕簽名。另外補充一點，簽署條約的地點是舊金山喔！

**問題** 簽訂條約當時，日本的總理大臣是誰？

❶ 吉田茂　　❷ 佐藤榮作　　❸ 田中角榮　　❹ 中曾根康弘

答案：① 出任第45、48、49、50、51屆的內閣總理大臣。

138

# 4月29日 （元德3年）

發生元弘之亂的日子
西元1331年6月5日

大概這時候
1185 — 1333
鎌倉時代

## 天皇為了**親自執政**，無論如何都要推翻幕府！

後醍醐天皇多次為了實現天皇親政發動政變，有力的家臣們也相繼舉兵，消滅了鎌倉幕府。

> 我才不會輸給你咧！
> ——北條高時
>
> 一定要打倒鎌倉幕府！
> ——後醍醐天皇

### 消滅鎌倉幕府的元弘之亂

元亨4年（1324年），後醍醐天皇為了實現天皇親政，向鎌倉幕府發動政變，可是失敗了（正中之變）。後來，他又發動了第二次政變——元弘之亂。由於事前走漏風聲，天皇一度被流放隱岐，但楠木正成等人依舊持續與幕府軍交戰，而且在後醍醐天皇逃出隱岐後，在後來開闢室町幕府的足利尊氏及新田義貞等也加入戰局，迫使鎌倉幕府走向滅亡。

**問題** 推翻鎌倉幕府以後，後醍醐天皇實施的政策是？

❶ 大化革新　　❷ 建武新政　　❸ 以下剋上　　❹ 明治維新

答案：② 短短兩年就宣告失敗，導致政權崩壞。

# 4月30日 （平成7年）

野生朱鷺剩下最後一隻的日子
西元1995年4月30日
大概這時候
1989　　　　2019
平成時代

## 我好想再見一眼生活在野外的日本朱鷺，可是……

被飼養在佐渡保護中心的兩隻雌雄朱鷺，其中的雄鳥「綠」的死亡，注定了日本原生朱鷺的滅絕。

最後一隻朱鷺「金」在2003年10月10日早上斷氣，從此再也沒有日本原生的朱鷺了。

嗚嗚！剩下我是最後一隻啦！

### 日本朱鷺剩下最後一隻的日子

我的名字叫金，是日本最後一隻原生朱鷺。之前一直跟我待在一起的雄鳥「綠」死掉以後，我就變成孤零零的一隻鳥了。這樣不僅不可能留下後代，而且一旦我死了，在那個瞬間，日本朱鷺就會從這個世界上永遠消失……明明以前有那麼多同伴的。

最後一隻朱鷺「金」。

### 問題　下列何者是設計成朱鷺圖案的普通郵票？

❶ 1日圓郵票　　❷ 2日圓郵票　　❸ 5日圓郵票　　❹ 10日圓郵票

答案：④　平成27年（2015年）2月2日開始販售。

# 5月1日（明治10年）

促成日本紅十字會創立的日子
西元1877年5月1日

大概這時候
1868 ─── 1912
明治時代

## 在戰場上受傷的士兵不分敵我都要拯救！

向為戰爭或災害所苦的人們伸出援手的日本紅十字會，以日本人之間的內戰為契機，誕生於明治時代。

西南戰爭是不滿明治政府的西鄉隆盛等人所發起的叛亂。這場戰爭由政府軍獲得勝利。

即使是政府的敵人也不能對傷患見死不救啊！

呃……

### 日本紅十字會的創會緣起是日本內戰

你知道一個叫作「紅十字會」、會對世界各地飽受戰爭等的人提供救助的國際組織嗎？在日本也有日本紅十字會，成立的契機是西南戰爭(※)。政府方的士兵可以接受治療，但是敵方的士兵卻沒辦法。因此，我創立了幫助所有受傷士兵的博愛社(※)。

創辦人佐野常民。

※發生在現在的九州地方，是最後一場日本內戰。　※博愛社變成後來的日本紅十字會。

**問題**　紅十字會最早的創辦人是哪一國人？

① 美國　② 英國　③ 瑞士　④ 法國

答案：③　為瑞士人亨利・杜南（Jean Henri Dunant）所創。

# 5月2日 （明治20年）

**鉛筆紀念日**
西元1887年5月2日

大概這時候
1868 —— 1912
明治時代

## 竟然這麼簡單就能擦掉重寫！
## 在學校和職場**大受歡迎**的鉛筆

日本最早出現工廠生產的鉛筆是在明治時代，這種書寫工具令長久以來使用墨水和毛筆的人大開眼界。

### 問題
相傳誰是第一個使用鉛筆的人？
1. 織田信長
2. 豐臣秀吉
3. 德川家康

### 每個人都在用的鉛筆開始生產了！

聽說歐洲至少十七世紀初期就已經出現現在這種要削尖使用的鉛筆了。而日本則要到明治11年（1878年），一位名叫真崎仁六的人在巴黎的萬國博覽會上第一次看到鉛筆，深受感動。他花了將近十年反覆研究，成功從這一年開始在工廠生產。這就是現在的「三菱鉛筆」的前身喔！可以用橡皮擦無限次擦掉重寫的鉛筆，以學校為中心，變成炙手可熱的書寫工具。

### 補充
三菱鉛筆把三個菱形靠在一起的商標為真崎仁六首創。和「三菱集團」是不同公司。

答案：③ 據說存放在靜岡縣久能山東照宮的家康遺物是日本最古老的鉛筆。

# 5月3日 （昭和22年）

《日本國憲法》啟用的日子
西元1947年5月3日

大概這時候
1926 ── 1989
昭和時代

## 成千上萬條法律的老大──《日本國憲法》正式啟用了！

第二次世界大戰結束的兩年後，日本這個國家的全新規章──《日本國憲法》開始啟用了。

### 日本的新規章──《日本國憲法》啟用了

在《日本國憲法》當中，有國民主權（國家事物由國民決定）、尊重基本人權（每個人都能活得有尊嚴）以及和平主義（不打仗）這三大原則！之所以採用這些原則，是來自對於發動戰爭對國內外的人造成傷害、限制國民權利等等的反思。由於憲法是用來保障國民權利與自由的規範，因此不得制定違背《日本國憲法》的法律。

**問題** 日本在《日本國憲法》之前使用的憲法是？

❶《十七條憲法》　❷《大日本帝國憲法》　❸《威瑪憲法》　❹《武家諸法度》

答案：② 使用期間為1890年11月29日至1947年5月2日。

# 5月4日 （明治5年）

**開始生產販售彈珠汽水的日子**
西元1872年6月9日

大概這時候
1868 — 1912
明治時代

## 明治時代的人也在喝嘶嘶作響的汽水！

含有碳酸的汽水清爽可口，其歷史出乎意料地悠久，在明治時代就開始販售了。

> 我要來賣彈珠汽水！
> 也請喝喝看lemonade——！
> 請你們開國！

### 彈珠汽水開始在日本生產販售

冰冰涼涼又好喝的彈珠汽水是從一種叫「lemonade」（※）的外國飲料來命名的。相傳最早讓日本人喝到這種飲料的，是在幕末的1853年從美國來到日本的培里喔！而在19年後的這天，最先取得國家許可生產及販售彈珠汽水的人，是一位名叫千葉勝五郎的東京商人。因為這個由來，5月4日被定為「彈珠汽水日」唷！

※在檸檬汁裡加入砂糖和水等等的飲料，是彈珠汽水的前身。

**問題** 裝在彈珠汽水的瓶子裡面，用來代替瓶蓋的東西是？

❶ 橡膠　　❷ 硬幣　　❸ 木球　　❹ 彈珠

答案：④　起初使用軟木塞，後來改用彈珠。

144

# 5月5日（寶曆13年）

**小林一茶的生日**
西元1763年6月15日

大概這時候
1603 ━━▼━━ 1868
江戶時代

## 在江戶時代闖出名號，長野出生的俳句大師！

小林一茶以描述兒童或小動物、令人心中淌過一股溫柔暖意的俳句著稱。他出生在現在的長野縣北部，是一個農家小孩。

> 小麻雀呀，借過，借過，馬兒要過。

小林一茶是與松尾芭蕉、與謝蕪村齊名，合稱「江戶三大俳人（創作俳句的人）」的俳句大師。

### 後世人稱江戶三大俳人的小林一茶出生了

出生在長野縣一戶農家的我，3歲喪母。雖然8歲時家裡來了一位新的繼母，但是我們關係不好，所以我15歲就離家到江戶（現在的東京都）工作了。大概到了20歲左右，我開始立志要走俳句這條路，並且在年過40歲時聲名大噪，甚至還被稱為「江戶三大俳人」！

---

💡 **問題** 　一茶的著名俳句：「來啊，一起玩吧，無依無靠的〇〇。」請問〇〇應為？

❶ 麻雀　　❷ 小狗　　❸ 小貓　　❹ 小鬼

答案：❶　原文是「我と◯て遊べや親のない雀」。

# 5月6日 （應永15年）

室町幕府第三代將軍足利義滿的忌日
西元1408年5月31日

大概這時候
1336 —— 1493
室町時代

## 室町時代超級**偉大的將軍**在49歲與世長辭

在室町時代更進一步強化幕府權力的將軍足利義滿，因為突發疾病驟然離世。

義滿統一了一分為二的朝廷（天皇處理政務的地方），是一位非常賢能的將軍。

足利義滿：你們要好好相處，這是命令！

後小松天皇：遵命！

後龜山天皇

### 第3代將軍足利義滿過世

不只讓南北分裂的兩個朝廷合而為一，還透過和中國的貿易賺取財富，我可是達成了許多偉大的成就喔！我在36歲時，把將軍之位傳給兒子義持之後，還是一如既往地掌握執政大權。儘管心中仍懷抱著鴻鵠之志，卻在49歲時因為一場突如其來的疾病猝逝了。可惜啊！

室町幕府第3代將軍足利義滿。

💡 問題　義滿從將軍退休以後，改行當什麼？

❶ 畫家　　❷ 僧侶　　❸ 木匠　　❹ 廚師

答案：② 卸任之初擔任太政大臣，後來出家為僧侶。

# 5月7日（慶長20年）

真田信繁（幸村）戰死的日子
西元1615年6月3日

大概這時候
1603 ─── 1868
江戶時代

## 人稱「日本第一兵」的武將在**大顯神威**後戰死沙場

又以「真田幸村」的名號遠近馳名的真田信繁在大坂夏之陣大顯身手。然而，他卻在這場戰役中不幸陣亡。

> 家康大人，納命來！

在大坂夏之陣一路殺到德川家康面前的勇猛表現，讓真田信繁（幸村）被稱為「日本第一兵」。

### 把德川家康逼入絕境的真田信繁戰死沙場！

豐臣秀吉大人離開人世後，企圖篡奪將軍寶座的德川家康大人和擁護豐臣家的石田三成大人打了起來。哥哥信之投靠家康大人，父親和我則加入三成大人的陣營。這是為了讓無論哪一方獲勝，真田家都能續存所做的安排。我在大坂夏之陣逼得家康大人走投無路，卻在這場戰役中不幸戰死了。

💡 **問題** 故事裡，在真田信繁手下大放異彩的家臣們叫作什麼？

❶ 真田十勇士　❷ 真田三勇士　❸ 真田七勇士　❹ 真田十二勇士

答案：① 這10位家臣並非真實存在的人物，卻在各式各樣的故事中登場。

147

# 5月8日 （天正15年）

**島津義久向豐臣秀吉投降的日子**
西元1587年6月13日

大概這時候
1573 —— 1603
安土桃山時代

## 九州最強的島津義久**敗**給豐臣秀吉了！

薩摩（現在的鹿兒島）的島津義久打算統一九州，但他卻在對上以統一天下為目標的豐臣秀吉時，輸給對方了。

> 我接受你的投降。
> 戴上
> 亮晶晶
> 我會剃光頭，請饒我一命吧！

### 島津義久在與豐臣秀吉交戰後戰敗投降

豐臣秀吉朝著統一天下的目標邁進，終於將不願服從的人減少到只剩關東的一小部分和九州的武將了！在九州有薩摩的島津義久對上豐後（現在的大分縣）的大友宗麟，宗麟眼看即將戰敗，便向秀吉徵求援兵。儘管島津軍在上一場戰役擊敗了豐臣軍，但這次卻沒能敵過秀吉的大軍。義久在出家（※）後前去拜會秀吉，認輸投降。

※出家的意思是成為僧侶。表示往後不再以武士的身分而活。

### 問題　義久把什麼的畫掛在房間裡面？

❶ 貓　　❷ 蔬菜　　❸ 惡人　　❹ 櫻島

答案：③　看著惡人的臉，提醒自己不能和他們一樣為非作歹。

148

# 5月9日 （明治2年）

**冰淇淋日**
西元1869年6月18日

大概這時候：1868 — 1912 明治時代

## 又冰又甜又好吃，日本最早的冰淇淋

江戶幕府的武士們在遠赴美國時第一次吃到冰淇淋，其中一人率先在日本進行生產。

> 我一定要在日本賣這個！
> 太——好吃了！

### 日本人在橫濱第一次生產冰淇淋

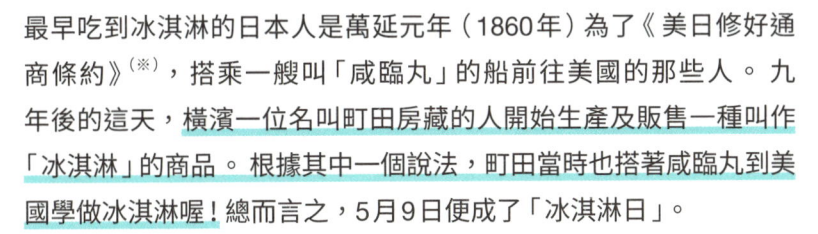

最早吃到冰淇淋的日本人是萬延元年（1860年）為了《美日修好通商條約》(※)，搭乘一艘叫「咸臨丸」的船前往美國的那些人。九年後的這天，橫濱一位名叫町田房藏的人開始生產及販售一種叫作「冰淇淋」的商品。根據其中一個說法，町田當時也搭著咸臨丸到美國學做冰淇淋喔！總而言之，5月9日便成了「冰淇淋日」。

※日本和美國針對國與國之間的交流方式所簽訂的條約。

**問題** 町田房藏除了冰淇淋之外，還從美國學習了什麼生產技術？

❶ 橡皮筋　　❷ 迴力鏢　　❸ 腳踏車　　❹ 漢堡肉

答案：① 據說他還學了肥皂和火柴的製作方法。

# 5月10日 （明治4年）

**日本貨幣改成「圓」的日子**
西元1871年6月27日

大概這時候
1868 ——— 1912
明治時代

## 從江戶時代進入明治時代，就連貨幣也變成「圓」了

日本如今使用的貨幣單位「圓」，是在明治時代初期開始使用的。

> 好厲害喔！
> 當時還有在用一日圓紙鈔，價值比現在的一日圓高很多喔！

### 「圓」作為貨幣單位正式啟用

日本現在的貨幣單位是「圓」，在此之前的單位則是「兩」。在結束江戶時代、進入明治時代的時候還是用兩，不過在這天改成圓了喔！當時除了圓之外，還會使用「錢」和「厘」這些單位。換算方式為「1圓＝100錢＝1000厘」，錢和厘是比1圓更小的單位，在昭和28年（1953年）修法以後就不再使用了。

---

💡 **問題** 明治時代的1日圓大概是現在的多少錢？

❶ 1000日圓　　❷ 50日圓　　❸ 20000日圓　　❹ 100日圓

答案：③　明治30年左右的一般起薪是8至9日圓，因此當時的1日圓相當於現在的2萬日圓左右。

# 5月11日（和銅元年）

發行和同開珎的日子
西元708年6月3日

大概這時候
593 ────── 710
飛鳥時代

## 人家好不容易才做出日本**最早的貨幣**，你們要用啊！

現在人人習以為常的貨幣，起源可以追溯到大約1300年前。

### 問題

在貨幣出現之前，人們是以什麼方式購物？

❶ 電子支付
❷ 刷卡
❸ 以物易物

### 日本最早使用的貨幣──和同開珎發行的日子

這天，日本國內首次發行了一種叫作「和同開珎」的貨幣喔！在此之前，人們是用白米或布帛來代替金錢，但是國家想擴大使用以銀和銅製成的貨幣。然而，和同開珎的流通範圍僅限於近畿地方的部分地區。順帶一提，在比和同開珎更早之前還曾經製造過「無文銀錢」和「富本錢」，不過有些說法認為這些並非是由國家發行的貨幣。

### 補充

和同開珎仿造唐朝（現在的中國）在621年發行的貨幣「開元通寶」，使用的字體也一模一樣。

答案：③ 一般認為是採用物品和物品直接交換的方式進行交易。

# 5月12日 （天明7年）

**發生天明暴動的日子**
西元1787年6月27日

大概這時候
1603 ─── 1868
江戶時代

## 米太貴買不起啦！
## 江戶和大阪的民眾氣炸了

全國性的稻米歉收導致價格飆漲，有些店家甚至直接停售，沒有東西吃的民眾於是暴力攻擊米行等商家。

5月12日

找出3個不同之處

### 不想再繼續餓肚子了！──天明暴動

當時，老中<sup>(※)</sup>田沼意次的政策造成物價持續飆升；在這種情況下，又遇到寒害、淺間山大噴發及洪水氾濫，種種災害導致稻米的價格變得奇高無比！眼看沒東西吃餓死的人越來越多，江戶町的居民開始<u>攻擊販賣米或食品的店家洗劫商品</u>，這場暴動還擴及全國。後來，松平定信當上老中，實施重視農民和町民的「寬政改革」，這才總算解決了米糧不足的問題。

※除了將軍之外，在幕府握有最高權力的位階。

**補充**　町民把斧頭、鋤頭這些日常使用的工具當成武器加入暴動。據說他們破壞的東西以建築物為主，鮮少傷人。

答案：　①中間的人　②左邊的人的頭帶　③桶子裡面的東西

# 5月13日 （應永8年）

足利義滿派使節前往明朝的日子
西元1401年6月24日

大概這時候
1336 — 1493
室町時代

## 讓我們開始交流吧！
## 派遣使節前往中國

從室町幕府第3代將軍足利義滿開始，和幅員廣大、國力強盛的明朝進行貿易，賺進大筆錢財。

| 明朝永樂帝：好哇——！ | 足利義滿：我是日本國王。來貿易吧！ | 朝廷官員：你竟敢自稱國王！ |

### 將軍足利義滿為了貿易，派遣使節前往明朝

足利義滿是室町時代全盛時期的將軍。在他建立的功績當中，最有名的一項是與明朝（現在的中國）進行貿易喔！5月13日，義滿派使節前往明朝，開啟兩國之間的交流並展開貿易。義滿稱自己是日本國王，而明朝也承認了這個稱呼。儘管朝廷對他自稱「國王」並代表日本之首的行為非常生氣，但掌握大權的義滿一點也不在乎，還靠貿易賺了一堆錢呢！

💡 **問題** 日本出口到明朝的主要商品是？

❶ 日本刀　　❷ 稻米　　❸ 毛筆　　❹ 櫻花

答案：① 除了日本刀之外，還出口硫磺、銅礦等物品。

153

# 5月14日 （明治11年）

**大久保利通的忌日**
西元1878年5月14日

大概這時候
1868 ─────── 1912
明治時代

## 大受打擊！明明我這麼努力，武士們卻對我恨之入骨！

在打造明治這個新時代的功臣當中，身處中心的大久保利通因此被人怨恨，招來殺身之禍。

> 從今以後要富國強兵！

大久保為了讓日本趕上西方，試圖強化經濟和軍事力，稱為「富國強兵」。

### 大久保利通遭到曾為武士的群眾刺殺身亡

我推翻了江戶幕府，創造了明治這個全新的時代。可是，跟不上時代的士族（※）們卻恨透我了。在兒時玩伴西鄉隆盛發起的叛變（西南戰爭）當中，我指揮政府軍迎戰並拿下勝利！但隔年卻被六名不滿政府的士族刺殺，就此喪命。

※武士世家。

**問題** 大久保利通的頭藏著什麼祕密？

❶ 腫了一個包　❷ 禿了一塊　❸ 大小是一般人的兩倍　❹ 頭很軟

答案：② 他的頭頂禿了一大塊，平時都用頭髮遮著。

# 5月15日 （昭和7年）

爆發五一五事件的日子
西元1932年5月15日

**大概這時候**
1926 ── 1989
昭和時代

## 我以為好好溝通，對方就會理解，沒想到忽然就中彈了！

總理大臣犬養毅試圖實現以憲法為依歸的政治，卻在不滿社會的軍人所發動的五一五事件中慘遭殺害。

據說在肇事的軍人們逃走以後，犬養毅嘴裡還不斷說著要「好好解釋（給他們聽）」。

砰！

我本來以為大家可以有話好說啊……

### 發生海軍軍人襲擊總理大臣的五一五事件

「有話好說。」這是本人犬養毅曾經說過的一句話，到現在還非常知名。這一年，整個日本都處在貧困當中，一群不滿政府的海軍青年把貧困的原因歸咎於政治家。他們闖進我家，但我試圖和他們溝通。我覺得只要好好談談，他們就會了解我的用意。可是我卻遭到槍擊，中彈身亡了。

被暗殺的犬養毅

💡 **問題**　那天，犬養毅原本預定要和誰會面？

❶ 演員卓別林　❷ 柔道家嘉納治五郎　❸ 作家太宰治　❹ 女演員原節子

答案：❶　他本來安排要和著名的美國喜劇演員卓別林見面。

# 5月16日 （寛文6年）

間部詮房的生日
西元1666年6月18日

大概這時候
1603 ─ 1868
江戶時代

## 演藝圈出身的政治家 在政治改革大顯身手

江戶時代，企圖改善過去的缺點、讓政治變得更好的人，是曾為猿樂師的間部詮房以及學者新井白石。

新井白石和間部詮房打算減少花在外交上的開銷，藉此重振幕府的財政。

曾經是藝人的我 在幕府裡大有作為！

紛紛鼓掌

### 對江戶時代的政治進行改革的間部詮房出生的日子

我本來只是一介猿樂師(※)，後來變成甲府藩（現在的山梨縣）藩主德川家宣大人的家臣。在家宣大人當上第6代將軍後，我與新井白石大人同心協力，推動名為「正德之治」的改革。儘管我們試圖對經濟、外交和教育等方面進行改善，但是等家宣大人一過世，這場改革就跟著結束了⋯⋯

和間部進行改革的新井白石。

※猿樂是後來發展成能劇及狂言的表演藝術。

**問題** 猿樂為什麼要用「猿」這個字？

❶ 因為會用猴子表演　❷ 因為會模仿猴子　❸ 因為創始人名叫猿田　❹ 因為從猿町開始發跡

問題：② 在形形色色的說法當中，有一說是因為有模仿猴子的表演。

# 5月17日 （明治23年）

**制定府縣制和郡制的日子**

西元1890年5月17日

大概這時候

1868 —●— 1912
明治時代

## 地方事由地方人自己決定！
## 這樣的**制度**出現了

明治時代以後制定了各種法律，決定設置地方議會等的「府縣制」和「郡制」也是其中之一。

### 地方自治的起源──府縣制和郡制出現了

在現代日本，各都道府縣會自行決定地方上的事務及行使政權，這種作法叫「地方自治」。而地方自治的起源就是在這天採用的「府縣制」和「郡制」，這些制度讓府議會及縣議會有能力對各式各樣的事務進行決議。不過，知事不是透過投票選出，而是由政府指派；而且議會的權利也相當弱小，因此稱不上是完全的地方自治。

---

**問題** 下列何者是過去真實存在的市町村？

❶ 東京市　　❷ 東京村　　❸ 東京町　　❹ 大東京市

答案：① 昭和十八年（一九四三年）取消東京市和東京府，改成東京都。

157

# 5月18日 （明治2年）

戊辰戰爭結束的日子
西元1869年6月27日
大概這時候

1868 —— 1912
明治時代

## 新政府軍 vs. 舊政府軍！
## 我們贏不了新的啦！

江戶幕府軍對明治政府軍的戊辰戰爭，
以政府軍贏下北海道函館的戰事迎來終結。

新政府對舊幕府的戊辰戰爭始於京都的鳥羽伏見之戰，終於五稜郭之戰。

跪

我們認輸了！

什麼！

### 交出五稜郭，戊辰戰爭結束了

我是江戶幕府的海軍副總裁榎本武揚。在江戶幕府敗給明治政府之後，我依舊沒有交出軍艦，而是帶領艦隊航向北海道。雖然我們躲在函館一座叫五稜郭的城堡裡面奮力抵抗，但終究還是打不過新政府軍。我們的投降為持續長達一年半的戊辰戰爭畫下句點。

海軍副總裁榎本武揚。

**問題** 五稜郭的特徵是？

❶ 形狀像星星　❷ 沒有壕溝（護城河）　❸ 內有高塔　❹ 蓋在海上

答案：① 從上面俯瞰是一個星星的形狀。

# 5月19日 （永祿3年）

**爆發桶狹間之戰的日子**
西元1560年6月12日

大概這時候
1493 ─── 1573
戰國時代

## 信長果然厲害！
## 靠少少的人數**戰勝**強敵的大軍！

有力大名今川義元的大軍被當時還很年輕的織田信長用遠遠少於今川軍的兵力擊破了。

有「信長軍從背後偷襲義元軍」和「從正面進攻」等不同的說法，眾說紛紜。

我太大意了——！
驚慌
今川義元

悄悄現身
納命來……
信長軍

### 信長展現實力的桶狹間之戰

我奪取天下的第一步正是桶狹間之戰。對手是駿河（現在的靜岡縣）大名今川義元。面對今川軍的兩萬五千人大軍，我軍的人數為三千人。縱使情況對我軍不利，在激烈的雨勢當中，我們偷偷接近義元，發動突襲，打了一場漂亮的勝仗！

駿河大名今川義元。

**問題** 在今川義元身邊長大的武將是？

❶ 武田信玄　　❷ 豐臣秀吉　　❸ 德川家康　　❹ 上杉謙信

答案：③　家康年幼時被當成威脅用的人質送到義元身邊。

# 5月20日（明應5年）

日野富子的忌日
西元1496年6月30日

大概這時候
1493 ———— 1573
戰國時代

## 指揮幕府的將軍之母是個**小氣的壞女人**？

身為將軍的母親、掌握幕府實權的日野富子，趁著民眾因為戰爭身陷於水火之中，靠著借貸牟取暴利。

當百姓因為一場名為「應仁之亂」的戰亂民不聊生時，日野富子把錢借給兩邊的軍隊大發橫財。

就算是敵人也無所謂！我要靠借貸來賺大錢囉！

西軍　東軍

### 操控室町幕府的日野富子逝世的日子

我是室町幕府第8代將軍足利義政大人的妻子——日野富子。在寶貝兒子義尚當上將軍之後，我開始在幕府裡面發號施令。在賺錢方面很有天分的我，變成了一個大富翁喔♡不過，因為這個原因，有些人開始罵我「小氣鬼」。在現代，也有人說我是個「壞女人」……

富子之子義尚。

### 問題　人稱「日本三大惡女」的是日野富子、北條政子和誰？

❶ 淀殿　　❷ 卑彌呼　　❸ 西太后　　❹ 小野妹子

答案：① 也有人認為豐臣秀吉的妻子淀殿才是導致豐臣家滅亡的罪魁禍首。

# 5月21日 （天正3年）

**爆發長篠之戰的日子**
西元1575年6月29日
大概這時候
1573　　　1603
安土桃山時代

## 織田信長靠**最新型的武器**鐵砲大獲全勝！

織田信長拿下長篠之戰，在統一天下的路上繼續前進。
在這場戰役中，鐵砲扮演了重要的角色。

### 利用鐵砲打贏了長篠之戰

織田信長注意到從西方傳入日本的鐵砲，將其用於和德川家康組成聯軍對抗武田勝賴的長篠之戰。由於當時的鐵砲是火繩槍(※)，有別於現在的槍械，沒辦法連續射擊。於是信長把鐵砲隊分成三組，命令他們輪流開槍，稱之為「三段射擊」。信長利用這個戰術成功獲勝。但也有說法認為，他其實根本沒用過三段射擊……

※透過點火擊發子彈的槍械。

### 問題　鐵砲傳進日本的哪個地方？

❶ 博多　　❷ 出島　　❸ 札幌　　❹ 種子島

答案：④　由葡萄牙人傳到鹿兒島縣的種子島。

# 5月22日 （元弘3年／正慶2年）

鎌倉幕府滅亡的日子
西元1333年7月4日

大概這時候
1185　　　　　1333
鎌倉時代

## 遭到家臣背叛，鎌倉幕府滅亡了！

鎌倉幕府為源賴朝所創，並由北條氏進行統治。最後出現了反抗幕府的武士，幕府經他們之手遭到推翻。

**漫畫對白：**
- 後醍醐天皇：上啊，大家一起推翻鎌倉幕府！
- 新田義貞：我們無法再繼續追隨幕府了！
- 足利尊氏：我們無法再繼續追隨幕府了！

### 延續150年左右的鎌倉幕府滅亡了

鎌倉幕府為源賴朝創立，維持了大約150年的時間。但是，卻在這天滅亡了！北條氏長期統治著幕府，可是出現了反抗北條氏的人，導致幕府的狀態變得很不穩定。原本站在鎌倉幕府那邊的足利尊氏及新田義貞等武士贊成後醍醐天皇想要推翻幕府的想法，因而倒戈與幕府為敵。武士們獲得勝利，鎌倉幕府就此滅亡。

**問題**　後醍醐天皇的「醍醐」是什麼意思？

❶ 印度　　❷ 山與海　　❸ 起司　　❹ 樂器

答案：③　醍醐是一種類似起司的食物。

# 5月23日 （明治5年）

**明治天皇出發巡幸的日子**
西元1872年6月28日
大概這時候
1868 ─────── 1912
明治時代

## 明治天皇踏上
## 巡迴日本全國的巡幸之旅！

進入明治時代以後，天皇積極離開皇居前往全國各地。由於時代改變，因此也有一部分的目的是為了向世人彰顯天皇的存在。

陛下！

### 明治天皇開始巡幸全國各地

天皇到全國各地進行視察的行為叫作「巡幸」！不同於江戶時代幾乎不曾出過遠門的天皇，明治天皇積極走訪全國各地。其中，1872年的近畿、中國、九州，1876年的東北和北海道，1878年的北陸和東海道、1880年的甲州和東山道，1881年的東北和北海道，以及1885年的山陽道巡幸合稱「六大巡幸」。而在巡幸當中也包含了將天皇的存在詔告天下的目的喔！

**問題** 下列何者一定會在巡幸時同行？

❶ 攝影師　　❷ 歌手　　❸ 街頭藝人　　❹ 棒球選手

答案：① 攝影師會與天皇同行，拍攝各地的風景或建築物。

163

# 5月24日 （寬永13年）

伊達政宗的忌日
西元1636年6月27日

大概這時候
1603　　　1868
江戶時代

## 如今在東北仍深受愛戴的英雄人物！
## 活躍於戰國時代的**獨眼龍政宗**

在東北中心都市宮城縣的仙台車站前有一座著名的伊達政宗銅像。他從戰國時代末期活到江戶時代，一生充滿了跌宕起伏。

**問題**　伊達政宗的興趣是什麼？

❶ 下廚
❷ 打掃
❸ 洗衣服

### 代表東北地方的歷史人物——伊達政宗的忌日

生於永祿10年（1567年）的政宗18歲繼承父親的位子，在24歲左右成為出羽國及陸奧國的戰國大名，相當於現在整個東北地方。小時候，他因為生病導致右眼失明，於是人們又以「獨眼龍」這個綽號來稱呼他。他在豐臣秀吉和德川家康的麾下效力，進入江戶時代以後則成了仙台藩的第一任藩主。據說他把自己統治的土地開發成日本數一數二的稻米產地，過著豐衣足食且充滿文化薰陶的生活喔！

**補充**　慶長18年（1613年），政宗派家臣支倉常長等人前往歐洲，使政宗這個名字在歐洲也變得人盡皆知。

答案：❶　政宗說「主人親自下廚盛菜」是最高的待客之道。

# 5月25日 （延元元年／建武3年）

爆發湊川之戰的日子
西元1336年7月4日

大概這時候
1336 ─ 1493
室町時代

## 昨天的夥伴成了敵人！
## 贏得勝利，開闢室町幕府吧！

足利尊氏加入了後醍醐天皇的陣營，但最終雙方對立，爆發戰爭。尊氏獲勝，開闢了室町幕府。

在後醍醐天皇的治世之下，武士們獲得的待遇很差，因此心生不滿的大批民眾選擇追隨尊氏。

可惡……
後醍醐天皇要尊重武士！
新田義貞　楠木正成

足利尊氏
尊氏大人，加油啊！

### 足利尊氏擊敗楠木正成等人，建立室町幕府！

推翻鎌倉幕府時，我站在後醍醐天皇那一邊。後來，他對我心生畏懼，我的待遇就變差了。我們因此數度對立，<u>我還曾經在戰敗之後逃到九州……</u>。不過，<u>我在湊川（現在的兵庫縣神戶市）對後醍醐天皇軍的楠木正成一役贏得勝利，建立了室町幕府。</u>

敗給尊氏的楠木正成。

💡 **問題**　後醍醐天皇駕崩時，尊氏做了什麼？

❶ 舉辦宴會　❷ 興建寺廟　❸ 出家為僧　❹ 外出旅行

答案：②　他悲痛萬分，舉行佛教法會，建造了天龍寺。

# 5月26日 （治承4年）

爆發源平合戰的日子
西元1180年6月20日

大概這時候
794 ─ 1185
平安時代

## 教訓囂張跋扈的平氏！
## 源氏挺身而出！

平安時代，源氏消滅平氏的源平合戰，
這場連續打了五年的知名戰爭是從這天開始的。

> 平氏最厲害！
> 竟然這麼囂張！源氏啊，打倒平氏吧！
> 遵命！

### 源平合戰在京都宇治開打

發生在平安時代、由源氏對平氏的戰爭正是源平合戰。當時，平氏霸占朝廷的重要官職，橫行霸道，於是憤怒的以仁王（後白河天皇的皇子）命令源氏打倒平氏。這天，以仁王跟源賴政一起在京都宇治和平氏交戰。雖然以仁王在這場戰役中不幸陣亡，但源氏繼續奮戰；到了1185年的「壇之浦之戰」，源氏終於消滅平氏了。

**問題** 當時有一句名言說「非平家者，非○也」。請問○內應填入？

❶ 人　　❷ 貴族　　❸ 武士　　❹ 僧侶

答案：① 意思是「不是平氏的都不算是人」。相傳為平時忠所言。

# 5月27日（天平15年）

頒布《墾田永年私財法》的日子
西元743年6月23日

大概這時候
710 —— 794
奈良時代

## 只要開墾新田，那塊**土地送給你**！

土地本來都是國家的所有物，為了鼓勵農民，出現了能夠將土地私有化的法律。

> 我要開墾田地，把這塊地變成自己的地！
> 叮鈴 叮鈴
> 你們要努力工作、努力繳稅喔！

### 能夠將土地私有化的《墾田永年私財法》頒布了

這個時候，土地都是國家的財產，但是在養老7年（723年）出現了《三世一身法》，允許當事人、兒子及孫子三代保有土地；到了743年，又出現了《墾田永年私財法》，規定開墾新土地闢建的田地可以納為己有。農民心想，只要努力，就能得到屬於自己的土地，個個開始勤奮工作。田地增加，國家便能從農民身上徵收稅金，對國家來說也有好處。

**問題** 飛鳥和奈良時代用什麼繳稅？

❶ 蔬菜　　❷ 酒　　❸ 寶石　　❹ 布帛

答案：④　1年要服10天徭役，若不服役則繳納布帛代替。

# 5月28日 （寬永11年）

**開始興建長崎出島的日子**
西元1634年6月23日

大概這時候
1603 —— 1868
江戶時代

## 填平大海，蓋了一座讓外國人居住的**人工小島**！

江戶時代，幕府嚴格禁止與外國交流。
為貿易許可國的商人人工打造的居住地正是出島。

### 即將成為貿易窗口的出島開始動工的日子

從織田信長活躍的時代開始，葡萄牙就一直和日本通商，但是江戶幕府討厭葡萄牙人宣傳天主教，於是把葡萄牙商人通通集中到一個地方，為此填海造陸興建的小島就是「出島」。當與外國的交流被勒令禁止（稱為「鎖國」），葡萄牙人不再造訪日本之後，出島便成了獲准從事貿易的荷蘭人居住的地方。

---

💡 問題　實施鎖國時，除了荷蘭，還有哪個國家持有貿易許可？

❶ 中國　　❷ 美國　　❸ 菲律賓　　❹ 英國

答案：①　中國也獲准在長崎貿易。

# 5月29日 （昭和17年）

與謝野晶子的忌日
西元1942年5月29日

大概這時候
1926 ━━━━━━ 1989
昭和時代

## 戀愛和民主主義<sup>(※)</sup>都很重要！
## 過於**激情**的女性歌人！

活躍時期橫跨明治到昭和的與謝野晶子，除了愛情短歌（「五・七・五・七・七」共31字構成的詩體），還寫過關於反戰、女權等等的文章。

> 戀愛很重要！
>
> 民主主義也很重要！

她一面吟詠以戀愛為主題的熱情短歌，一面投身於追求民主的大正民主運動。

### 熱情歌人，也追求民主運動
### 與謝野晶子的忌日

各位有聽過我的一首詩叫作《請君勿死》嗎？這是我為了前往戰場的弟弟所寫的詩，標題是「請你千萬別死」的意思。儘管因為寫了違背國家方針的反戰詩而遭到批判，但是我並不後悔。除此之外，我還曾經為女性權利寫過其他文章喔！

※人民為了自己親自參與政治。

---

**問題** 與謝野晶子的老家是做什麼生意的？

❶ 書店　　❷ 大眾澡堂　　❸ 花店　　❹ 甜點店

答案：④　她是以羊羹出名的和菓子店的女兒。

169

# 5月30日（明治元年）

沖田總司的忌日
西元1868年7月19日

大概這時候
1603　1868
江戶時代

## 劍術超強但**身體虛弱**，新選組的天才劍士！

新選組在幕末大放異彩，其中作為劍術高手遠近馳名的沖田總司身染重病，年紀輕輕就病逝了。

### 新選組的劍術高手沖田總司因病過世

幕末有一個活躍於京都的組織叫「新選組」喔！當時，企圖推翻幕府、被稱為倒幕派的各種組織活動頻繁。屬於江戶幕府這邊的新選組負責對這些倒幕派進行取締等工作，有點類似現在的警察。在新選組裡面有許多劍術高手大顯神威，而沖田總司也是其中一員。然而，他卻因為疾病無法再戰，在這天以20多歲的年紀英年早逝。

**問題** 新選組飼養的動物是？

❶ 鴿子　　❷ 烏鴉　　❸ 烏龜　　❹ 豬

答案：❹　在醫生的建議之下，他們為了攝取營養，養豬來吃。

# 5月31日 （昭和8年）

簽訂《塘沽協定》的日子
西元1933年5月31日

大概這時候
1926　　　　1989
昭和時代

## 自己製造爆炸事件 嫁禍給對方！

歸日本管理的鐵路遭到炸毀，以這起事件為導火線，日本占領了滿洲。但爆炸其實是日方下的手。

> 我們的鐵軌被炸壞了！
> 黑煙瀰漫

### 後來發展成中國抗日戰爭的九一八事變結束了

昭和6年（1931年），日本在滿洲（現在的中國東北部）修築的鐵路軌道遭人炸毀！雖然關東軍（※）宣稱是中國軍所為，但下手的其實是關東軍。關東軍用這個藉口占領了滿洲。隔年，受日本控制的滿洲國建國，不過在這天，日本與中國之間簽訂了象徵雙方停戰的《塘沽協定》，為「九一八事變」的事件畫下句點。

※隸屬於日本陸軍的部隊。在中國執行任務。

**問題** 下列何者為滿洲國出生？

❶ 手塚治虫　❷ 藤子‧F‧不二雄　❸ 赤塚不二夫　❹ 石之森章太郎

答案：③　創作《天才妙老爹》等作品的漫畫家赤塚不二夫出生在滿洲國。

171

# 6月1日 （天文16年）

武田信玄頒布《甲州法度之次第》的日子
西元1547年6月18日

大概這時候
1493 ——— 1573
戰國時代

## 家臣和農民要遵守規矩！
## 戰國武將制定了法律

武田信玄是出生在現今山梨縣的戰國武將。被譽為「戰國時代最強」的信玄為了把國家治理得井然有序，制定了法律。

《甲州法度之次第》當中也有「必須確實上繳年貢（※）」、「逾期會遭到追討」等針對農民的規定。

要是吵架的話，我兩邊都不輕饒！

### 武田信玄頒布《甲州法度之次第》的日子

在我養精蓄銳、擴張領土的過程當中，家臣的人數也隨之增加，因此我制定了家臣們必須遵守的規矩，那就是《甲州法度之次第》。這是一部規定「不得變賣我封賞的土地」、「吵架時雙方皆須受罰」、「不得擅自與其他大名家通婚」等事項的法律。

頒布法律的武田信玄。

※每年進貢稻米等作物。

### 問題　信玄和對手上杉謙信兩人除了合戰還比過什麼項目？

❶ 游泳　　❷ 喝酒　　❸ 短歌　　❹ 相撲

答案：④　相傳信玄和謙信的家臣曾經比過相撲，由謙信的家臣勝出。

# 6月2日 （天正10年）

**發生本能寺之變的日子**
西元1582年6月21日

大概這時候
1573 — 1603
安土桃山時代

## 你說有人縱火是真的嗎？
## 我被寄予信賴的家臣**背叛**了！

戰國大名織田信長朝著統一天下的目標邁進。就在只差一步的時候，家臣明智光秀製造了一起重大事件。

天色還很昏暗的清晨四點。得知本能寺已經被明智軍團團包圍，織田信長親手放了火。

> 光秀，你竟然敢背叛我！
> 好燙！
> 火勢 猛烈

### 阻斷統一天下之路的本能寺之變

接連打倒一個個敵人，天下幾乎已經確定會落在我的手中。剩下的強敵——中國地方的毛利輝元那邊有家臣明智光秀領軍進攻，包準沒問題！我抱著這樣的想法下榻在京都的本能寺，想不到光秀卻轉過頭來攻擊我。疏於防備的我才一下子就被他打敗了。

背叛信長的明智光秀。

**問題** 織田信長的興趣是？

① 鋼琴　② 插花　③ 茶道　④ 遊戲

答案：③　他把泡茶當成興趣，蒐集了很多茶道具。

# 6月3日 （嘉永6年）

培里的黑船來到浦賀的日子
西元1853年7月8日

大概這時候
1603 ———— 1868
江戶時代

## 嚇！**美國的大船**突然開進來了！

江戶時代的日本實施鎖國，不與外國交流，但美國船卻來到這裡，堅持要和日本進行通商。

> 嘩啦 嘩啦
> 噫——！
> 我們想和日本交流交流！
> 嘩啦

### 美國軍人培里的艦隊來到浦賀的日子

江戶時代的日本採取一種叫作「鎖國」的政策，除了部分幾個國家之外，不與海外他國從事交流或貿易。美國因為想在航行途中停靠日本，進行食物、燃料和水的補給，所以盤算著要讓日本結束鎖國。美國軍人培里率領四艘大船來到現在的神奈川縣浦賀，要求日本和美國交流。突然出現的船艦在日本引發巨大騷動，隔年，日本和美國簽訂條約，結束了鎖國。

💡 問題　日本人用什麼稱呼培里的船艦？

❶ 鬼船　　❷ 鯨船　　❸ 美利堅船　　❹ 黑船

答案：④　因為船身漆黑，故稱黑船。

# 6月4日 （昭和3年）

開始實施蛀牙預防日的日子
西元1928年6月4日

大概這時候
1926　　　　1989
昭和時代

## 要好好刷牙，才不會**蛀牙**喔！

為了宣導關於牙齒的正確知識，以「蛀牙預防日」的名稱在1928年開始實施。

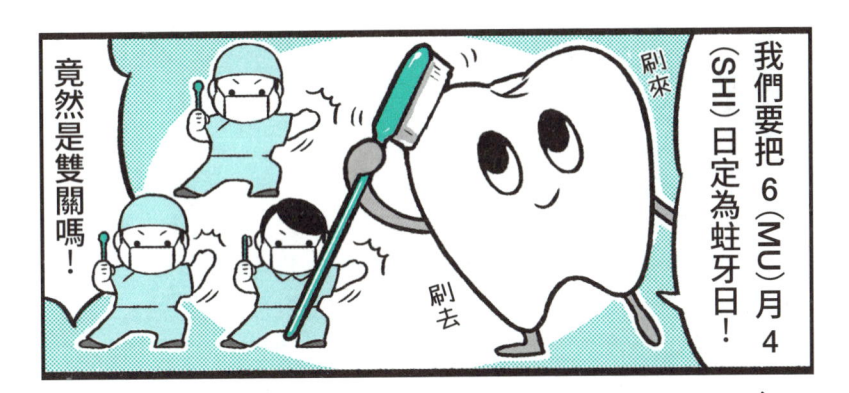

> 竟然是雙關嗎！
> 刷來
> 刷去
> 我們要把6（MU）月4（SHI）日定為蛀牙日！

### 制定為牙齒健康所成立的紀念日

由於「要好好刷牙以預防蛀牙」的觀念在國民之間不如今日普及，當時有非常多人都有蛀牙。於是，政府制定了目的在於宣導關於牙齒及口腔正確知識的節日。以「蛀牙預防日」這個名稱，在這天開始實施。因為6、4可以唸成「MUSHI」（音同日文的「蛀」），所以才把這天定為蛀牙預防日。現在則改稱為「牙齒及口腔健康週」喔！

---

**問題**　在沒有牙刷的時代，日本人用什麼來刷牙？

❶ 毛筆　　❷ 石頭　　❸ 線　　❹ 牙籤

答案：④　在江戶時代會用一種叫「房楊枝」的工具來刷牙。

# 6月5日（昭和17年）

**爆發中途島海戰的日子**
西元1942年6月5日

大概這時候
1926　　　1989
昭和時代

## 美軍也太強了吧！
## 日本海軍一敗塗地！

第二次世界大戰中，日本與美國在太平洋展開了戰爭。此前無戰不勝的日本在中途島海戰輸得體無完膚。

### 關鍵的中途島海戰爆發的日子

在第二次世界大戰期間，日本和美國在太平洋的中途島附近爆發戰爭，這就是中途島海戰。日本鎖定位於中途島的美軍基地，派出大量的船艦和兵力。日方本以為中途島附近沒有美國軍艦，但實際上卻有航空母艦（※）等在這裡待命。日本失去了當時使用的所有航母，全軍覆沒！這樣的結果導致後續戰況也朝著有利於美軍的方向發展。

※搭載多架飛行機具的軍艦。

**問題** 當時日本海軍聯合艦隊司令長官的名字是？

❶ 山本一二三　❷ 山本三十五　❸ 山本五十六　❹ 山本百萬

答案：③　寫作「五十六」，讀作「ISOROKU」。

# 6月6日 （弘安4年）

爆發弘安之役的日子
西元1281年6月23日

大概這時候
1185　　　1333
鎌倉時代

## 日本武士擊退了**世界最強**的蒙古帝國！

當時是世界最大帝國的元朝（現在的中國）在1274年和1281年向日本出兵。想不到獲勝的竟然是為戰爭作好萬全準備的日本。

元朝在當時是世界最大的國家，還擁有火藥武器。然而以砌築石墙等戰術備戰的日本獲得了勝利。

神風也吹起來了！

這是第二次，我們已經摸透你們的戰術了！

哇啊！

### 元朝再度出兵日本，爆發弘安之役

元朝對日本放話，要我們向他們俯首稱臣，但我無視了他們的要求。結果在1274年，元軍入侵九州（文永之役）。我好不容易才把他們趕回去，沒想到元軍又跑來了（弘安之役）。雖然陣仗比第一次更大，但就連神風（颱風）也站在為本次戰爭做好充分準備的我們這邊，日本獲勝了。

日本的指揮官北條時宗。

💡 問題　　元朝想要日本的什麼東西？

❶ 佛像　　❷ 黃金　　❸ 馬　　❹ 書

答案：② 外國以為「日本遍地是黃金」。

177

# 6月7日 （明應9年）

**恢復舉辦祇園祭的日子**
西元1500年7月3日
大概這時候
1493 ─── 1573
戰國時代

## 賀！延續至今的大型夏日祭典**復活**啦！

因為一連打了將近11年的戰爭「應仁之亂」，被迫停辦的祇園祭重新復活。

> 我們要辦一場超豪華的盛會！
> 祇園祭復活！

### 停辦多年的祇園祭恢復舉行的日子

夏天在京都舉辦的祇園祭始於正值平安時代的869年。當時，人們認為在全國各地流行的傳染病是惡靈作祟，想透過舉辦祭典驅趕疾病，這就是祇園祭的起源。然而，1467至1478年爆發了應仁之亂，祇園祭因此停辦。後來，祭典重新復活，靠著商人們的力量，變得既盛大又氣派喔！如今，祇園祭還獲選成為聯合國教科文組織的無形文化遺產。

**問題** 一般認為造成傳染病的神明叫什麼名字？

❶ 馬頭天王　　❷ 牛頭天王　　❸ 狗頭天王　　❹ 魚頭天王

答案：② 長著牛頭的神明，世人認為傳染病是牛頭天王作祟。

# 6月8日 （昭和60年）

大鳴門橋開通的日子
西元1985年6月8日

大概這時候
1926　1989
昭和時代

## 經過瀨戶內海上方的 **大橋**蓋好了！

建造連接四國及本州的橋樑是當地居民的夢想。
為這個夢想跨出第一步的大鳴門橋在這天開通了。

（圖：本州、明石海峽大橋、大鳴門橋、淡路島、四國，轉啊轉啊，可以看到轉個不停的漩渦喔！）

### 串聯德島和淡路島的大鳴門橋開通的日子

橫跨四國德島縣和兵庫縣淡路島的大鳴門橋在1985年的這天開通囉！這座橋梁從上方通過以海水打旋形成的漩渦聞名的鳴門海峽。1998年，銜接兵庫縣神戶市和淡路島的明石海峽大橋也完工了，人們因此可以很輕鬆地從關西前往四國。連接本州與四國的橋樑有三條路線，大鳴門橋正作為其中一條路線發揮它的功能喔！

### 問題　鳴門漩渦的大小在全世界排行第幾名？

❶ 第10名　　❷ 第5名　　❸ 第1名　　❹ 第3名

答案：③　出現在春秋兩季，直徑20公尺的漩渦是世界上最大的漩渦！

# 6月9日（明和4年）

瀧澤馬琴的生日
西元1767年7月4日

大概這時候
1603　1868
江戶時代

## 每天的生活作息都一模一樣？
## 縱使失明也要繼續創作的**超人作家**

瀧澤馬琴是日本第一位以作家為職業的人。
他的個性非常嚴謹，日記是寶貴的歷史資料。

### 問題

瀧澤馬琴的代表作是？

❶《雨月物語》

❷《南總里見八犬傳》

❸《奧之細道》

### 為文學作品傾盡一生──瀧澤馬琴的生日

瀧澤馬琴又以筆名「曲亭馬琴」為人所知。直到在嘉永元年（1848年）過世為止的這大約50個年頭，他一直堅持寫作，從不間斷。他用其中的28年完成了代表作《南總里見八犬傳》。聽說他在最後三年雙眼失明，只好請媳婦代為筆記他的口述。除此之外，馬琴每天都會按照固定的作息生活，記錄的鉅細靡遺的日記是了解當時情況的珍貴史料喔！

### 補充

馬琴是日本第一位能夠只靠稿費維生的作家。他之所以堅持寫作直到過世前的最後一刻，搞不好是為了生活也說不定。

答案：②　「八」位主角的名字裡面都有「犬」字。

## 6月10日（寬永5年）

**德川光圀的生日**
西元1628年7月11日
大概這時候
1603 ─── 1868
江戶時代

# 在時代劇中遊歷日本各地的 水戶黃門 是真有其人嗎？

「你沒看到這個家紋嗎！」
以這句臺詞聞名的時代劇主角──水戶黃門，他真正的名字是德川光圀。

找出3個不同之處

## 爺爺是德川家康──德川光圀的生日

光圀作為水戶藩（現在的茨城縣）藩主德川賴房的三子出生，基於種種因素繼承家業，在父親死後成為第二代藩主。他是一位出類拔萃的大名，為一種名為「水戶學」的學問奠定根基。水戶德川家代代都要出任江戶幕府的副將軍，這個職位（權中納言）在中國稱為「黃門」，因此世人便稱他為水戶黃門。晚年的他似乎成了一個甚至會對將軍指手畫腳的頑固老頭。

**補充**：在時代劇裡登場的「阿助」和「阿福」也是以實際存在的人物為原型。他們在光圀的歷史調查之旅提供協助，因而誕生了漫遊諸國的傳說。

答案：①右邊的人穿的和服 ②水戶光圀的頭巾 ③印籠的圖案

181

# 6月11日 （昭和17年）

**關門鐵路隧道開通的日子**
西元1942年6月11日

大概這時候
1926　　　　1989
昭和時代

## 超方便！世界第一條海底隧道把本州和九州接在一起了！

關門鐵路隧道是世界第一條海底隧道，從海底連接九州和本州。這條隧道在這天進行了試營運。

用下關的「關」和門司的「門」合稱關門！

山口縣
下關
門司
福岡縣

### 關門鐵路隧道試營運的日子

本州的山口縣和九州的福岡縣藉著行經海底的關門鐵路隧道連在一起喔！在隧道蓋好之前，交通方式就只有搭船橫渡山口與福岡之間的關門海峽一種選擇，因此有非常多人都希望能興建隧道。這天，開往九州的下行列車舉辦了試營運，這是列車首次通車喔！關門鐵路隧道就此成為世界上第一條海底鐵路隧道！

**問題** 關門海峽有幾條隧道？

❶ 1條　　❷ 2條　　❸ 3條　　❹ 4條

答案：③　鐵路專用、新幹線專用（1975年開通）和汽車專用（1958年開通）的3條隧道。

# 6月12日 (大化元年)

**發生大化革新的日子**
西元645年7月10日

大概這時候
593 ─────── 710
飛鳥時代

## 打倒那些胡作非為的人，使政治制度煥然一新！

擁有比天皇家更大的權力，隨心所欲操控政治的蘇我氏垮臺，建立了以天皇為中心的全新國度。

### 翻轉政治的大化革新發生的日子

聖德太子過世以後，蘇我氏擁有的權力變得比天皇家更強大。曾經到唐朝（現在的中國）深造的人們想要對抗蘇我氏，一改日本的政治制度，使其煥然一新。其中的代表人物中大兄皇子及中臣鎌足擊敗了身處政治中心的蘇我入鹿。中大兄皇子讓孝德天皇即位，自己則成為皇太子，翻新政治制度，這段過程稱為「大化革新」喔！

**問題** 大化革新之後，日本首次使用年號。請問該年號為何？

❶ 大化　　❷ 平安　　❸ 天應　　❹ 文久

答案：① 效仿中國首次採用年號「大化」。

# 6月13日 （天正10年）

**爆發山崎之戰的日子**
西元1582年7月2日

大概這時候
1573 ── 1603
安土桃山時代

## 我要為信長大人**報仇雪恨**！
## 光秀手中轉瞬即逝的天下！

在本能寺之變背叛織田信長的明智光秀，敗給了信長的家臣豐臣秀吉。這是秀吉朝統一天下跨出的第一步。

豐臣秀吉
揮舞
長刀
我要替信長大人報仇！

我的天下也太短暫了吧！
明智光秀

在山崎之戰擊敗明智光秀的豐臣秀吉，在那之後踏上了統一天下的道路。

### 秀吉統一天下的第一步──山崎之戰爆發的日子

織田信長大人在本能寺遭到明智光秀背叛。在信長大人遇害的兩天後得知消息的我，可沒打算就這樣放過光秀。6月13日，我軍和光秀軍在山崎（現在的京都府乙訓郡大山崎町）短兵相接。戰敗的光秀倉皇逃跑，但聽說最後好像栽在農民手上。這種死法真適合叛徒啊！

**問題** 人們如何稱呼明智光秀的天下？

① 叛徒天下　② 短命將軍　③ 三日天下　④ 一時幕府

答案：③　其實是11天，因為時間短暫，故稱三日天下。

# 6月14日 （元龜2年）

毛利元就的忌日
西元1571年7月6日

大概這時候
1493 — 1573
戰國時代

## 聰明、愛家且長壽的 戰國武將

毛利元就躋身戰國時代屈指可數的大名行列，他一路活到75歲，是當時少見的長壽。

> 一支箭三兩下就會被折斷！不過⋯⋯
> 折斷那支箭沒斷啦！
> 父親大人，
> 使出吃奶的力氣⋯⋯

### 中國地方（※）最強的大名──毛利元就過世的日子

毛利元就是安藝（現在的廣島縣）出生的戰國大名。雖為統治狹小領地的大名之子，但是在繼承毛利家之後便發揮實力，稱霸中國地方。他足智多謀，以策畫高明的戰術著稱；曾經在信裡告訴兒子們「兄弟之間要和睦相處」，作為一個愛家的人也相當出名喔！這樣的元就在75歲時因病過世。既不喝酒又注重健康的生活，讓他非常長壽。

※不是國家中國，而是現今的鳥取縣、島根縣、岡山縣、廣島縣、山口縣等地區。

**問題** 相傳毛利元就在勸戒孩子們時用了幾支箭做比喻？

❶ 1000支　❷ 1支　❸ 3支　❹ 10支

答案：③　據說他告訴孩子「要像綑成一束就折不斷的3支箭一樣同心協力」。

# 6月15日 （寶龜5年）

空海的生日
西元774年7月27日

大概這時候
710 — 794
奈良時代

## 把佛教密法在日本**發揚光大**的偉大人物

在中國學習佛教、於日本創立真言宗的空海
至今仍被奉為佛教聖賢受人景仰。

> 不覺得哪裡怪怪的嗎？
> 我很會寫毛筆字喔！
> 空海

### 在日本宣揚密宗的空海出生的日子

空海開創了一支叫「真言宗」的佛教宗派（※）。被稱為「弘法大師」的空海出生在現在的香川縣。他從小就非常好學，原本立志要入朝為官，但最後為了拯救世人而開始修行佛法。他在804年渡唐（現在的中國），學習佛教密法──密宗。很快就把密宗融會貫通的空海於806年回到日本，接著便在高野山興建金剛峯寺進行傳教。

※基於對佛教的不同理解分裂的派系。

**問題** 有一句跟空海有關的俗諺「弘法不擇○」，請問○為何？

❶ 刀　　❷ 衣　　❸ 時　　❹ 筆

答案：④　意思是像空海這麼厲害的書法名家，無論用什麼工具都不成問題。

# 6月16日 (承久3年)

**設置六波羅探題的日子**
西元1221年7月7日

大概這時候
1185 —— 1333
鎌倉時代

## 幕府在京都設置**監察官**以防朝廷再次造反

鎌倉幕府打敗了興兵造反的後鳥羽上皇，為防止朝廷再次叛變，設置了名為「六波羅探題」的監察官。

> 我正在監視著你們，不准亂來喔！

### 設置兼任警察和監察官的六波羅探題

1221年發生了後鳥羽上皇企圖推翻鎌倉幕府的戰爭——承久之亂。在這場戰事中獲勝的幕府為了預防朝廷二度造反，在朝廷所在的京都設置了職責類似現在警察和軍隊、同時還負責監視朝廷的官職「六波羅探題」喔！由於這份工作責任重大，聽說會由鎌倉幕府裡面的有力人士前往京都赴任。

---

**問題** 承久之亂過後，後鳥羽上皇被流放到哪裡？

❶ 沖繩縣　　❷ 北海道　　❸ 隱岐島　　❹ 佐渡島

答案：③ 他被遣送到位於現今島根縣的隱岐島，在島上度過餘生。

# 6月17日 （昭和46年）

簽署《沖繩返還協定》的日子
西元1971年6月17日

**大概這時候**
1926 ── 1989
昭和時代

## 太好了──！
## 沖繩終於要<u>回歸</u>日本了！

第二次世界大戰以後，沖繩由美國進行統治及管理。1971年雙方簽訂《沖繩返還協定》，1972年沖繩回歸日本。

> 我們回歸日本囉！
> HAISAI！（沖繩方言：大家好！）

### 簽署讓沖繩回歸日本的協定

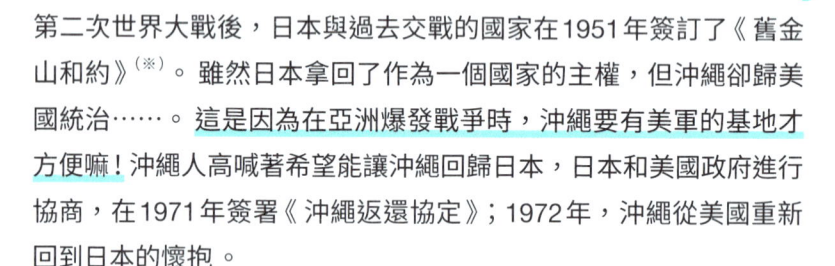

第二次世界大戰後，日本與過去交戰的國家在1951年簽訂了《舊金山和約》<sup>(※)</sup>。雖然日本拿回了作為一個國家的主權，但沖繩卻歸美國統治……。這是因為在亞洲爆發戰爭時，沖繩要有美軍的基地才方便嘛！沖繩人高喊著希望能讓沖繩回歸日本，日本和美國政府進行協商，在1971年簽署《沖繩返還協定》；1972年，沖繩從美國重新回到日本的懷抱。

※宣示和平，決定日本的領土範圍、應支付多少戰爭賠款等事項並留下文字紀錄。

**問題** 1975年舉辦了什麼活動來紀念沖繩回歸日本？

① 沖繩國民體育大會　② 沖繩電影節　③ 沖繩萬國博覽會　④ 沖繩海洋博覽會

答案：④　沖繩海洋博覽會舉辦了長達約六個月。

# 6月18日 （明治41年）

**移民海外日**
西元1908年6月18日

大概這時候：1868 — 1912 明治時代

## 與日本相隔遙遠的 17,000 公里。
## 我們抵達**新天地**巴西了！

這天是 781 位日本人作為第一批移民抵達巴西的日子。
巴西也用「日本人移民日」來紀念這一天。

### 問題

當時，從日本搭船到巴西大約要花幾天的時間？

1. 30天左右
2. 50天左右
3. 90天左右

### 「走！全家一起去南美！」移民海外日

當時巴西的咖啡園等地很缺勞動力，因此希望日本人移民到巴西；再加上因為想要他們長久定居，所以希望是舉家搬遷。日本與巴西之間達成協議，設法湊齊1000人，但想要全家一起移民的情況非常少見。最終，一隊以兄弟、姊妹或親戚關係為主的600名男性及181名女性，從日本出發了。前往巴西的路途相當漫長。聽說所有人都被暈船和炎熱的高溫折磨得很慘。

### 補充

在移民海外日於1966年被日本政府定為紀念日的隔年，皇太子夫婦（現在的上皇和上皇后）出訪巴西。

答案：② 載送移民的運輸船笠戶丸在4月8日從神戶港出發。

## 6月19日（安政5年）

簽訂《美日修好通商條約》的日子
西元1858年7月29日

大概這時候　1603 ─ 1868　江戶時代

# 好詐喔！被迫和美國簽訂不合理的條約！

結束鎖國的日本和想進行貿易的美國締結條約，但那卻是個內容有利於美國的不平等條約。

> 狂奔──
> 就算抓到也不能把他送進法院啊。
> 有小偷！

## 日本和美國之間簽訂了《美日修好通商條約》

於1854年結束鎖國的江戶幕府，在1858年簽署了《美日修好通商條約》。儘管這是一份決定貿易等事項的條約，裡面卻有「外國人在日本犯罪也不能用日本的法律加以制裁」、「日本不得在進口外國商品時擅自徵收關稅（※）」等等的規定，對日本來說並不公平。1858年，幕府還和英國、法國、荷蘭及俄羅斯簽訂了內容如出一轍的條約。

※課徵於海外商品的稅金。由於售價會因為關稅提高，能夠藉此保護販售同類型商品的日本業者。

**問題**　簽署《美日修好通商條約》的美國人哈里斯（Townsend Harris）最愛的食物是？

❶ 鮪魚　　❷ 紅茶　　❸ 飯糰　　❹ 牛奶

答案：④　他待在日本時想喝牛奶，但因為取得不易而做了很多努力。

# 6月20日 （應永26年）

發生應永外寇的日子
西元1419年7月12日

大概這時候
1336 ── 1493
室町時代

## 日本海盜在國外大肆作亂！
## 驅逐海盜的軍隊殺過來了！

苦於應付日本海盜「倭寇」的朝鮮，為了討伐倭寇，出兵長崎縣對馬，爆發史稱「應永外寇」的戰爭。

宗貞盛：颱風要來了，你們快回去吧！

倭寇出現在13至16世紀。雖然是日本海盜，但也曾經有中國人和葡萄牙人加入他們的行列。

### 朝鮮軍進攻對馬 爆發「應永外寇」

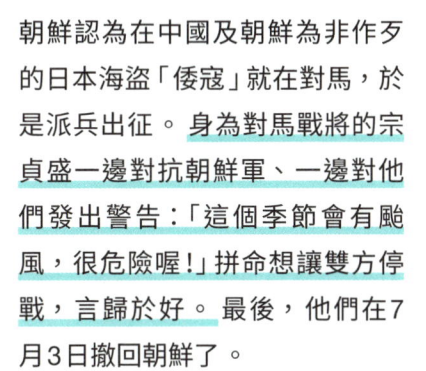

朝鮮：決不放過日本倭寇！

朝鮮認為在中國及朝鮮為非作歹的日本海盜「倭寇」就在對馬，於是派兵出征。身為對馬戰將的宗貞盛一邊對抗朝鮮軍、一邊對他們發出警告：「這個季節會有颱風，很危險喔！」拼命想讓雙方停戰，言歸於好。最後，他們在7月3日撤回朝鮮了。

---

💡 問題　當時日本透過與朝鮮的貿易進口什麼東西？

❶ 高麗參　　❷ 馬　　❸ 豆腐　　❹ 繪畫

答案：① 也能當成藥材使用的高麗參是主要的進口貨物之一。

191

## 6月21日 （寬永12年）

參勤交代制度化的日子
西元1635年8月3日
大概這時候
1603 — 1868
江戶時代

# 一年一次的大陣仗搬遷 讓大名們變得非常**貧窮**！

江戶幕府很怕大名會壯大實力來反抗幕府，因此為了削弱他們的力量，命令全國大名執行參勤交代。

> 魚貫而行
> 在江戶生活一年也好燒錢啊……
> 這種大陣仗的移動好燒錢……

### 為了削弱大名的力量，參勤交代制度化

江戶幕府在這天建立了一種叫作「參勤交代」的制度喔！這個制度要求全國各地的大名要一年住在自己的領地、一年住在江戶，至於大名們的妻小則要在江戶定居。由於一年一次的搬遷以及在江戶生活一年的開銷很大，各地大名們變得財政吃緊，失去反抗政府的力量。此外，妻兒都在江戶，處境形同人質，這也是大名無力反抗幕府的原因。

💡 **問題** 誰可以從中間穿越大名的行進隊伍？

❶ 僧侶　　❷ 產婆　　❸ 老師　　❹ 小孩

答案：② 助人生產的產婆被允許穿越大名的隊伍。

# 6月22日（文久元年）

**保齡球日**
西元1861年7月29日

大概這時候：江戶時代（1603–1868）

## 第一座**保齡球場**在江戶時代盛大開幕！

時至今日仍然擁有許多愛好者的保齡球歷史悠久，日本也在江戶時代蓋了第一座保齡球場。

> 這玩意兒還挺有趣的！
> 哐啷——！

### 長崎出島興建了日本第一座保齡球場

保齡球是一種把很重的球投擲出去擊倒球瓶的運動。擁有無數愛好者的保齡球歷史悠久，相傳早在西元前的古埃及時代就有了喔！保齡球傳入日本的時間是江戶時代。這天，日本的第一座保齡球場在外國人居住的長崎出島完工了。在打球之餘還能吃點東西，在當時似乎是一個充滿趣味性的社交場所呢！

---

💡 **問題**　最早接觸到保齡球的日本人據說是誰？

❶ 坂本龍馬　　❷ 西鄉隆盛　　❸ 伊藤博文　　❹ 沖田總司

答案：① 一說和外國人有過來往的坂本龍馬曾經打過保齡球。

# 6月23日 （寬政6年）

> 水野忠邦的生日
> 西元1794年7月19日

大概這時候
1603 — 1868
江戶時代

## 嚴格禁止奢侈浪費！
## 這樣的改革**徹底失敗**了……

想讓混亂的社會變得更好的水野忠邦實施了天保改革，但其中有許多強硬的內容，大批民眾開始對他產生反感。

價格昂貴的餐點、服飾以及歌舞伎等等，都在天保改革期間遭到禁止和取締。

切莫奢侈揮霍～！

不行！

蛤！

### 推行天保改革的水野忠邦出生的日子

我在這天出生。在幕府的財政日益惡化的情況之下，全國各地又發生了大饑荒(※)。我為了讓社會變得更好，在1841年開始施行天保改革。然而，禁止奢侈浪費、將大名土地收歸幕府所有，藉此鞏固權力的改革，遭到眾人反對，最後以失敗收場。

江戶幕府老中水野忠邦。

※農作物歉收導致人們沒有東西吃挨餓受苦。

### 問題　水野忠邦的出生地是哪裡？

❶ 鹿兒島縣　　❷ 宮城縣　　❸ 靜岡縣　　❹ 佐賀縣

答案：④　水野忠邦作為唐津藩（現在的佐賀縣）藩主之子出生。

# 6月24日 （嘉吉元年）

發生嘉吉之亂的日子
西元1441年7月12日

大概這時候
1336 — 1493
室町時代

## 明明是受邀參加宴會，在那裡等著我的卻是**暗殺**！

赤松滿祐暗殺了將軍足利義教。儘管幕府打敗了滿祐，然而在這起事件後，將軍和幕府的勢力就此衰退。

> 好可愛……呀！
> 覺悟吧！
> 就是現在，動手！
> 猛刺

### 將軍足利義教在嘉吉之亂遭到暗殺

室町幕府的將軍足利義教把赤松義雅的土地送給了自己器重的家臣赤松貞村。長久以來為幕府賣命的義雅和哥哥赤松滿祐因此而痛恨將軍，再加上將軍還殺了同樣效忠於幕府的一色義貫等人，因此滿祐便在邀請將軍赴宴之後將其暗殺。雖然幕府派兵擊敗了滿祐，但將軍及幕府的勢力卻因此減弱，這起事件叫作「嘉吉之亂」！

**問題** 打敗赤松滿祐的人是？

❶ 山名宗全　❷ 赤松義雅　❸ 土岐持賴　❹ 足利義勝

答案：① 在應仁之亂擔任西軍領袖的山名宗全擊敗了滿祐。

# 6月25日 （昭和25年）

爆發韓戰的日子
西元1950年6月25日

大概這時候
1926 ─── 1989
昭和時代

## 明明原本是同一個國家！
## 韓戰爆發了！

在第二次世界大戰之後，脫離日本統治的朝鮮分裂成半島南北兩國，在這天爆發了戰爭。

（漫畫）
做掉他──！　北韓兵　南韓兵　上啊──！
咚咚咚咚咚咚咚咚咚咚咚咚咚咚！

### 北韓與南韓之間爆發韓戰

第二次世界大戰後，朝鮮半島分裂成美國支持的南韓（大韓民國，亦簡稱韓國）以及蘇聯（現在的俄羅斯）和中國支持的北韓（朝鮮民主主義人民共和國）兩個國家。這天，北韓的軍隊跨越國境，朝南韓出兵，甚至攻陷了首都首爾。美國幫助南韓，中國聲援北韓，戰事久未停歇。雖然雙方在1953年7月27日簽署了停戰協定，但直到現在都還維持著尚未正式結束戰爭的狀態。

💡 問題　韓戰爆發，日本受到了什麼影響？

❶ 景氣變好了　　❷ 景氣變差了　　❸ 日本也被戰火波及　　❹ 奧運停辦了

答案：① 以參加韓戰的美軍為對象的生意變好了。

# 6月26日（天保4年）

**木戶孝允的生日**
西元1833年8月11日

大概這時候：1603 ─ 1868 江戶時代

## 既會讀書、又會使劍，逃跑的腳程還很快的長州領袖

長州藩（現在的山口縣）成為幕末動亂的中心之一。身為長州藩的領導者、同時也在明治政府大肆活躍的人物正是木戶孝允。

（漫畫對白）
一起幹大事唄！
嘿咻
長州和薩摩要並肩作戰！
嘿咻

### 明治維新的偉大人物──木戶孝允的生日

在明治維新表現亮眼的木戶孝允出生於長州藩。他在吉田松陰門下學習兵學(※)、在江戶修行劍術，後來成為長州藩尊皇攘夷派(※)的領導者。1866年，他和薩摩（現在的鹿兒島縣）的西鄉隆盛組成薩長同盟，並在隔年終結了江戶幕府。明治政府時期，他也是其中一個重要人物，還頒布了揭示政府方針的《五條御誓文》。

※兵學：跟軍事有關的學問。　※尊皇攘夷派：尊敬天皇、將外國勢力逐出日本的思想。

**問題** 木戶孝允被稱為「○○的小五郎」(※小五郎是孝允的舊名)？

❶ 打架的小五郎　❷ 喝酒的小五郎　❸ 逃跑的小五郎　❹ 打瞌睡的小五郎

答案：③　他多次在緊要關頭順利逃脫，因而得名。

197

# 6月27日（天正10年）

召開清洲會議的日子
西元1582年7月26日

大概這時候
1573 ── 1603
安土桃山時代

## 戰國武將不只會打仗，也會開會議事！

在織田信長過世之後，家臣們召開了討論該由誰來繼承織田家的會議，史稱清洲會議。

在清洲會議上，織田家的所有家臣當中地位最高的柴田勝家與秀吉意見相左。

> 羽柴秀吉：我不服……！
> 就決定是我選中的三法師大人了！
> 柴田勝家
> 三法師

### 召開選定織田信長繼承人的清洲會議

擊敗背叛織田信長大人的明智光秀，我──羽柴（豐臣）秀吉等人在尾張國（現在的愛知縣）的清洲城齊聚一堂，商討該讓誰來繼承織田家，眾人採納我的意見，由信長大人的孫子三法師雀屏中選。但柴田勝家是擁護信長大人的三子信孝大人，我們因此交惡，在1583年打了一仗，是我贏了喔！

三法師（織田秀信）。

**問題** 召開清洲會議當時，三法師的年紀是？

❶ 18歲　　❷ 15歲　　❸ 6歲　　❹ 3歲

答案：❹　3歲。三法師是他幼時的名字。即後來的織田秀信。

# 6月28日（元龜元年）

**爆發姊川之戰的日子**
西元1570年7月30日

大概這時候
1493 — 1573
戰國時代

## 敵人是自己的妹婿？
## 戰國時代也太殘酷了！

織田信長和德川家康聯手，在近江（現在的滋賀縣）的姊川對上淺井長政及朝倉義景。長政是信長的妹婿。

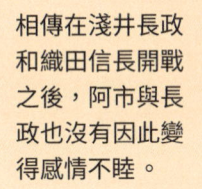

相傳在淺井長政和織田信長開戰之後，阿市與長政也沒有因此變得感情不睦。

> 我很抱歉……

> 你明明娶了我妹，竟然還敢背叛我！

### 織田&德川 vs. 淺井&朝倉！爆發姊川之戰

正當我織田信長與朝倉義景打得如火如荼之際，從以前開始就和義景關係不錯的淺井長政投靠了義景的陣營。明明長政和我的妹妹阿市結婚，我們之間是親戚關係！在姊川對抗長政、義景一役，最初是由對方占得先機，不過在德川家康的援助之下，我軍大獲全勝！

背叛信長的淺井長政。

---

**問題** 相傳織田信長的妹妹阿市是一位什麼樣的女性？

❶ 劍術高手　　❷ 將棋高手　　❸ 美女　　❹ 人氣作家

答案：③　相傳阿市是戰國時代的第一美人。

# 6月29日 （昭和41年）

披頭四樂團來到日本的日子
西元1966年6月29日

大概這時候
1926 —— 1989
昭和時代

## 至今人氣居高不下的**傳說樂團**在日本武道館開唱！

現在也深受全世界的歌迷熱情支持的披頭四樂團（The Beatles），為了演唱會首次登陸日本。

> 在神聖的武道館開演唱會成何體統！
> 去看演唱會的就退學處分！
> 呀！

### 傳說中的搖滾樂團登陸日本了！

傳說中的英國搖滾樂團披頭四為了開演唱會來到日本了！他們搭乘的班機原本預計會在6月28日的傍晚抵達，可是因為颱風的關係，延後至29日的清晨3點39分才到。 他們從6月30日到7月2日在日本武道館舉辦了為期三天的演唱會，並於7月3日離開日本。 雖然他們作為披頭四團體訪日的經驗只有這一次，不過後來每位成員都因為演唱會或旅行多次造訪日本喔！

### 問題

樂團成員約翰・藍儂（John Lennon）的妻子出生於哪一個國家？

❶ 印度　　❷ 日本　　❸ 肯亞　　❹ 德國

答案：② 他在1969年與日本藝術家小野洋子結婚。

# 6月30日 （明治31年）

隈板內閣開始運作的日子
西元1898年6月30日

大概這時候
1868 —— 1912
明治時代

## 隈板內閣成立了喔！
## 好耶！好耶！萬歲！

由大隈重信擔任總理大臣、板垣退助出任內務大臣的內閣，稱為隈板內閣。該內閣是日本第一個政黨內閣。

> 和我的自由黨合併而成的憲政黨內閣！
> 鏘——！
> 憲政黨
> 這是我的進步黨
> 板垣退助
> 大隈重信

### 大隈重信和板垣退助組織的內閣開始運作

人們把明治時代的著名政治家大隈重信及板垣退助等人組建的內閣以他們兩人的名字命名，稱作「隈板內閣」。在這天成立的隈板內閣是日本第一個政黨內閣，也是屬於憲政黨議員的政黨內閣。<u>所謂的政黨內閣指的是由議會多數黨的政治家擔任中心成員組成的內閣</u>。因為是由國民透過選舉選出的政黨組織而成，所以具備民意執政的優點喔！

**問題** 大隈重信創立的大學是？

① 慶應義塾大學　② 早稻田大學　③ 京都大學　④ 同志社大學

答案：② 成立於1882年的東京專門學校後來變成早稻田大學。

### 今年過完一半了!　　　　　中場休息小專欄

# 一頁日本史
# 中世 篇

> 男人也要注重外表!
>
> 砰　!
>
> 唉呀,您今天也非常俊俏呢!

**平安時代的貴族即使是男性也會化妝!**

經過以天皇為中心的飛鳥時代和奈良時代,日本進入了平安時代。這個時代最初是由天皇掌權,但隨著時間經過,在天皇底下工作的貴族逐漸掌握權力。提到貴族,他們白成一片的臉是令人印象深刻的特徵,而抹在臉上的「白粉」則是一種非常昂貴的物品。貴族們會為了彰顯自己的權力化妝,而且不只是女性,就連男性貴族也會化妝,真讓人驚訝,對吧?附帶一提,聽說他們每個禮拜只洗一次澡喔!

# 7月1日

（明治23年）

舉辦第一屆眾議院議員總選舉的日子
西元1890年7月1日

大概這時候
1868 ─ 1912
明治時代

## 幾乎大多數人都沒能參加日本首次舉辦的「投票」！

相當於現今眾議院的帝國議會首次舉辦總選舉，共選出了300位國會議員。

**問題**

當時大約有多少日本人擁有選舉權？

❶ 45萬人
❷ 145萬人
❸ 450萬人

### 投票的門檻好高！舉辦第一屆眾議院議員總選舉的日子

「向國家繳納15日圓以上的稅金且年滿25歲以上的男性」是過去擁有選舉權的條件。15日圓在當時是一筆鉅款。換言之，能夠投票的就只有「非常富有的成年男性」，而且還規定要在選票上面寫自己的姓名、地址和蓋印章（※）。第一屆選舉候選人的人數，大約是1200人要爭取300個席次！當時的農村地區因為有錢人多、競爭激烈，要當選是一件相當困難的事。

※現在的選舉為了保持投票的匿名性，不用填寫名字、住址和蓋印章。

**補充**

女性獲得選舉權是在昭和21年（1946年）。自平成28年（2016年）起，投票年齡從年滿20歲，修改為18歲以上。

答案：❶ 當時的日本人口約為4千萬人，所以擁有選舉權的人只比1%多一點。

# 7月2日 （文久3年）

**爆發薩英戰爭的日子**
西元1863年8月15日

大概這時候
1603 ─ 1868
江戶時代

## 嚇！鹿兒島和英國曾經在江戶時代發生**戰爭**！

以幕末的薩摩藩武士砍死英國人的事件為導火線，薩摩藩和英國爆發了薩英戰爭。

> 還是英國更勝一籌啊！
> 你很不錯嘛，薩摩！

### 薩摩藩與當時最強的英國爆發薩英戰爭

導火線是靠近薩摩藩（現在的鹿兒島縣）大名隊伍的英國人被薩摩藩武士持刀揮砍，造成一人死亡的生麥事件。英國向幕府和薩摩藩索討賠款<sup>(※)</sup>，卻遭到薩摩藩視而不見，因此英國便憤而發動薩英戰爭。薩摩藩面對當時最強大的英國奮力迎戰，但依舊戰敗，損失慘重。薩摩藩見識到外國的厲害，就這樣開始跟海外學習技術了喔！

※支付給蒙受損失的人的金錢。

💡 **問題**　英國和薩摩藩的關係在戰後發生了什麼變化？

❶ 交情變好了　　❷ 絕交了　　❸ 又打了一仗　　❹ 薩摩藩變成英國殖民地

答案：① 彼此互相認可，締結友好關係。

# 7月3日 （推古天皇15年）

小野妹子出發前往隋朝的日子
西元607年8月1日

大概這時候
593 ─── 710
飛鳥時代

## 中國皇帝對聖德太子寫的信**大發雷霆！？**

聖德太子派遣官員小野妹子以使節的身分前往隋朝（現在的中國）。他似乎是想和隋朝建立對等的邦交。

**小野妹子**：不好意思，人家是大叔喔！

中國的隋煬帝生氣歸生氣，但為了避免敵國高句麗（※）跟日本聯手，還是和日本締結了友好關係。

**煬帝**：明明叫「妹子」，竟然不是女生嗎！

### 聖德太子的使節小野妹子為增進兩國情誼朝中國出發

在朝為官的我聽從聖德太子殿下的吩咐前往隋朝。像我們這樣的使者叫作「遣隋使」喔！因為太子殿下在我帶去的信上寫著「日出之國的太子（王）致日落之國的天子（王）」，隋朝的煬帝看了氣得大罵：「只有朕才是天子！」真是嚇死我了！

※昔日領土橫跨現在的中國東北部到朝鮮半島的國家。

### 問題　小野妹子去了中國幾次？

① 1次　② 2次　③ 3次　④ 4次

答案：②　小野妹子去了隋朝2次。日本在那之後也有繼續派出遣隋使。

205

# 7月4日 （寬永16年）

**完成鎖國的日子**
西元1639年8月3日

大概這時候
1603　　　1868
江戶時代

## 我們不與外國來往！
## 江戶幕府完成**鎖國**

江戶幕府停止與外國之間的交流，這個政策名為「鎖國」，相關措施陸續完善，在1634年正式實施。

### 江戶幕府完成鎖國措施

江戶幕府不與外國交流來往（但是有和荷蘭等國進行貿易），這個政策叫作「鎖國」。首先第一步是在1623年中止了與英國的往來；隔年，幕府禁止西班牙船進入日本，並在1635年禁止日本人前往海外以及海外的日本人回國；到了1639年，連葡萄牙的船也被禁航，鎖國的相關措施就這樣大功告成了。

**問題　江戶幕府為何選擇鎖國？**

❶ 防止日本的黃金流到海外
❷ 停止貿易
❸ 防止外國武器傳入日本
❹ 防止天主教傳教

答案：④　天主教的教義否定幕府的階級制度。

206

# 7月5日 （天正18年）

**豐臣秀吉統一天下的日子**
西元1590年8月4日

大概這時候
1573 ── 1603
安土桃山時代

## 整個日本都是我的！豐臣秀吉統一天下！

目標是把整個日本收入囊中的豐臣秀吉打敗了關東的北條氏，達成天下統一。

> 要戰還是要降？北條氏在城堡裡開了很久的會，可是並沒有得出一個結論。

哇！那裡竟然出現了一座城堡！
北條啊，乖乖投降吧！
我都在你家隔壁蓋城堡了！

噔噔—！

### 豐臣秀吉終於一統天下

我是豐臣秀吉。織田信長大人過世以後，把統一天下視為目標的我，不斷與形形色色的武將進行切磋。四國和九州也被我拿下，整個天下幾乎已經落到我的手中。撐到最後的是小田原的北條氏，1590年，我發動「小田原之戰」，北條氏在這天認輸投降。我終於達成統一天下的大業了！

被豐臣秀吉包圍的北條氏直。

---

💡 **問題** 北條氏戰敗後，領地歸誰所有？

① 豐臣秀吉　② 德川家康　③ 石田三成　④ 真田信繁

答案：② 秀吉將原本屬於北條氏的土地封給家康。

207

# 7月6日 （永祿6年）

德川家康改名「家康」的日子
西元1563年7月23日

1493 ── 1573 大概這時候
戰國時代

## 終於改用「德川家康」這個名字來**報家門**

德川家康在一生當中曾多次改名。
改名在戰國時代的武士之間是很常有的事。

> 今川義元大人敗給了織田信長大人，既然人都死了──
> 「元」這個字就別用了，改成家康吧！
> 隨手一扔
> 噔愣──！

### 從「元康」改名「家康」

三河國（現在的愛知縣）大名松平廣忠的長子德川家康，小時候被送到今川義元身邊充當人質，1555年在義元的照顧下「元服（※）」！當時，家康的名字從竹千代改成了松平元信。接著他又在1558年左右改成元康，並在這天正式改名家康！因為名字裡的「元」字取自義元，改名代表他已經和今川家斷絕關係。

※男子成年。

**問題** 德川家康從哪一年開始改姓「德川」？

❶ 1600年　❷ 1590年　❸ 1566年　❹ 1563年

答案：③　本來姓「松平」，在1566年改成德川。

# 7月7日 （昭和12年）

發生盧溝橋事變的日子
西元1937年7月7日

大概這時候
1926　　　　1989
昭和時代

## 不知道是誰的槍聲開啟了延續多年的**中國抗日戰爭**

日本和中國從1937年開始打仗，引爆歷時長久的中國抗日戰爭的導火線正是盧溝橋事變。

> 日本人滾出中國！
> 猛砸
> 我丟
> 我們要進軍中國大陸！
> 啪！

### 發生引爆中國抗日戰爭的槍擊事件

日本和中國從這年開打的中國抗日戰爭打了好久都沒有結束，屬於第二次世界大戰戰區的其中之一。引爆中國抗日戰爭的導火線是盧溝橋事變。當時，日本企圖侵略中國，日本和中國之間的關係逐漸惡化。就在這時，日軍在北京附近的盧溝橋遭到中國軍開槍射擊（是誰開的槍至今不明）。日軍斷定這件事情是中國所為，發動反擊，情況越演越烈，最終演變成戰爭。

**問題** 下列哪一位西方人物曾經走過盧溝橋？

❶ 培里　　❷ 馬可・波羅　　❸ 方濟各・沙勿略　　❹ 麥克阿瑟

答案：② 盧溝橋在歐洲叫作「馬可・波羅橋（Marco Polo Bridge）」。

209

# 7月8日 （天正16年）

豐臣秀吉頒布《刀狩令》的日子
西元1588年8月29日

大概這時候
1573　1603
安土桃山時代

## 農民又用不到**刀**！
## 我要拿來當作大佛的建材！

豐臣秀吉的《刀狩令》是向農民及和尚徵收日本刀等所有武器的命令，他向日本全國頒布此令。

找出3個不同之處

### 統一天下的證明？豐臣秀吉的《刀狩令》

為防止農民或寺廟起兵造反而沒收武器的措施，在鎌倉時代和戰國時代也出現過，只是以前的命令都只針對部分地區。不過，秀吉卻對日本全國下達此令。這就是《刀狩令》喔！調查農地可以生產多少米糧的「太閣檢地」與《刀狩令》在同一時期實施，秀吉之所以這麼做，也許是想詔告天下自己完成統一大業吧。據說搜刮來的武器都變成正在興建中的京都方廣寺和大佛的建材了。

**補充**　方廣寺大佛比東大寺大佛更大，於文祿4年（1595年）完工，不過在隔年被地震震毀了。

210　　答案：① 左邊的人的手指　②右邊的人右手拿的東西　③右前方的人手裡的東西

# 7月9日 （大正11年）

**森鷗外的忌日**
西元1922年7月9日

大概這時候
1912 ── 1926
**大正時代**

## 無論作為醫生或作家都非常成功。才華洋溢的偉大人物！

經常出現在日本國語課本的作家森鷗外，在醫生和作家這兩條路上都取得了非凡的成就。

> 我是一個成功的作家。

他在成為軍醫後遠赴德國留學，活用當時的經驗寫下《舞姬》等小說作品。

### 作為醫生也大有所為的作家森鷗外告別人世

我作為醫生的小孩出生，在大學學習醫學，畢業後當上軍醫（※）。小說是我一邊執行軍醫的工作一邊寫的喔！我還以軍醫的身分出人頭地，一路爬到了最高的位置。離開軍隊後，我還曾經擔任過博物館館長，在60歲時因病過世了。

> 同時也是一名高階軍醫喔！

※隸屬於軍隊的醫師。

**問題** 森鷗外曾導致什麼疾病在陸軍裡蔓延擴散？

① 腳氣病　② 流行性感冒　③ 足癬　④ 胃潰瘍

答案：① 森鷗外弄錯治療方法，導致陸軍有3萬人因為腳氣病（缺乏維生素造成的疾病）死亡。

211

# 7月10日（文政4年）

完成的日本地圖被獻給幕府的日子
西元1821年8月7日

大概這時候
1603 ─ 1868
江戶時代

## 正確性極高的**日本地圖**在江戶時代完成了。

最早做出大家現在看到的日本地圖的人是江戶時代的伊能忠敬。忠敬實際走遍日本各地繪製地圖。

> 伊能家是千葉的有力商人。忠敬在把工作傳給兒子以後，完成了日本地圖。

> 工作已經傳給兒子了，我要走訪日本各地製作地圖！

呀呼——！

### 日本第一幅精確的全國地圖完成了

我叫伊能忠敬，原本是一個商人，我把家業傳給兒子之後就開始研究天文學。在55歲到71歲之間，我總共出門十趟為地圖進行測量，上達北海道、下達九州，用自己的雙腳實際踏遍日本各地。我在1818年過世，三年後，我的弟子們完成了地圖並獻給幕府。

伊能忠敬等人製作的《大日本沿海輿地全圖》。

**問題** 伊能家經商的主要業務是？

① 釀酒　　② 書店　　③ 和服店　　④ 水果店

答案：① 除了釀酒之外，還經營運輸業及稻米買賣等事業。

# 7月11日 （保元元年）

**發生保元之亂的日子**
西元1156年7月29日

大概這時候
794 ———— 1185
平安時代

## 在天皇家的**兄弟內戰**武士們得以發光發熱！

後白河天皇對崇德上皇的保元之亂，
這是天皇家的內部糾紛首次借助武士的力量。

（漫畫：怎麼能輸！／後白河天皇／崇德上皇／可惡！／藤原忠通／壞弟弟！／臭哥哥！／藤原賴長／一觸即發）

### 天皇家的內鬥——保元之亂爆發

保元之亂是後白河天皇和崇德上皇之間的紛爭。兩人雖是兄弟，卻為了執政權大打出手。此時藤原忠通及藤原賴長的兄弟之爭也加入了戰局。無論是崇德＆賴長還是後白河＆忠通，雙方都借助了平氏和源氏的力量。<u>代表當時已經演變成「沒有武士的力量就贏不了」的時代</u>。人數較多的後白河＆忠通軍只用了一天便拿下勝利，賴長離開人世，崇德上皇則遭到流放。

💡 **問題** 睽違數百年施加在保元之亂的罪人身上的刑罰是？

❶ 死刑　　❷ 罰款　　❸ 鞭刑　　❹ 流放

答案：① 人們認為死者的怨念會作祟，因此不採用死刑。

# 7月12日 （大正14年）

**NHK廣播開播的日子**
西元1925年7月12日

大概這時候
1912　　1926
**大正時代**

## 不論新聞、戲劇或笑話 都能一次滿足的**廣播**開播了

1925年，日本開始播放廣播。
在電視普及之前的時代，廣播扮演了非常重要的角色。

### 日本開始播放廣播

日本的廣播在這一年開播囉！3月22日，東京放送局（現在的NHK）開始營業，實施試播；接著在7月12日，遷至東京都港區愛宕山的東京放送局正式開播。當時在一天約有八小時的播放時間裡，會播報新聞、天氣預報以及股票等資訊喔！雖然現在可以免費收聽，但當時如果要聽廣播，每個月得支付1日圓（相當於現在的新臺幣1000元）的費用。

**問題**　國外開始播放廣播的時間是哪一年？

❶ 1900年　　❷ 1920年　　❸ 1925年　　❹ 1930年

答案：② 美國的KDKA電臺於1920年11月2日開播。

# 7月13日 （承久3年）

後鳥羽上皇被流放外島的日子
西元1221年8月2日

大概這時候
1185 ———— 1333
鎌倉時代

## 向幕府開戰結果慘敗的上皇就滾去**偏遠外島**吧！

為了推翻鎌倉幕府開戰卻敗給幕府的後鳥羽上皇被流放到隱岐島作為懲罰。

> 隱岐島是位於島根縣的島嶼，以用來流放罪犯的地點著稱，例如1332年後醍醐天皇就曾經被流放此地。

「管你是不是上皇，你被流放了！」
「我不甘心！」

### 敗給鎌倉幕府的後鳥羽上皇遭到流放

鎌倉時代，武士建立的幕府握有強權。我絞盡腦汁，想方設法要奪回朝廷的權力。第3代將軍源實朝被人暗殺時，我認為這正是推翻幕府的大好機會，便執行了計畫。可是我的軍隊卻被幕府打得滿地找牙，而我則落得被流放隱岐島的下場。

被流放外島的後鳥羽上皇。

### 問題　相傳是為了後鳥羽上皇才開始在隱岐島舉辦的著名活動是？

❶ 划艇　　❷ 相撲　　❸ 鬥牛　　❹ 和歌比賽

答案：③　鬥牛在當時叫作「撞牛」。

215

# 7月14日（明治4年）

實施廢藩置縣的日子
西元1871年8月29日

大概這時候
1868　　　1912
明治時代

## 藩已經過時了！
## 新的時代要改用**縣**！

日本在進入明治後仍比照江戶時代，由藩主對各地進行統治。改變這種情況的正是用縣取代藩的「廢藩置縣」。

> 從今天起要叫「縣」，不是「藩」！藩主們都被開除了！
> 
> 退場
> 
> 咦？ 嘩

### 實施改藩為縣的廢藩置縣

江戶時代存在由大名統治的「藩」。藩在進入明治時代以後繼續保留了下來，但是在1871年改成了縣。這叫作「廢藩置縣」喔！<u>實施廢藩置縣是為了一改藩主自行治理各藩的情況，在日本各地鞏固政府的權力</u>。原先統治藩的藩主失去官職，取而代之的是由政府派駐各地管理縣政的官員。

---

💡 **問題**　實施廢藩置縣後，藩主們搬到哪裡居住？

❶ 東京都　　❷ 北海道　　❸ 京都府　　❹ 大阪府

答案：① 他們被勒令遷居東京都。亦曾發生過反對搬遷的一揆（暴動）。

# 7月15日 （文禄4年）

豐臣秀次被迫切腹的日子
西元1595年8月20日

大概這時候 1573 — 1603
安土桃山時代

## 本來對我疼愛有加的秀吉向我下令**切腹**！

秀次是豐臣秀吉的外甥，還被他收為養子百般疼愛，但最終遭到秀吉厭棄，被迫切腹。

> 秀次切腹的原因至今不明。也有說法認為他是被秀吉懷疑有造反的意圖才自殺的。

> 明明之前還那麼疼我的說！
> 秀次，你已經沒用了！
> 秀賴怎麼這麼口愛呢！

### 秀吉的外甥秀次被迫切腹

我豐臣秀次是秀吉大人姊姊的兒子，也就是秀吉大人的外甥。舅舅本來有一個兒子叫鶴松，可是年紀很小就過世了，於是我成了舅舅家的小孩，他甚至還讓我當了關白（※）。可是，<u>當舅舅有了兒子秀賴之後，他就對我冷眼以待，強迫我切腹自盡了！</u>

被迫切腹的豐臣秀次。

※輔佐天皇的重要官職。秀吉也曾出任關白。

### 問題　秀次的母親是誰？

❶ 茶茶　　❷ 阿市　　❸ 豪姬　　❹ 日秀尼

答案：④　日秀尼是秀吉的姊姊、秀次的母親。另外還生了秀勝和秀保。

# 7月16日（明治18年）

日本最早的鐵路便當開賣的日子
西元1885年7月16日

大概這時候
1868 — 1912
明治時代

## 最早的鐵路便當只有這樣？
## 正式名稱是「車站販售的便當」

儘管眾說紛紜，但日本的鐵路便當據說是隨著鐵路的開發發展出長途旅遊之後才出現在日本各地的。

**問題**

最早的鐵路便當裡面有醃蘿蔔和什麼？

❶ 兩個豆皮壽司
❷ 兩顆飯糰
❸ 兩個紅豆麵包

### 目前種類多達兩千種以上的鐵路便當，首次開賣的日子

這天，從大宮到宇都宮的鐵路開始通車，新蓋好的宇都宮車站也正式啟用了。位於宇都宮車站附近的旅館「白木屋」在車站裡面販售以竹子皮包裹的兩顆飯糰和醃蘿蔔，這項商品長久以來被當成日本最早的鐵路便當廣為流傳。飯糰口味是簡單的芝麻鹽味喔！不過現在還有其他好幾種不同的說法，確切的由來至今不明。

**補充**　直到明治39年（1906年）被國家收購為止，連通上野到青森的鐵路是由民營企業「日本鐵道」負責建設和經營。

答案：②　用竹子皮包著兩顆飯糰和醃蘿蔔的便當一個賣5錢。

# 7月17日（元和元年）

頒布《禁中並公家諸法度》的日子
西元1615年9月9日
大概這時候

1603 ———— 1868
江戶時代

## 天皇唯幕府馬首是瞻！
## 請遵守幕府制定的法律！

江戶時代，幕府制定了喪權失勢的天皇和朝廷必須遵守的規範。

> 朕知道了。
> 唰啦
> 天皇請專心讀書就好！

### 江戶幕府頒布《禁中並公家諸法度》

江戶幕府的第2代將軍德川秀忠制定了大名必須遵從的規範——《武家諸法度》，甚至他還針對天皇和公家（貴族）制定了名為《禁中並公家諸法度》的法規。裡面有一條規定是「天皇必須把所有心思放在鑽研學問上面」。天皇該做的事情由幕府決定，<u>可見天皇和朝廷已經完全喪失執政權，再也無法反抗政府了</u>。

---

**問題** 《禁中並公家諸法度》的「禁中」是指什麼？

❶ 貴族　　❷ 天皇　　❸ 朝廷　　❹ 僧侶

答案：② 原本是指天皇居住的皇宮，也代指天皇。

219

# 7月18日 （元龜4年）

室町幕府滅亡的日子
西元1573年8月15日

大概這時候
1493　　　1573
戰國時代

## 對幫過自己的信長恩將仇報，結果幕府就滅亡了

足利義昭在織田信長的幫助下登上將軍之位，他挑戰信長但反遭擊敗，室町幕府因此滅亡。

用力捏爛

「將軍小氣得要死，又不好好工作！」

信長寄給義昭一封數落他種種不是的「十七條意見書」。

「信長那個傢伙！」

### 將軍足利義昭遭到流放 室町幕府就此滅亡

靠著我的力量才當上室町幕府第15代將軍的足利義昭，在我透過「十七條意見書」這封信來指出他的缺點後，他整個氣炸了，聯合武田信玄、淺井長政和朝倉義景來對付我，但是被我揍了一頓並趕出京都。就這樣，室町幕府滅亡了！

💡 問題　足利義昭在信裡稱呼織田信長為什麼？

❶ 老師　　❷ 兄弟　　❸ 父親　　❹ 朋友

答案：③　雙方感情還很好的時候，他在信裡稱信長為「御父」。

220

# 7月19日（元治元年）

發生禁門之變的日子
西元1864年8月20日

大概這時候
1603 — 1868
江戶時代

## 未來的將軍大顯神威！
## 被惹怒的**長州藩打過來了**

被池田屋事件激怒的長州藩（現在的山口縣）出兵京都。幕府、薩摩（現在的鹿兒島縣）、會津（現在的福島縣）與長州展開激烈交鋒。

這起事件的三年後，德川慶喜成為江戶幕府的最後一位將軍。他率領保護御所的軍隊奮力迎敵。

長州藩，放馬過來吧！

轟轟隆！

### 長州藩對江戶幕府的禁門之變

新選組（※）闖進旅館池田屋，砍死了正在圖謀不軌的武士集團。此舉讓尊敬天皇的長州藩勃然大怒，出兵京都與幕府開戰。當時，我德川慶喜也握刀迎戰，戰勝了長州！我這輩子曾經三度做好赴死的覺悟，其中一次就是這場禁門之變。

力抗長州藩的德川慶喜。

※由尊敬將軍的武士們組成，類似江戶幕府警備隊的隊伍。

### 問題　「禁門之變」的別名是？

❶ 御門之變　❷ 蛤御門之變　❸ 赤門之變　❹ 大門之變

答案：② 雙方在名為「蛤御門」的宮門附近爆發激戰。

221

# 7月20日（慶應2年）

江戶幕府第十四代將軍德川家茂的忌日
西元1866年8月29日

大概這時候
1603 ━━ 1868
江戶時代

## 明明娶了一個可愛的老婆，我卻因病**早逝**！

為鞏固江戶幕府與朝廷之間的關係，迎娶天皇妹妹的將軍德川家茂，在往長州出征的半路上忽然猝逝。

> 和宮……我就快不行了！

### 江戶幕府第14代將軍家茂與世長辭

第13代將軍德川家定膝下無子，因此紀州（現在的和歌山縣）藩主家茂被家定收作養子，成為第14代將軍。幕府為了使國家團結一致，試圖強化與朝廷之間的關係，家茂便和孝明天皇的妹妹和宮結婚了。然而，家茂卻沒能長命百歲。他為了對付反抗幕府的長州藩（現在的山口縣），在西進的途中染上疾病，於大阪城嚥下最後一口氣。當時他才20歲。

**問題**　家茂幾歲當上將軍？

❶ 18歲　　❷ 14歲　　❸ 13歲　　❹ 8歲

答案：③　他出生於1846年7月17日，在1858年10月25日，以13歲的年紀當上將軍。

# 7月21日 （安政3年）

**美國總領事哈里斯抵達下田的日子**
西元1856年8月21日

大概這時候
1603 ——— 1868
江戶時代

## 抵達下田的哈里斯
## 死命纏著幕府進行**交涉**

美國的哈里斯抵達了因為培里的黑船被迫開港的下田，鍥而不捨地與江戶幕府進行交涉。

有別於迫使日本開國的培里，哈里斯並非軍人，而是靠自己的船從事貿易等買賣。

瞪

在你們簽條約之前，我死也不走！

唉……

### 美國的哈里斯（Townsend Harris）抵達下田

我以美國總領事（※）的身分來到神奈川縣下田。雖然江戶幕府一點也不想讓我滯留日本，但我住進寺廟，主張自己留在日本的決心。接著，我不死心地纏著他們進行一次又一次的交涉協商，總算成功簽訂幕府一直很排斥的國際交流規範《美日修好通商條約》！

湯森・哈里斯。

※外交官的一種。

💡 問題　日本的什麼習慣讓哈里斯大吃一驚？

❶ 賞花　　❷ 賞月　　❸ 男女混浴　　❹ 相親結婚

答案：③　當時的錢湯（公共澡堂）是男女混浴，哈里斯對此非常震驚。

# 7月22日 （天文18年）

沙勿略抵達鹿兒島的日子
西元1549年8月15日

大概這時候
1493　　　1573
大概這時候

## 為了替天主教傳教
## 沙勿略來到日本

傳教士沙勿略（Francis Xavier）在1549年抵達鹿兒島。天主教透過他首次傳入日本。

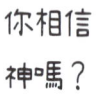

> 你相信神嗎？

沙勿略在馬來西亞結識一位名叫安次郎的日本人，在聽了對方的話之後下定決心前往日本。

### 沙勿略為了宣揚天主教來到日本

西班牙出生的我為了替天主教傳教，在這天抵達了鹿兒島。我以平戶（現在的長崎縣平戶市）為中心進行傳教活動，另外也去了京都。山口有超過500人成為天主教徒。我在日本生活了兩年半左右，並於天文20年（1551年）11月離開了日本。後會有期啦！

**問題** 沙勿略為了傳教最先造訪了哪一國？

❶ 印度　　❷ 中國　　❸ 美國　　❹ 澳洲

答案：❶　他受葡萄牙國王所託，前往被葡萄牙占領的印度城鎮果阿（Goa）。

# 7月23日（天明7年）

二宮尊德（二宮金次郎）的生日
西元1787年9月4日

大概這時候
1603 —— 1868
江戶時代

## 不是「邊走邊滑手機」，而是「邊走邊看書」獲得表揚？

二宮尊德（金次郎）因為銅像經常出現在以前的學校裡而廣為人知，他用自己的智慧拯救了無數農村。

> 邊走邊看書很危險汪！
> 猛撞！
> 好痛喔……！

### 拯救大量農村的二宮尊德誕生了

你的學校裡面有二宮尊德的銅像嗎？那是孩提時代的尊德背著木柴，一邊走路一邊唸書的銅像喔！江戶時代出生於農家的尊德接到幫助小田原藩（現在的神奈川縣）的櫻町振興財政的委託，他以這件事為契機，拯救了關東及東北的許多農村。尊德過世後，他的理念被集結成冊，明治天皇看了這本書，使尊德因此聲名大噪。

💡 **問題** 二宮尊德曾經被印在日本的鈔票上。請問那是多少面額的鈔票？

❶ 1萬日圓　❷ 1千日圓　❸ 1百日圓　❹ 1日圓

答案：④　昭和21年（1946年）發行的1日圓鈔票。

# 7月24日 （慶長2年）

豐臣秀吉獲贈大象的日子
西元1597年9月5日

大概這時候 1573 — 1603
安土桃山時代

## 外國送給豐臣秀吉的禮物是一頭**大象**！

與外國之間的往來日漸頻繁後，各種稀奇古怪的東西開始傳進日本，其中也包含大象。

### 菲律賓送給秀吉一頭大象

自從1543年葡萄牙人登陸種子島以來，葡萄牙和西班牙的船隻就開始會航行到日本進行貿易。當時被西班牙占領的菲律賓使者在拜會大阪城的豐臣秀吉時，送給了秀吉一頭大象。此外，在比秀吉更早的時代，也有記錄一艘在1408年從印尼來到若狹（現在的福井縣）的船上，載著要送給將軍足利義持當作禮物的大象喔！

**問題** 送給足利義持的大象後來怎麼了？

① 變成寵物　② 被送進動物園　③ 被煮來吃　④ 被送給朝鮮

答案：④　義持把大象當成禮物送給了朝鮮國王太宗

# 7月25日（昭和15年）

杉原千畝拯救猶太人的日子
西元1940年7月25日
大概這時候
1926　　　　1989
昭和時代

## 外務省的意見我才不管呢！
## 對猶太人伸出援手的日本人

外交官杉原千畝反對外務省的看法，幫助試圖逃離德國希特勒（Adolf Hitler）的猶太人。

拿到杉原千畝的簽證（※），猶太人經由日本逃往世界各國。

我們得發行簽證救救那些猶太人才行！

### 杉原千畝對逃離希特勒的猶太人伸出援手

我在立陶宛擔任外交官時，猶太人被德國的希特勒以暴力鎮壓，生命安全受到威脅。雖然想和德國結盟的日本不希望激怒希特勒，但我還是發行了讓猶太人得以入境日本的簽證。<u>有6000名猶太人靠著這張簽證成功逃出德國。</u>

拯救猶太人的杉原千畝。

※類似入境許可證。有些國家需要簽證才能入境。

**問題**　發行簽證的杉原後來怎麼了？

❶ 被外務省表揚　❷ 被開除　❸ 到德國工作　❹ 到以色列工作

答案：②　戰後，他發行簽證的行為被外務省究責，被迫辭職。

# 7月26日 （文政8年）

《東海道四谷怪談》首演的日子
西元1825年9月8日

大概這時候 1603　1868
江戶時代

## 幽靈阿岩首次登場
### 一句「我好恨啊！」走紅至今～

藉著女幽靈「阿岩」的登場紅到現在的《東海道四谷怪談》，在江戶時代以歌舞伎的形式首次演出。

> 好可怕喔！
> 驚聲尖叫
> 哇啊！出現啦！
> 我好恨啊！

### 阿岩的《四谷怪談》首次演出

現在依舊家喻戶曉的《東海道四谷怪談》在這天首次以歌舞伎的形式開演啦！作者是鶴屋南北，由代表江戶的演員3代目尾上菊五郎登臺演出。故事內容描述「一位名叫阿岩的女性嫁給了一個叫伊右衛門的男性，但伊右衛門是個心狠手辣的壞人，阿岩死得非常悽慘。死後變成幽靈的阿岩找上伊右衛門向他復仇」。聽說這是根據真實事件改編的故事。

**問題　作者是第幾代目的鶴屋南北？**

❶ 3代目　　❷ 4代目　　❸ 6代目　　❹ 10代目

答案：②　4代目是繼承「鶴屋南北」之名的人當中最有名的一個。

# 7月27日（元和9年）

**德川家光成為將軍的日子**
西元1623年8月23日

大概這時候
1603 ──── 1868
江戶時代

## 建立制度讓江戶幕府**歷久不衰**的第三代將軍

德川家光成為江戶幕府的第3代將軍。
他建立了江戶幕府的基礎制度，使江戶時代歷久不衰。

幕府的政治制度、針對大名和農民的統治體制、對國外採取的鎖國政策等等都是在家光的時代完成的。

一口一個命令
不准跟外國進行貿易！
天主教禁止傳教！
大名要參勤交代！
農民要確實上繳年貢！

### 德川家光成為江戶幕府的將軍

我當上江戶幕府第3代將軍的時間正是今天。作為一個將軍，我以參勤交代命令大名往返於領地和江戶之間、同時頒布農民必須遵守的《慶安御觸書》，還實施鎖國不與外國交流，做了各式各樣的努力！我為江戶幕府打下了根基，所以幕府才能延續265年這麼久喔！

江戶幕府第三代將軍德川家光。

### 問題　家光小時候叫什麼名字？

❶ 竹千代　　❷ 菊千代　　❸ 松千代　　❹ 國千代

答案：① 德川家康的幼名也是竹千代。有很多將軍被以這個名字命名。

# 7月28日（昭和40年）

**江戶川亂步的忌日**
西元1965年7月28日

大概這時候
1926 — 1989
昭和時代

## 用名偵探精采辦案的小說讓全日本**心跳加速**的作家

江戶川亂步從很早期就開始在日本創作懸疑小說，這些作品直到今天都還是有非常多的讀者。

亂步創造的「名偵探明智小五郎」以及「大盜怪人二十面相」至今仍大受歡迎！

終於寫出新作了！

吃個不停

## 懸疑小說界的偉大人物──江戶川亂步告別人世

讓現在受到眾多讀者喜愛的懸疑小說和恐怖小說在日本扎根的作家正是我。在經歷過貿易公司、舊書店以及報社記者等五花八門的工作之後，我在29歲正式出道。不只創作自己的作品，還成立一個叫「江戶川亂步賞」的獎項培育新人作家。

小說家江戶川亂步。

### 問題：「江戶川亂步」這個筆名取自哪一位作家？

① 柯南・道爾　② 莫里斯・盧布朗　③ 埃德加・愛倫・坡　④ 阿嘉莎・克莉絲蒂

答案：③ 他參考美國小說家埃德加・愛倫・坡（Edgar Allan Poe）取了江戶川亂步（EDOGAWA RANPO）這個名字。

# 7月29日 （安永6年）

發生伊豆大島安永大噴發的日子
西元1777年8月31日

大概這時候
1603 ―― 1868
江戶時代

## 火山三原山在江戶時代轟的一聲**大爆發**！

東京都的伊豆大島有一座名為三原山的火山，這裡曾經在江戶時代猛烈噴發，島上的居民深受其害。

> 快逃啊！
> 三原山爆發啦！

### 伊豆大島的火山三原山爆發了

位於伊豆大島的三原山是一座火山，有紀錄顯示這裡在江戶時代的安永6年（1777年）發生過火山爆發喔！震耳欲聾的爆炸聲響、強烈的地震以及掉落範圍遍及全島的碎石嚇壞了島上的居民。這場爆發導致田地焚毀，居民們也捕不到魚。火山隔年再次噴發，造成當地居民嚴重的損失。噴發平息下來是在進入1779年之後的事；最近一次的噴發則是在1986年。

**問題** 安永8年還有另外一座火山爆發。請問是哪一座火山？

❶ 櫻島　　❷ 富士山　　❸ 阿蘇山　　❹ 雲仙岳

答案：① 鹿兒島的櫻島爆發，造成超過150人死亡。

# 7月30日 （明治45年）

**明治天皇駕崩的日子**
西元1912年7月30日

大概這時候
1868 — 1912
明治時代

## 在明治天皇駕崩這天，全新的**大正時代**開始了！

建立新時代的明治天皇在這天駕崩。
自從他的健康出現問題以來僅僅只過了半個月的時間。

> 明治時代之後是大正時代喵！
> 列隊 前進

### 明治宣告結束，大正正式開始

引進西方的技術及文化，推動日本近代化的明治時代，屬於這個新時代的明治天皇在這天駕崩了。他在7月10日左右身體抱恙；到了7月20日，病危的消息也被傳達給國民。儘管皇居前有大批民眾為天皇祈福，但天皇還是在7月30日因為心肌梗塞駕崩了。這一天，皇太子登基成為下一任天皇，改元「大正」。

---

**問題** 明治天皇的出生地是？

❶ 京都府　　❷ 東京都　　❸ 奈良縣　　❹ 宮城縣

答案：① 大正天皇以後的天皇都是東京出生，明治天皇則生於京都。

# 7月31日 （昭和11年）

「夢幻東京奧運」決定停辦的日子
西元1936年7月31日

大概這時候
1926　　　　　1989
昭和時代

## 更改日程的東京奧運不只發生在2020年？

原定於2020年舉辦的東京奧運被迫延期，不過其實以前也有一場沒辦成的東京奧運。

### 原本敲定的東京奧運停辦了

2020年的東京奧運在百般無奈下被迫延期了。過去，東京曾經在1964年舉辦奧運，不過其實還有一場沒能辦成的「夢幻東京奧運」，那就是原定於1940年在東京召開的奧運盛會。1937年，中國抗日戰爭爆發，日本收到來自世界多國的批判，質疑「戰爭中的國家是否有資格舉辦奧運」，最後在1938年決定停辦了。

**問題** 1940年的奧運由哪個都市取代東京？

❶ 柏林　　❷ 紐約　　❸ 赫爾辛基　　❹ 沒有舉行

答案：④　原本預計由芬蘭的赫爾辛基接手，但受到第二次世界大戰的影響停辦了。

233

# 8月1日 （明治27年）

爆發甲午戰爭的日子
西元1894年8月1日

大概這時候
1868　　　1912
明治時代

## 日本與清朝互不相讓，圍繞著**朝鮮半島**的戰爭

這天，日本對清朝進行「宣戰」，宣告雙方正式開戰。從這時起，兩國之間展開了為期九個月左右的戰爭。

### 問題

清朝是現在的哪一個國家？

❶ 俄羅斯
❷ 中國
❸ 韓國

### 圍繞著朝鮮半島掌控權的甲午戰爭爆發的日子

由於俄羅斯持續擴張的勢力範圍觸及東亞，日本開始對自己的國家安全產生危機意識。於是，日本便打算控制朝鮮，以避免俄羅斯把魔爪伸向日本。然而當時清朝主張朝鮮半島歸它所管，因此日本決定發動戰爭，藉此把清朝趕出朝鮮半島。明治28年（1895年）4月，這場戰爭以日本的勝利畫下了句點。

### 補充

贏得戰爭後，日本從清朝那邊得到了金錢和土地。但是在俄羅斯、德國和法國的「三國干涉」之下歸還了其中一部分。

答案：② 統治中國及蒙古超過250年的最後王朝。

# 8月2日 （享保6年）

設置意見箱的日子
西元1721年9月22日

大概這時候
1603　　　1868
江戶時代

## 把「我的不滿或願望」寫在紙上，將軍會拿來看喔！

意見箱是江戶幕府第8代將軍德川吉宗施行的改革之一，百姓寫下的不滿或請願會由將軍本人親自過目。

### 設置把町民的聲音傳達給將軍的意見箱

江戶幕府的第8代將軍德川吉宗為了重振政治實施了「享保改革」，而改革的其中一項措施就是意見箱。他在評定所（※）前面擺了一個叫「意見箱」的箱子，用來讓民眾投放寫了不滿、請願等意見的紙張，由將軍本人親自過目。只不過，因為必須註明當事人的姓名和地址，曾經有人因為紙上的內容遭到處罰。要寫出真正的想法或許不太容易吧。

※類似法院的機關。

**問題**　除了吉宗，還有誰曾經設置意見箱？

① 織田信長　② 豐臣秀吉　③ 北條氏康　④ 武田信玄

答案：③　曾設置意見箱的人有好幾個，戰國大名北條氏康也是其中之一。

# 8月3日（大寶元年）

《大寶律令》完成的日子
西元701年9月9日

大概這時候
593 ——— 710
飛鳥時代

## 制定正式的**法律**，日本作為國家升級了！

為了把國家整頓得有模有樣，日本最早的正式法律《大寶律令》完成了。這部法典的參考依據是中國。

> 我們是效法唐朝制定的。
> 
> 日本終於也有法律了！

### 最早的正式法典——《大寶律令》完成了

這天，日本最早的正式法典《大寶律令》完成囉！這是一部參考唐朝（現在的中國），並且配合日本的情況所制定的法典。律令的「律」是關於犯罪的法律，「令」則代表關於政治、百姓生活以及商業買賣這三個層面的法律。681年在天武天皇的命令之下開始起草，於文武天皇的時代正式完成。

💡 **問題**　《大寶律令》裡面的「笞」是指什麼？

❶ 稅金　　❷ 玩樂　　❸ 鞭子　　❹ 監獄

答案：③　很細的竹鞭。輕罪者會被處以鞭刑。

# 8月4日 （文政13年）

吉田松陰出生的日子
西元1830年9月20日

大概這時候
1603 ─ 1868
江戶時代

## 曾經有一位很厲害的**老師** 培育出開創新時代的年輕人！

吉田松陰以名為「松下村塾」的私塾在明治維新以及明治時代大放異彩。他向年輕人講授學問，培養出可靠的人才。

> 松陰在位於長州藩（現在的山口縣）的松下村塾，向伊藤博文、高杉晉作及山縣有朋等人傳授學問。

> 老師的話讓我們獲益良多啊！

> 你們要創造新的日本！

### 培育明治人才的吉田松陰出生了

我從小就開始學習研究戰爭和兵法的學問，稱為「兵學」。自從得知清朝（現在的中國）在1840年的鴉片戰爭敗給英國以後，<u>我便認為人們有必要學習西方的兵學</u>。走遍日本各地四處求學的我曾嘗試前往西方，可是失敗了。在那之後，我就在松下村塾向年輕人傳授學問！

講授學問的吉田松陰。

💡 **問題** 松陰選擇用什麼方法前往西方？

❶ 自己造船　　❷ 騎馬　　❸ 搭乘黑船　　❹ 徒步

答案：③ 他試著偷溜進培里的黑船，但是失敗了。

237

# 8月5日（元治元年）

四國聯合艦隊進攻下關的日子
西元1864年9月5日

大概這時候
1603　　1868
江戶時代

## 下關被美國等國的艦隊轟成**廢墟**！

長州藩想要把外國人逐出日本，卻遭到美國、英國、法國及荷蘭的反擊，一敗塗地。

> 呀！救命啊！
> 轟隆
> 外國太強了啦！

### 長州藩被美國等國的艦隊襲擊

秉持過激的尊皇攘夷(※)思想的長州藩（現在的山口縣）一而再、再而三地攻擊行經下關的外國船隻。美國和法國予以反擊，長州藩雖然受到損害，卻依舊沒有停止對外國船的攻勢。最終，美國、英國、法國和荷蘭的四國艦隊進攻下關，長州藩潰不成軍。這件事情讓長州藩領悟到，若是不學習西方的技術，就沒辦法戰勝西方。

※尊敬天皇、將外國勢力逐出日本的思想。

**問題**　在這起事件後與長州藩交好的藩是？

❶ 薩摩藩　　❷ 會津藩　　❸ 水戶藩　　❹ 尾張藩

答案：①　在薩英戰爭輸給英國的薩摩（現在的鹿兒島）和長州有類似的見解。

# 8月6日 （昭和20年）

廣島被原子彈轟炸的日子
西元1945年8月6日

大概這時候
1926　　　1989
昭和時代

## 「勿重演廣島悲劇」是人類共同願望
## 全世界最早使用的**新型武器**

美軍朝廣島投放原子彈的時間是上午8點15分，那是個晴空萬里、氣溫炎熱的星期一早晨。

**問題** 美軍如何稱呼被丟在廣島的原子彈？

❶ Little boy
❷ Little girl
❸ Atomic bomb

### 原子彈轟炸廣島，高溫、爆炸波和輻射殺死了許多人

這天的廣島非常晴朗，人們陸續出門上班上課。美軍的B29轟炸機「艾諾拉·蓋伊號（Enola Gay）」投下原子彈。原子彈在空中爆炸，化成將近30萬度的熾熱火球墜落地面，爆炸波在短短十秒之內朝著半徑約4公里內的人和建築物席捲而來。接著，<u>蕈狀雲降下飽含輻射的「黑雨」，成千上萬人被輻射汙染</u>。廣島截至這一年的年底有14萬人喪生。

**補充** 朝廣島施放原子彈的隔天（8月7日），大本營（日軍最高機關）發表的公告稱之為「新型炸彈」。

答案：① 美軍內部使用的代號（code name）。

## 8月7日 （平成18年）

在兵庫縣發現恐龍化石的日子
西元2006年8月7日

大概這時候
1989 ——— 2019
平成時代

# 好大喔～！在兵庫縣發現日本最大的恐龍——「丹波龍」化石！

在兵庫縣丹波市發現了恐龍化石。
調查結果發現，這些化石是新品種的大型草食性恐龍。

> 聽說這是在日本發現的恐龍裡面體型最大的喔！
> 13m

### 在兵庫縣丹波市發現恐龍化石了！

2006年，兩位男性地質愛好者在兵庫縣丹波市發現了化石。接受兩人委託的博物館著手調查，發現這些是恐龍化石。2007年展開更近一步的正式挖掘，還找到了牙齒、脊椎等的化石喔！<u>恐龍的正式名稱是「Tambatitanis amicitiae」，以「丹波龍」這個名稱為人所熟知。</u>一般認為丹波龍是一種新品種的大型草食性恐龍。

💡 問題　日本發現最多恐龍化石的都道府縣是？

❶ 長崎縣　　❷ 福井縣　　❸ 北海道　　❹ 奈良縣

答案：② 日本發現的恐龍化石有八成是在福井出土。

# 8月8日 （昭和20年）

蘇聯向日本宣戰的日子
西元1945年8月8日

大概這時候
1926　　　　1989
**昭和時代**

## 明明說好不打仗，蘇聯卻對日本發動攻擊了！

第二次世界大戰時，日本和蘇聯（現在的俄羅斯）達成協議，說好不會攻擊彼此，但是這一天，蘇聯卻對日本宣戰了。

（漫畫：蘇聯打過來了！／砰！／嘎吱……嘎吱……。）

### 答應不會開戰的蘇聯卻攻擊了日本

第二次世界大戰時，日本、德國和義大利組成一隊，對抗由蘇聯、英國、美國及中國等國組成的另一支隊伍。不過日本和蘇聯簽訂了互不攻擊的條約。日本本來想拜託蘇聯，幫日本和敵對的國家重修舊好，但是這天，蘇聯卻向日本宣戰(※)，朝日本統治的滿洲、朝鮮等地發動攻勢。

※告訴對手「我要跟你開戰了喔」。

### 問題　蘇聯停止攻擊日本的日期是？

❶ 8月10日　　❷ 8月12日　　❸ 8月15日　　❹ 9月5日

答案：④　在昭和天皇宣布戰爭結束的8月15日之後，蘇聯的砲火仍未停歇。

# 8月9日 （昭和20年）

長崎被原子彈轟炸的日子
西元1945年8月9日

大概這時候
1926　　　1989
昭和時代

## 在發射前臨時改變目的地？
## 攻擊長崎的第二顆**原子彈**

在原子彈攻擊廣島的短短3天後，長崎也被原子彈轟炸了。這是至今為止人類實際用於戰爭當中的最後一個核武。

**問題**　美軍如何稱呼被丟在長崎的原子彈？

❶ Old man
❷ Fat man
❸ Young man

### 再也不使用核子武器！長崎被原子彈轟炸的日子

美軍的B29轟炸機「博克斯卡號（Bockscar）」本來把目標鎖定福岡縣的小倉，但由於小倉上空被雲層覆蓋，因此在行動前臨時把攻擊地點改成第二個目標長崎。在10點58分投下的原子彈在四分鐘後於地面爆炸。有人從上空把當時的景象拍成彩色照片。因為爆炸中心被群山環繞，阻擋了爆炸波，死亡人數比廣島少。不過，這顆原子彈的破壞力其實是廣島原子彈的1.5倍。

**補充**　長崎的原子彈是人類史上第二次也是最後一次使用的核武。地名「HIROSHIMA（廣島）」和「NAGASAKI（長崎）」深植於期盼廢除核武的世人心中。

答案：② 意思是「胖子」。形狀比廣島的原子彈更粗大。

# 8月10日（貞永元年）

北條泰時頒布《御成敗式目》的日子
西元1232年8月27日

大概這時候
1185 ─── 1333
鎌倉時代

## 武家必須遵守的第一部**法律**完成了！

鎌倉時代多了許多土地糾紛。為了弭平這類紛爭，武家必須遵守的法律《御成敗式目》出現了。

> 土地的掌控權和設置守護、地頭等官職這些在《御成敗式目》都有規定。總共51條，又名「貞永式目」。

> 那邊那兩個，不准吵架！
> 以後你們都要遵守《御成敗式目》！

### 武士家族要遵守的法律──《御成敗式目》

身為鎌倉幕府的第二代執權(※)，我──北條泰時制定了《御成敗式目》這部法律。《御成敗式目》裡面列出了武士家族必須遵守的規定。當時，在戰爭中獲得勝利的幕府朝西日本拓展勢力，導致西日本各地頻頻出現土地糾紛。因此，幕府便制定了針對土地等事項的相關規範。

制定武家規範的北條泰時。

※執權是輔佐將軍的重要官職。擁有比將軍更大的權力。

### 問題　北條泰時曾經暫時用過哪個名字？

❶ 義時　　❷ 政時　　❸ 正時　　❹ 賴時

答案：④　收到源賴朝賜名「賴」字，改名賴時。

# 8月11日 （建武5年／延元3年）

足利尊氏成為征夷大將軍的日子
西元1338年9月24日

大概這時候
1336 ─── 1493
室町時代

## 雖然和天皇之間關係惡化，但我當上室町幕府的**初代將軍**了！

足利尊氏和後醍醐天皇聯手推翻了鎌倉幕府。
最後，他在與後醍醐天皇之間的戰爭中獲勝，開闢了室町幕府。

（漫畫對白）
咦！
就這麼辦！
我們不要理後醍醐天皇了！

### 足利尊氏成為室町幕府的初代將軍

讓延續150年左右的鎌倉幕府結束的人，正是足利尊氏！繼承源氏血脈的尊氏很想打倒從源氏手中搶走權力的北條氏。1333年，後醍醐天皇和幕府反目，當時尊氏擁護後醍醐天皇並贏得勝利。鎌倉幕府就此滅亡，但後醍醐天皇給武士們的賞賜太少，導致尊氏與後醍醐天皇發生衝突。<u>尊氏聯合光嚴上皇拿下勝利，在1338年成為將軍。</u>

💡 **問題** 與足利尊氏對立的後醍醐天皇後來做了什麼？

❶ 建立自己的朝廷　❷ 向尊氏道歉　❸ 向光嚴上皇道歉　❹ 出家為僧

答案：① 他建立了「南朝」。光嚴上皇的朝廷則是「北朝」。

# 8月12日（壽永元年）

鎌倉幕府第二代將軍源賴家的生日
西元1182年9月11日

大概這時候
794 — 1185
平安時代

## 雖然成了**鎌倉幕府將軍**，但根本沒辦法隨心所欲！

源賴朝的長子賴家當上將軍，但他卻不被允許憑藉自己的想法隨心所欲地執政。

> 北條氏建立了透過13位有力家臣討論協商以推動政策的制度。

咚！咚！
我可是將軍耶！
政治上的事情由我們做主。

### 鎌倉幕府第2代將軍源賴家出生了

我作為源賴朝和北條政子的長子出生。儘管父親過世以後，我成為鎌倉幕府的第2代將軍，可是政治實權卻落到了北條氏手裡。1203年，我和撫養我長大的比企能員合作，試圖打倒北條氏，但是失敗了。我被幽禁在伊豆修善寺，死在北條氏手裡……

江戶幕府第2代將軍源賴家。

---

💡 問題　接在賴家之後的第3代將軍是？

❶ 源義經　　❷ 源義門　　❸ 源義朝　　❹ 源實朝

答案：④　賴家遭到流放後，弟弟實朝繼任將軍，成為最後一位源氏將軍。

245

# 8月13日（享保元年）

德川吉宗成為將軍的日子
西元1716年9月28日

大概這時候
1603 ━━━━ 1868
江戶時代

## 江戶幕府第8代將軍吉宗在政治上利用**間諜**

江戶幕府的第8代將軍德川吉宗，以實施享保改革等重振幕府的施政聞名於世。

一般認為，德川吉宗成立的御庭番很類似現在的間諜，亦稱為「隱密」。

御庭番在嗎？
啪！啪！
是！臣在此聽令！
竄出

### 德川吉宗成為江戶幕府第8代將軍

第7代將軍家繼年僅6歲就離開人世。家繼當然沒有孩子，因此原為紀州藩（現在的和歌山縣）藩主的我便成了第8代將軍。我透過享保改革振興政治，而<u>驅使從事情報搜集工作的「御庭番」也是我的著名事跡。我命令他們搜集情報，在政治上加以運用</u>。

江戶幕府第8代將軍德川吉宗。

---

💡 **問題**　以德川吉宗為主角的時代劇為？

❶《水戶黃門》　❷《暴坊將軍》　❸《錢形平次》　❹《必殺仕事人》

答案：② 描述吉宗解決發生在江戶的各種事件的時代劇。

246

# 8月14日（明治9年）

札幌農學校創立的日子
西元1876年8月14日

大概這時候
1868　　　1912
明治時代

## 外籍老師教日本年輕人要「胸懷大志」！

後來發展成現今北海道大學的札幌農學校在今天成立了。教頭是以「少年啊，要心懷大志」這句話聲名遠播的克拉克博士。

> 克拉克老師！
> 
> 少年啊，要胸懷大志！

### 由克拉克擔任副校長的札幌農學校成立了

現在的北海道大學，在這天以「札幌農學校」之名正式成立。明治初期，為了學習外國的知識和技術，政府用高薪聘請了一群被稱為「御雇外國人」的人。在札幌農學校擔任教頭（現在的副校長）的克拉克（William Smith Clark）也是其中之一。克拉克除了教科學，也教基督教，把基督教思想家內村鑑三、農業經濟學家新渡戶稻造等人培養得相當出色。

**問題** 克拉克是哪一國人？

❶ 英國　　❷ 美國　　❸ 法國　　❹ 荷蘭

答案：② 美國人。曾任麻薩諸塞州農業大學（Massachusetts Agricultural College）校長。

247

# 8月15日 （昭和20年）

第二次世界大戰結束的日子
西元1945年8月15日

大概這時候
1926　　　　1989
**昭和時代**

## 漫長、煎熬又痛苦的戰爭
## 終於**結束了**！

第二次世界大戰始於1939年9月1日，
這場戰爭以日本的投降告終。

> 朕堪所難堪，忍所難忍。

### 日本也參戰的第二次世界大戰結束了

第二次世界大戰在1945年5月7日德國投降以後，明明戰敗指日可待，卻還是堅持背水一戰的就只剩下日本而已。眼看勝券在握的國家紛紛勸日本投降，可是日本沒有接受。然而，<u>兩顆原子彈分別在8月6日和9日落在廣島、長崎，蘇聯也向日本正式宣戰，以這兩件事為契機，日本決定認輸。</u>8月15日，昭和天皇的聲音透過收音機告訴國民戰爭結束了。

💡 **問題**　8月15日用天皇的聲音播報的廣播叫作什麼？

❶ 玉音放送　　❷ 天聲放送　　❸ 終戰放送　　❹ 波茨坦放送

答案：①　玉音是指天皇的聲音。

# 8月16日 （永享10年）

發生永享之亂的日子
西元1438年9月5日

大概這時候
1336 — 1493
室町時代

## 為什麼我不行當將軍？
## 既然如此，那我只好**造反**了！

位居關東之首的足利持氏對京都的室町幕府心存不滿，發動政變，可是一下子就輸了。

> 不行。
>
> 我連頭髮都剃光了，求求你們饒我一命吧！

### 沒能成為將軍的足利持氏反抗幕府

位於京都的室町幕府為了統治關東，在鎌倉成立了一所名為「鎌倉府」的公家機關。身為幕府之首「鎌倉公方」的足利持氏不滿自己沒能當上將軍（同時也看不慣足利義教靠抽籤被選為將軍），起兵造反，這就是「永享之亂」。然而，很多持氏方的士兵倒戈投靠幕府，導致持氏戰敗。持氏被幕府軍包圍，自盡身亡。

💡 問題　持氏最後待的寺廟叫什麼名字？

❶ 法隆寺　　❷ 本能寺　　❸ 淺草寺　　❹ 永安寺

答案：④　他被幽禁在鎌倉的永安寺。

# 8月17日 （治承4年）

> 源賴朝出征的日子
> 西元1180年9月8日

大概這時候
794 ━━━━━ 1185
平安時代

## 建立**鎌倉幕府**的源賴朝終於要參戰了！

自從父親源義朝敗給平清盛以來，源賴朝被流放到伊豆大約二十年。為了打倒平氏挺身而出的時刻，終於來臨了。

> 起初很少有武士願意站在賴朝這邊，但是到最後，不滿平氏的武士們紛紛加入賴朝的陣營了。

鏘———！
終於輪到我出場啦———！
在家宅了20年，

### 源賴朝為打倒平氏參戰的時候到了

我父親源義朝輸給了平清盛（平治之亂），而我自己則被流放到伊豆。我在伊豆生活了大約二十個年頭，然而，挺身而出的時刻終於來臨了！後白河法皇的皇子以仁王大人下令要我「打倒平氏」。雖然一開始也有輸過幾場，但是到了1185年，我終於剷除平氏了。

消滅平氏的源賴朝。

💡 **問題**　被流放的20年，賴朝都在做什麼？

❶ 畫畫　　❷ 練劍　　❸ 誦經　　❹ 睡覺

答案：③　相傳他一直在為死去的源氏一族誦經。

# 8月18日 （文久3年）

**發生八月十八日政變的日子**
西元1863年9月30日

大概這時候
1603 ── 1868
江戶時代

## 你們太危險了！
## 薩摩藩趕走了長州藩！

思想過激的尊皇攘夷(※)派的長州藩（現在的山口縣）積極干政，覺得這樣很危險的薩摩藩（現在的鹿兒島縣）把長州藩逐出了朝廷。

> 可惡啊——！
> 滾回你們老家！
> 長州的都滾出去！

### 把長州藩趕出朝廷的「八月十八日政變」

當時，長州藩和公家（貴族）等過激的尊皇攘夷派，他們的活動越來越激烈，孝明天皇便制定計畫，打算發動戰爭以驅逐外國人及外國船隻。對他們的行為產生危機意識的薩摩藩採取了行動。<u>他們向會津藩（現在的福島縣）等請求協助，在8月18日興兵，把長州藩和公家趕出朝廷</u>。這就是發生在這天的「八月十八日政變」喔！

※ 尊敬天皇、將外國勢力逐出日本的思想。

**問題** 此時薩摩藩和會津藩的同盟叫作什麼？

① 會薩同盟　② 薩會同盟　③ 薩會組　④ 鹿津會

答案：② 1866年薩摩與長州締結的同盟則稱「薩長同盟」。

251

# 8月19日 （天保3年）

鼠小僧被處死的日子
西元1832年9月13日

大概這時候
1603 — 1868
江戶時代

## 江戶著名的**大盜**終於落網了！

鼠小僧是江戶時代的盜賊，也曾經被當成電影和電視劇的主角。他終於被繩之以法，處以死刑了。

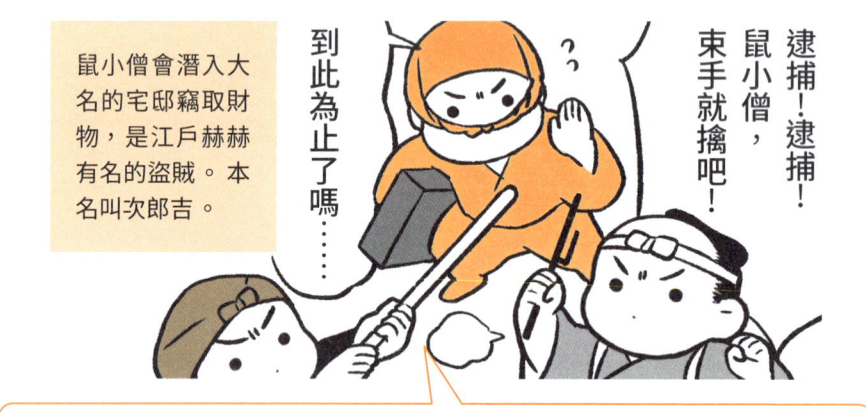

鼠小僧會潛入大名的宅邸竊取財物，是江戶赫赫有名的盜賊。本名叫次郎吉。

到此為止了嗎……

逮捕！逮捕！鼠小僧，束手就擒吧！

### 知名盜賊鼠小僧被處死了

轟動江戶的大盜鼠小僧終於被繩之以法，處以死刑了。聽說我在死後變成了歌舞伎、電影和電視劇的主角呢！雖然人們好像把我視作義賊，從有錢人家竊取財物，再分給因為沒錢挨餓受凍的窮人們，可是，我有做過那種事嗎？

大盜鼠小僧。

> 💡 問題　他被叫作「鼠小僧」的原因是？

❶ 外表　　❷ 動作　　❸ 味道　　❹ 喜歡的食物

答案：② 他的動作像老鼠一樣敏捷，因而得名。

# 8月20日（仁治2年）

**藤原定家的忌日**
西元1241年9月26日

大概這時候
1185 ─────── 1333
鎌倉時代

## 選出家喻戶曉的**百人一首**，和歌界的偉大人物

藤原定家在上皇的命令下編撰短歌集，選出流傳至今的《小倉百人一首》。他本身也是一位非常優秀的歌人。

> 落日靜海松帆浦，
> 妾獨待君君不來。
> 藻鹽釜中燒不盡，
> 如妾思君心煎熬。

「也選一首自己的歌吧！」

### 選定百人一首的藤原定家過世了

身為公家（貴族）的藤原定家在這天與世長辭。定家是吟詠傑出短歌的歌人，還在後鳥羽上皇的命令下製作了《新古今和歌集》喔！《新古今和歌集》集結了各種不同類型歌人的短歌。由包含定家在內的六個人進行挑選，定家自己的短歌也有被收錄在裡面喔！此外，百人一首有好幾個版本，其中最有名的《小倉百人一首》也是由定家選歌編撰而成。

💡 **問題**　《小倉百人一首》的「小倉」是指什麼？

❶ 小倉庫　　❷ 小倉山　　❸ 小倉町　　❹ 小倉氏

答案：②　定家在位於京都小倉山上的小倉山莊挑選和歌。

253

# 8月21日 （文久2年）

發生生麥事件的日子
西元1862年9月14日

大概這時候
1603 ── 1868
江戶時代

## 薩摩藩武士一氣之下揮刀砍了英國人。

日本開國後，成群的外國人開始湧進日本。
在這樣的時代，發生了武士砍死外國人的「生麥事件」。

> 別這樣！Oh, no！
> 通通給我下馬！

### 薩摩藩武士砍死英國人的生麥事件

薩摩藩（現在的鹿兒島縣）的島津久光在從江戶返京的途中行經生麥村（現在的神奈川縣橫濱市鶴見區）。久光的隊伍遇到四名騎著馬的英國人。四人本來打算從隊伍的旁邊通過，但是過不去，只能策馬調頭，在隊伍中間到處亂竄。被此舉激怒的薩摩武士朝他們揮刀，造成一人死亡、兩人重傷。這起生麥事件成為導火線，薩摩與英國開戰，最終薩摩戰敗。

💡 **問題** 以生麥事件為導火線，薩摩和英國之間爆發了什麼戰爭？

❶ 日英戰爭　　❷ 英日戰爭　　❸ 英薩戰爭　　❹ 薩英戰爭

答案：④　1863年7月的2日至4日在薩摩藩爆發。

# 8月22日 （明治36年）

路面電車在新橋－品川區間通車的日子
西元1903年8月22日

大概這時候
1868　　　1912
明治時代

## 雖然從**馬車變成電車**，可是調漲車資好討厭喔！

在此之前都是用馬車載客的路面鐵路，終於開始改用靠電力行駛的「電車」了。

> 找出3個不同之處

### 解決民眾的投訴！路面電車在新橋到品川區間開始通車

東京從明治初期啟用公共馬車，透過馬車鐵路，大量的市民能夠很方便地來往各地。據說當時就連馬匹的數量也增加到兩千匹之多。然而，附近居民卻為了掉在路上的馬糞和嚴重的沙塵問題傷透腦筋。於是，一間叫「東京馬車鐵道」的公司改名成「東京電車鐵道」，開始架設路面電車在新橋到品川區間行駛。所有路線只花了短短一年就被全數替換成電車，不再使用馬車了喔！

**補充**　三年後，東京市內的電車車資準備從3錢調漲到5錢時，部分市民發起了反對暴動。最終，車資調漲成4錢。

答案：①飛在空中的生物　②電車後方　③前面的動物

255

# 8月23日 （慶應4年）

白虎隊自殺的日子
西元1868年10月8日

大概這時候：1603 — 1868 江戶時代

## 由會津藩少年組成的**白虎隊**迎來了悲傷的結局……

在明治政府對抗舊江戶幕府的戰爭當中，幕府方的會津藩（現在的福島縣）白虎隊迎來悲傷的結局。

> 若松城燒起來了！
> 冒出濃煙……
> 我們也從容就義吧！
> 淚流滿面

### 白虎隊的少年們自行結束了生命

在新政府軍對抗舊幕府軍的戊辰戰爭，幕府方的會津藩對軍隊進行了重組。在這個過程中組織的白虎隊是一支由16至17歲少年組成的隊伍。白虎隊原本沒有計畫要加入戰鬥，但是當新政府軍兵臨會津，上頭便對他們下達了出征命令。就在白虎隊戰敗撤退到飯盛山時，從鶴城（若松城）的方向升起了黑煙。<u>以為城池被敵軍攻陷的隊員們陷入絕望，自盡身亡了。</u>

💡 **問題** 會津藩參考哪一個國家重新組織軍隊？

❶ 美國　　❷ 英國　　❸ 荷蘭　　❹ 法國

答案：④　白虎隊的隊員也接受法式軍事訓練。

# 8月24日 （文祿3年）

石川五右衛門被處以烹刑的日子
西元1594年10月8日

大概這時候
1573　　1603
安土桃山時代

## 好燙好燙！大盜被丟進大鍋子裡煮熟了！

在豐臣秀吉時代震驚社會的大盜石川五右衛門遭到逮捕，被以烹刑處死了。

> 燙死人啦——！

石川五右衛門也曾經被歌舞伎和電影等當成題材，不過也有人認為他並不是真實存在的人物。

### 大盜石川五右衛門被處以烹刑

身為大盜的我終於落網，在京都的三條河原被處以烹刑，當時我做了一首辭世歌(※)：「石川將盡，海沙亦然。世間盜人，生生不息。」（縱使我和岸邊的沙子終會消逝，盜賊卻永遠不會從這個世界上消失不見）怎樣？是不是很帥啊？

火力十足

※臨死前做的短歌。

💡 **問題**　什麼東西以石川五右衛門的名字來命名？

❶ 雨傘　　❷ 浴缸　　❸ 日本刀　　❹ 木屐

答案：②　用火從下面加熱的浴缸叫作「五右衛門風呂」。

# 8月25日 （天文12年）

鐵砲首次傳入日本的日子
西元1543年9月23日

大概這時候
1493 — 1573
戰國時代

## 漂流到島上的葡萄牙人帶著祕密武器鐵砲！

鐵砲從戰國時代開始也在日本被大量使用。葡萄牙人把鐵砲帶進種子島，使鐵砲流向日本各地。

### 鐵砲從歐洲傳入日本

1543年8月25日，有一艘船漂流到種子島。那是一艘明朝（現在的中國）的船，船上載著葡萄牙人。葡萄牙人想和日本進行交易，身為島主的種子島時堯購買了葡萄牙人帶來的鐵砲。鐵砲就這樣傳進日本，史稱「鐵砲傳來」。從這時起，鐵砲往四方流通，傳入各地戰國大名的手中。聽說當時把鐵砲取名為「種子島」喔！

**問題** 種子島位於日本的什麼地方？

① 鹿兒島縣　② 沖繩縣　③ 島根縣　④ 新潟縣

答案：① 目前也作為宇宙中心的所在地廣為人知。

258

# 8月26日 （保元元年）

**源為朝被流放到伊豆大島的日子**
西元1156年9月12日

大概這時候
794 ─ 1185
平安時代

## 可惜！戰術不被長官採納，最強的武士也**打輸了**

源為朝在戰場上所向披靡，然而在保元之亂<sup>(※)</sup>，源氏想出的戰術沒被採用，最終為朝戰敗，慘遭流放。

> 屏氣凝神
> 我就是源為朝──！
> 哇啊──！快逃啊！

為朝強大到就連在九州也能擴張勢力，但是在保元之亂，他因為父親為義的戰術沒被採納，最終戰敗。

### 昔日最強的武士卻吃下敗仗被流放到伊豆大島

身為源為義（源賴朝的祖父）的第八個兒子，我源為朝是個喜歡逞凶鬥狠的人，因此被趕出京都，搬到九州居住。在九州也到處胡作非為的我後來又被叫回京都。1156年的保元之亂，<u>我和父親一起加入崇德上皇的陣營參戰</u>，但是<u>敗給敵方，被流放到伊豆大島</u>。

※天皇父子的權力鬥爭引發的內亂。

**問題** 為朝擅長使用什麼武器？

❶ 長槍　　❷ 短刀　　❸ 斧頭　　❹ 弓箭

答案：④　為朝以弓箭高手著稱。

# 8月27日 （天智天皇2年）

爆發白村江之戰的日子
西元663年10月4日

大概這時候
593 ── 710
飛鳥時代

## 日本&百濟 vs. 唐朝&新羅的**團體**車輪戰！

唐朝（現在的中國）入侵朝鮮半島。朝鮮半島的百濟向素有往來的日本尋求援助。日本派出軍隊，爆發白村江之戰。

（漫畫）
嘻嘻嘻！ 新羅
拳打腳踢 唐朝
日本，幫幫我！ 百濟

### 日本對上大國唐朝的白村江之戰

當時朝鮮半島上的國家有高句麗、百濟和新羅。與高句麗和百濟敵對的新羅投靠了侵略朝鮮半島的唐朝。百濟的倖存者請求素有交流的日本派出援軍，這對日本而言是個進軍海外的機會，於是，日本、百濟隊對抗唐朝、新羅隊的白村江之戰（白村江位於朝鮮半島西南部）就開打了。不過獲勝的是唐朝和新羅，百濟則滅亡了。

💡 問題　高句麗後來怎麼了？

❶ 戰勝了新羅　　❷ 戰勝了唐朝　　❸ 滅亡了　　❹ 與日本開戰

答案：③　668年敗給唐朝新羅聯軍，就此滅亡。

# 8月28日（文治元年）

**後白河法皇舉辦東大寺開光儀式的日子**
西元1185年9月23日

大概這時候
794 ─ 1185
平安時代

## 恭喜！在戰爭中燒毀的大佛重新復活了！

時至今日依舊享譽盛名的奈良大佛，在源氏和平氏的大戰中付之一炬。重建的大佛在一場盛大的儀式上完成開光。

> 開光儀式圓滿成功！

### 被燒光的大佛復活了，所以要幫祂畫眼睛

替佛像點上眼珠，恭請神靈進入佛像的儀式叫「開光儀式」。752年為奈良東大寺大佛舉辦的開光儀式非常知名喔！不過，在源氏和平氏的戰爭當中，1180年平重衡（平清盛之子）率兵打進奈良，東大寺等建築物遭到燒毀，大佛也被祝融吞噬殆盡。東大寺在源賴朝的幫助下重建，五年後，後白河法皇再次舉辦了非常盛大的開光儀式。

**問題** 奈良大佛後來又遇到一次火災。請問是誰放的火？

① 豐臣秀吉　② 織田信長　③ 德川家康　④ 松永久秀

答案：④　1567年戰國大名松永久秀在戰爭中放火燒掉了大佛。

# 8月29日 (明治43年)

**日韓合併的日子**
西元1910年8月29日

大概這時候
1868 — 1912
明治時代

## 日韓合併，朝鮮半島變成日本的領土了！

這天，日本將韓國納入自己的領土。
日本對韓國的統治一直持續到第二次世界大戰日本戰敗為止。

> 塗好
> 塗滿
> 從今天起，韓國就是日本的了。

### 日本把朝鮮半島納入自己的領土

朝鮮長久以來都處在中國的影響之下，在甲午戰爭之後則選擇接受俄羅斯的保護。然而，在日俄戰爭打贏俄羅斯的日本獲得了對大韓帝國(※)的保護權，把韓國視作自己的保護國(※)。從此以後，韓國喪失了外交權及內政權，因為這天的日韓合併變成日本的領土。<u>日本的統治一直延續到第二次世界大戰日本戰敗為止。</u>

※大韓帝國：1897年從朝鮮改成大韓帝國，又稱大韓國、韓國。　※保護國：接受他國保護的國家。

**問題**　在1910年8月29日公布的條約是？

❶《日韓合併條約》　❷《併吞韓國條約》　❸《日韓合同條約》　❹《對韓合邦條約》

答案：①　8月22日簽訂，8月29日公布。

# 8月30日 （昭和20年）

**麥克阿瑟抵達厚木的日子**
西元1945年8月30日

大概這時候
1926　　　　1989
昭和時代

## 日本戰敗的兩週後，麥克阿瑟來了！

正當戰爭結束，日本人對日常生活與未來都充滿擔憂時，戰勝國的最高統帥──麥克阿瑟（Douglas MacArthu）抵達了厚木基地。

### 問題

「盟軍最高司令官總司令部」的英文縮寫是？

❶ NHK
❷ JAF
❸ GHQ

### 叼著菸斗的司令──麥克阿瑟抵達厚木

麥克阿瑟嘴裡叼著象徵個人標誌的菸斗、戴著墨鏡、身穿軍服抵達厚木機場的畫面非常有名。還曾經有記者形容他站在舷梯（飛機的梯子）上面環顧四周的模樣「活像是一位歌舞伎演員」。麥克阿瑟還曾與昭和天皇進行會談。在兩人並肩而立的合照裡，麥克阿瑟把手插在褲子後面的口袋，這副模樣據說讓當時的日本人受到很大的打擊。

### 補充

麥克阿瑟在抵達厚木時戴在頭上的標誌帽子是菲律賓軍帽，在美軍的規定裡是被禁止的。

答案：③「General Headquarters（盟軍最高司令官總司令部）」的縮寫。正式文件則使用「SCAP」。

263

# 8月31日 (明治12年)

**大正天皇的生日**
西元1879年8月31日

大概這時候
1868 ———— 1912
明治時代

## 作為明治天皇之子誕生
## 大正天皇是個性格直爽的人

大正天皇作為明治天皇的孩子出生了，他在登基成為天皇之後深受嚴重的疾病所苦。

> 陛下的法文非常流利喔！
> Bonjour!（你好）

### 僅有14年，日本史上最短暫的大正時代

作為明治天皇的皇子，大正天皇誕生了。他以皇太子的身分走訪日本各地，由於個性直爽，聽說還會一派輕鬆地和市民打招呼喔！1912年明治天皇駕崩後，他繼位成為新的天皇。但是，自幼體弱多病的大正天皇開始因為疾病身體抱恙。1921年，裕仁親王（後來的昭和天皇）成為攝政(※)，大正天皇卸下天皇的職務，於1926年駕崩。

※代替天皇執政的人。

**問題** 大正天皇訪問了哪一個國家？

❶ 韓國　　❷ 法國　　❸ 美國　　❹ 俄羅斯

答案：① 他在1907年出訪過大韓帝國（現在的韓國）。

264

# 9月1日（大正12年）

發生關東大震災的日子
西元1923年9月1日

大概這時候
1912 —— 1926
大正時代

## 規模7.9的大地震！
## 最可怕的是**火災和謠言**！

在關東大震災當中，火災比地震造成了更多人罹難。地震發生在大家正在煮飯準備午餐的時段，也是原因之一。

**找出3個不同之處**

### 亦被指定為「防災日」，關東大震災發生的日子

快到正午的11點58分，發生了震源位於神奈川縣西北部的大地震。由於許多家庭和商店正在使用火源準備午餐，在東京和橫濱，火災從倒塌的建築物開始擴散。據說又因為巧遇颱風，風勢也相當猛烈。除此之外，還四處流傳朝鮮人在井裡投毒的謠言（假消息），導致大量朝鮮人慘遭殺害的駭人事件。當時還沒有廣播，可能很難取得正確的資訊吧。

**補充** 官方資料顯示在關東大震災有超過十萬人罹難。絕大多數都是東京和神奈川的居民。也有很多人因為這場震災搬到大阪或愛知。

答案： ①煙的形狀 ②左邊的人的行李 ③右邊的人的和服

# 9月2日（建仁3年）

發生比企之亂的日子
西元1203年10月8日

大概這時候
1185 ——— 1333
鎌倉時代

## 北條氏消滅了對手比企氏！

打敗比企氏的北條氏從幕後操控源實朝，這就是開啟執權政治(※)的契機。

**漫畫對白：**
- 比企能員：實在遺憾哪！ 嗚嗚
- 北條時政：呵呵呵……
- 北條政子：只要消滅比企氏，鎌倉幕府就任憑我處置了……

### 北條氏擊敗比企氏，展開執權政治

鎌倉幕府初代將軍源賴朝死後，比企氏輔佐第2代將軍賴家，在幕府中掌握強權。盤算著要把賴家的弟弟實朝扶上將軍之位並藉此掌權北條時政，邀請比企能員到家中作客，並將其殺害，消滅了比企氏。沒有了比企氏以後，北條氏把第3代將軍實朝玩弄於股掌之間，得到了莫大的權力。

※執權是輔佐將軍的重要官職。執權政治指這個人代替將軍執政。

**問題**　鎌倉幕府的舊址位於現在的哪一個縣？

❶ 靜岡縣　　❷ 奈良縣　　❸ 神奈川縣　　❹ 山梨縣

答案：③　位於現在的神奈川縣鎌倉市雪之下。

# 9月3日（寬政4年）

拉克斯曼來到根室的日子
西元1792年10月18日

大概這時候
1603 —— 1868
江戶時代

## 真可惜！
## 我大老遠從俄羅斯來的耶……

拉克斯曼（Adam Laxman）奉俄羅斯皇帝之命來到根室。他要求日本與俄羅斯通商，但是被幕府拒絕了。

幕府拒絕了拉克斯曼的要求，同意他為了磋商把船停靠在長崎的港口，但拉克斯曼直接回去了。

不准！

日本的碰油們～要不要和我們貿易啊？

松平定信　　拉克斯曼

### 俄羅斯使節向江戶幕府提出貿易要求！

我是拉克斯曼，是一名俄羅斯使節(※)！為了幫助因為暴風雨漂流到俄羅斯的大黑屋光太夫等人返回日本，我奉皇帝之命來到根室。當時我拜託江戶幕府和俄羅斯進行貿易，但是被老中松平定信一口回絕了。

亞當・拉克斯曼

※代表國家出訪外國的人。

### 問題　拉克斯曼搭乘什麼交通工具來到日本？

❶ 飛機　　❷ 汽車　　❸ 馬　　❹ 船

答案：④　他乘著一艘叫作「葉卡捷琳娜號」的船渡海而來。

267

# 9月4日（平成6年）

**關西國際機場啟用的日子**
西元1994年9月4日

大概這時候
1989 ———————— 2019
平成時代

## 這是世界第一次
## 有機場蓋在海上喔！

興建於大阪灣人工島上的關西國際機場，是世界第一座海上機場。現在是代表日本的國際機場之一。

> 因為是蓋在人工島上的機場，所以飛機隨時都能起降喔！

### 西日本的門戶──關西國際機場啟用了

這天，位於大阪灣泉州外海五公里處的關西國際機場正式啟用了。這座機場是世界上第一座建造在人工島上、具備完善功能的正式機場喔！雖然關西在兵庫縣伊丹市有大阪國際機場（伊丹機場），但礙於噪音問題等因素，航班數量難以增加。而關西國際機場則因為四周沒有民宅或其他設施，飛機一天24小時隨時都能起降，非常方便喔！

**問題** 關西國際機場所在的島嶼叫作什麼？

❶ 天空島　　❷ 關空島　　❸ 空港島　　❹ 大阪島

答案：② 關西國際機場的日文是「関西国際空港」，故簡稱「關空島」。

# 9月5日 （明治38年）

簽訂《樸茨茅斯條約》的日子
西元1905年9月5日

**大概這時候**
1868 —— 1912
明治時代

## 好耶！我們在**日俄戰爭**打贏俄羅斯了！

日本對俄羅斯的日俄戰爭在雙方簽訂《樸茨茅斯條約》(※)後宣告終結。日本在這份條約裡迫使俄羅斯答應他們的種種要求。

> 可惡的臭日本！ —— 維特
> 
> 打贏了俄羅斯，從今以後要進軍大陸啦！ —— 小村壽太郎

### 簽署《樸茨茅斯條約》，結束日俄戰爭的日子

這天，日本派出小村壽太郎，俄羅斯則派出維特（Sergei Witte）等人出席，雙方在一個叫樸茨茅斯（Portsmouth）的地方召開會議，為明治37年（1904年）開打的日俄戰爭簽署和平條約。<u>這個日俄和平條約叫作《樸茨茅斯條約》喔！</u>在《樸茨茅斯條約》裡，日本把對方割讓的庫頁島（Sakhalin）南半邊及南滿洲鐵路等收入囊中。自此以後，日本慢慢往中國大陸擴張勢力。

※國與國為了結束戰爭簽署的條約。

**問題** 樸茨茅斯是哪一個國家的都市？

① 美國　　② 日本　　③ 中國　　④ 印度

答案：① 樸茨茅斯是位在美國新罕布夏州（State of New Hampshire）的一個都市。

269

# 9月6日（寬永元年）

> 豐臣秀吉之妻高台院（寧寧）的忌日
> 西元1624年10月17日
> 大概這時候
> 1603　　　1868
> 江戶時代

## 這天是**天下人**豐臣秀吉的妻子高台院辭世的日子喔！

寧寧是從秀吉還只是個無名小卒的時候，就一直在身邊支持他的人。她在秀吉過世後改名高台院。

> 人家年輕時可是個大美女喔！

德川家康在京都東山為寧寧興建了高台寺。相傳有許多大名和文化人來這裡拜訪她。

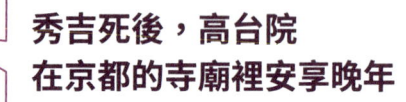

### 秀吉死後，高台院在京都的寺廟裡安享晚年

我是豐臣秀吉的正室<sup>（※）</sup>寧寧。自從丈夫秀吉當上關白<sup>（※）</sup>，朝廷封我為「北政所」；而在秀吉過世、我遁入空門以後，朝廷又賜名「高台院」。<u>豐臣家在大坂之陣滅亡之後，我依然和德川幕府維持著良好的關係，備受尊重喔！</u>

※正室：正式的妻子。　※關白：輔佐天皇的重要官職。

---

💡 **問題**　在大坂之陣與豐臣家交手的是？

① 織田信長　② 明智光秀　③ 方濟各・沙勿略　④ 德川家康

答案：④　由德川家康擔任指揮官的幕府軍與豐臣秀吉交戰，消滅了豐臣家。

## 9月7日（安政5年）

**梅田雲濱被逮捕的日子**
西元1858年10月13日

大概這時候
1603　　　1868
江戶時代

# 奇怪？我被逮捕之後，**安政大獄**就開始了？

安政大獄是反對幕府作風的人們遭到處刑的事件。
導火線是梅田雲濱被捕入獄。

【漫畫】
井伊直弼：反抗幕府的人我絕不輕饒！
梅田雲濱：我死都不會改變自己的想法！

### 梅田雲濱被幕府逮捕，安政大獄開始了

梅田雲濱是一位出生小濱藩（現在的福井縣）的學者。他極度反對江戶幕府開國的作法，大力宣揚尊皇攘夷（※）思想。這時，負責輔佐將軍的大老井伊直弼逮捕了反對幕府的人，對他們施以酷刑，這就是安政大獄喔！導火線是雲濱在這天被捕入獄。他也同樣被嚴刑拷打，隔年就因為生病過世了。

※尊敬天皇、將外國勢力逐出日本的思想。

**問題**　在安政大獄被處以死刑的人是？

❶ 聖德太子　　❷ 松尾芭蕉　　❸ 武田信玄　　❹ 吉田松陰

答案：④　除此之外，還有越前福井藩（現在的福井縣）的家臣橋本佐內等多人遭到處死。

# 9月8日（明治元年）

**年號改成明治的日子**
西元1868年10月23日

大概這時候

1868 ────── 1912
明治時代

## 新年號是……好！就選這個！
## 平成、昭和、大正，再前面的是？

這天，日本將年號改成明治，同時還頒佈了一世一元制的天皇命令。

### 問題

「明治」這個年號是用什麼方式決定的？

❶ 學者投票
❷ 皇族會議
❸ 天皇抽籤

### 年號改來改去的作法已經過時了！

聽說天皇陛下在即位儀式結束的當天夜裡親自抽籤，結果新年號就決定是「明治」了。這是「『嚮』明而『治』天下」的意思喔！與此同時，還制定了天皇在位期間不改年號的新規定。在此之前，每次有罕見的自然現象或災害發生就改年號，不再是理所當然的了。順帶一提，「明治」這個年號至此已經出現在候補名單裡面多達十次。

### 補充

公布改元的時間是在舊曆9月，但這年回推到1月1日都被定為明治元年。

答案：③　改元的前一晚，天皇從學者提出的候選名單當中抽籤決定。

# 9月9日 （明治4年）

**開始施放正午報時午砲的的日子**
西元1871年10月22日

大概這時候
1868 ── 1912
明治時代

## 代替時鐘 在正午報時的「咚」！

為了在正午報時響徹雲霄的大砲聲被稱為「咚」，融入民眾的日常生活。

> 肚子餓了耶！
> 啊，中午了！
> 咚！

### 每到中午就會響起大砲發出的「咚」

這天，明治政府制定了一種叫「午砲」的制度。所謂的午砲是指用來在正午報時的大砲。政府在全國各地設置裝備大砲的「午砲臺」，於正午時分射出一發空砲（沒有填裝子彈的射擊）。<u>當時只有有錢人才有時鐘，所以一般民眾無從得知已經中午了</u>。大砲發射時「咚！」的聲音被人們用來稱呼午砲，這個制度一直實施到大正11年（1922年）喔！

💡 **問題** 　江戶時代，人們用什麼聲音來分辨時間？

❶ 寺廟的鐘聲　❷ 雞叫聲　❸ 吹法螺的聲音　❹ 官員的呼喊

答案：① 寺廟為了報時，會分別在早、中、晚敲鐘。

# 9月10日（嘉吉元年）

赤松滿祐自殺的日子
西元1441年9月25日

大概這時候
1336 —— 1493
室町時代

# 將軍被人**暗殺**了！
# 犯案的武將戰敗自決！

武將赤松滿祐暗殺了室町幕府的將軍足利義教。雖然他逃回了自己的領地，但卻遭到幕府軍攻陷，自殺身亡。

## 殺害將軍足利義教的赤松滿祐以刀自盡

與室町幕府第6代將軍足利義教對立的赤松滿祐以慶祝打贏勝仗為藉口，把義教請到家中將他暗殺，這起事件叫作「嘉吉之亂」喔！幕府推舉義教之子義勝就任新將軍，以武將山名持豐為中心組織幕府軍，出兵攻打滿祐。儘管滿祐逃回了自己統治的播磨（現在的兵庫縣西部），但依舊敗給幕府軍，自行了斷了性命。

---

💡 **問題**　足利義教在當上將軍以前是做什麼的？

❶ 農民　　❷ 商人　　❸ 和尚　　❹ 能樂師

答案：③　他是名為義圓的天台宗高僧。

# 9月11日 （明治33年）

**首次安裝公共電話的日子**
西元1900年9月11日

大概這時候
1868 ─── 1912
明治時代

## 在沒有手機的時代，是怎麼**打電話**的呢？

19世紀的最後一年，東京首次安裝了公共電話。
即使是在手機變成理所當然的今天，公共電話依舊扮演著重要的角色。

找出3個不同之處

### 起初並不受歡迎……東京首次安裝公共電話的日子

東京街道最早安裝電話的地方是上野車站和新橋車站。當時叫作「自動電話」，改稱為「公共電話」則是要到大正末期了。剛開始通話費高昂，五分鐘要15錢（大約相當於新臺幣460元），使用者少之又少；不過政府逐步在各個地方安裝公共電話，使用者也跟著變多了。雖然現在因為手機的發明導致數量減少，但是在發生災害時會優先接通，所以事先了解哪裡有公共電話會很有幫助喔！

**補充** 昭和59年（1984年）左右，公共電話的數量達到顛峰，全日本約有100萬臺左右。現在則減少至15萬臺。

答案： ①公共電話亭裡面 ②前面的動物 ③左手拿的東西

275

# 9月12日 （大同5年）

> 藤原藥子自殺的日子
> 西元810年10月13日
> 大概這時候
> 794　　　　1185
> 平安時代

## 藥子之變起事失敗，藤原藥子服毒自盡！

藥子之變始於平城上皇與嵯峨天皇的對立，企圖讓平城上皇再次成為天皇卻沒能成功的藤原藥子，結束了自己的生命。

「好可惜啊……」
「嗚嗚……」
「人家本來想讓平城上皇再當一次天皇的說……」

### 平城上皇的天皇之路被徹底斬斷，藤原藥子自殺身亡

平城上皇把天皇的寶座讓給弟弟嵯峨天皇，搬到平城京居住。<u>在上皇身邊服侍他的藤原藥子等人企圖扶持平城上皇重新上位，藉此把持權力。</u>平城上皇遷都平城京，並策畫屯兵，然而在得知嵯峨天皇的軍隊正在加強防禦之後，他就放棄自己的天皇夢了。藥子服毒自殺；平城上皇則回到平城京，剃度出家（※）了。

※捨棄過去的生活修行佛教。

**問題** 平城京所在的都道府縣是？

❶ 奈良縣　　❷ 京都府　　❸ 東京都　　❹ 大阪府

答案：① 現在的奈良縣奈良市及大和郡山市為平城京舊址。

# 9月13日 （天正15年）

豐臣秀吉搬到聚樂第的日子
西元1587年10月14日

**大概這時候**
1573 ── 1603
安土桃山時代

## 我蓋了一棟金碧輝煌 超──**奢華**的豪宅！

豐臣秀吉在京都蓋了一棟叫聚樂第的豪宅並搬到裡面。
因為僅僅過了八年就拆掉了，故稱「夢幻城」。

> 我蓋了一座豪華的城堡，真滿足！
> 噔──！

### 秀吉搬進人稱「夢幻城」的聚樂第的日子

聚樂第是當上關白<sup>（※）</sup>的豐臣秀吉作為處理政務的辦公處及私人住所而打造的建築物。<u>每一片屋瓦都鑲著金箔，極盡奢華。</u>秀吉搬到聚樂第是在他擊敗島津氏平定九州的時候。儘管這是他引以為傲的建築物，但是在把關白之位傳給外甥秀次之後，聚樂第便歸秀次所有。後來，秀次切腹了，秀吉就把聚樂第拆除了喔！

※輔佐天皇的重要官職。

---

💡 **問題**　下列何者是秀吉興建的城堡？

❶ 江戶城　　❷ 安土城　　❸ 仙杜瑞拉城　　❹ 大阪城

答案：④　現在位於大阪府大阪市的大阪城是在昭和時代重建的。

# 9月14日 （明治33年）

**津田梅子開設津田塾的日子**
西元1900年9月14日

大概這時候
1868　　　　1912
明治時代

## 日本第一位女留學生津田梅子開設**女子英學塾**的日子

津田梅子作為岩倉使節團年紀最小的成員遠赴美國。回國後，她致力於成立一所專為日本女性打造的學校。

梅子在喬治城（George town）的蘭曼（Lanman）夫妻的照顧下接受初、中等教育，學習美國文化。

我要提高日本女性的社會地位！

### 創辦以提高女性社會地位為目的的學校

我叫津田梅子。明治時代初期，我在6歲時作為岩倉使節團去了美國。在美國接受教育的我，經過十一年後再度回到日本，卻被當時日本女性社會地位低下的情況嚇了一大跳。於是，我開設了一所名為「女子英學塾（現在的津田塾大學）」的學校喔！

開設津田塾的津田梅子

💡 **問題**　岩倉使節團的團長是誰？

❶ 岩倉具視　　❷ 勝海舟　　❸ 坂本龍馬　　❹ 近藤勇

答案：① 由政治家岩倉具視擔任團長，巡訪美國和歐洲。

# 9月15日（慶長5年）

**爆發關原之戰的日子**
西元1600年10月21日

大概這時候
1573　　1603
安土桃山時代

## 勝負早在開打之前就決定了？結束於一瞬間的**東西決戰**！

豐臣秀吉死後短短兩年，德川家康就開始為了奪取天下展開行動。他和試圖捍衛豐臣家的武將之間的最終決戰，正是關原之戰。

### 問題

關原之戰從開戰到結束花了多少時間？

❶ 6天
❷ 6小時
❸ 6週

### 秀吉死後，天下人是誰？爆發關原之戰的日子

豐臣秀吉離開人世，他在死前留下的遺書裡欽點以德川家康為首的五位大名出任「五大老」，拜託他們輔佐兒子秀賴。然而家康選擇無視！而是一直在為打倒以石田三成為中心的豐臣派進行準備。另一方面，三成也趁家康外出征戰時，以西軍的名義將友軍召集於關原。等家康回來後，<u>東軍在早上8點發動攻勢，結果不到六小時，西軍就被打敗了</u>。

### 補充

西軍的總大將並非三成，而是毛利輝元，不過他沒撐多久就投降了。三成在幾天後被東軍捕獲，遭到處決。

答案：❷　儘管戰爭過程眾說紛紜，但這場仗在一天之內就打完了。

279

# 9月16日（明治10年）

摩斯開始挖掘「大森貝塚」的日子
西元1877年9月16日

**大概這時候**
1868　　　　1912
明治時代

## 哇！在貝塚挖啊挖，挖到了**陶器和石器**！

美國學者摩斯（Edward Morse）透過電車車窗發現距今年代久遠的貝塚，展開日本最早的貝塚調查。

大森貝塚被稱為「日本考古學的發祥地（日本考古學發源的地方）」，現在是一座遺跡庭園。

啦啦啦
挖到好多貝殼喔！

### 美國學者摩斯展開日本最早的貝塚調查

我叫摩斯，是一位美國學者！我在現在還在的大森車站（東京都大田區）附近發現了貝塚。這就是「大森貝塚」喔！這天，我和日本的學生們展開了調查。這是日本最早針對貝塚進行的學術調查(※)，除了貝殼之外，我們還找到了獸骨、陶器和石器等各式各樣的東西喔！

愛德華・摩斯

※以研究為目的所進行的調查。

### 💡 問題　貝塚在很久很久以前是什麼地方？

❶ 足球場　　❷ 學校　　❸ 浴室　　❹ 垃圾場

答案：❹　貝塚不只有貝殼，還有石器、陶器等被丟在這裡，是一座史前垃圾場。

# 9月17日 （平成14年）

**發表《日朝平壤宣言》的日子**
西元2002年9月17日

大概這時候
1989 ─── 2019
平成時代

## 首次與北韓進行**首腦會談**並發表宣言！

小泉首相和北韓的金正日總書記共同發表了《日朝平壤宣言》，其中包含邦交正常化、解決北韓綁架日本人問題等內容。

> 好！
> 來聊聊認同彼此、增進友誼的話題吧！
> 金正日
> 小泉純一郎

### 日本和北韓發表《日朝平壤宣言》

這天，日本首相小泉純一郎出訪北韓平壤，與金正日總書記進行了第一場日朝首腦會談。他們在這場會議上簽署的文件就是《日朝平壤宣言》喔！其中發表了兩國將會為建立邦交進行協商（日朝邦交正常化）、日本將會針對過去把北韓當作殖民地一事致歉並反省，以及北韓將會為了避免綁架日本人的問題(※)再次重演採取適當的措施等等。

※北韓間諜等強行綁架日本人的事件，至今尚未解決。

💡 **問題**　北韓的正式國名為？

❶ 朝鮮民主主義人民共和國　❷ 中華人民共和國　❸ 美利堅合眾國　❹ 大英帝國

答案：① 位於南韓跟中國之間的國家，首都是平壤。

# 9月18日（正長元年）

發生正長土一揆的日子
西元1428年10月26日

大概這時候
1336　　　1493
室町時代

## 在**債務歸零**之前，我們會一直鬧下去喔！

正長土一揆是深受作物歉收和疾病所苦的農民們發起的暴動。
幕府頒布禁令，試圖藉此平息暴動。

> 撕破
> 只要襲擊債主，債務就免還啦！
> 噫—
> 殺氣騰騰

### 京都和奈良的農民們發動土一揆

土一揆是指農民和馬借（用馬載貨的業者）等發起的暴動。這天，京都和奈良的農民以頒布《德政令》（不用償還借款的法律）為訴求起事，攻擊酒廠、土倉(※)以及寺廟等地，這就是「正長土一揆」喔！這一年農作物歉收，流行病肆虐，讓農民們叫苦連天。室町幕府頒布土一揆禁令，這才好不容易平息動亂。

※在當時從事高利貸的富人。

💡 **問題**　開闢室町幕府的人是？

① 源賴朝　　② 足利尊氏　　③ 德川家康　　④ 織田信長

答案：② 又稱足利幕府，從初代將軍足利尊氏延續到第15代。

# 9月19日 （元亨4年）

発生正中之變的日子
西元1324年10月7日

大概這時候
1185　　　　1333
鎌倉時代

## 完蛋啦！
## 推翻幕府的計畫被發現了！

後醍醐天皇想要建立以天皇為中心的政治體制。
他召集推翻鎌倉幕府的夥伴，卻因為事跡敗露失敗了。

> 喂！
> 朕明明就準備了推翻幕府的計畫！
> 後醍醐天皇

### 後醍醐天皇推翻幕府的計畫失敗的日子

不滿幕府執政方式的後醍醐天皇為了讓朝廷拿回權力，與貴族們一起擬訂了推翻幕府的計畫。天皇的近臣日野資朝等人假裝設宴大肆宴客，實則是在招兵買馬。然而，他們的計畫被鎌倉幕府發現，參與計畫的貴族們都遭到了處罰。逃過一劫沒有被追究的後醍醐天皇又再次策畫要推翻幕府。

**問題**　鎌倉時代，在幕府內以執權的身分掌權的是？

❶ 源氏　　❷ 平氏　　❸ 藤原氏　　❹ 北條氏

答案：④　輔佐將軍的執權連續十四代都由北條氏擔任。

# 9月20日 （明治44年）

**國產飛行船飛過東京上空的日子**
西元1911年9月20日

大概這時候
1868 —— 1912
明治時代

## 用來紀念飛行船飛越東京上空的節日是「空之日」

9月20日是「空之日」。
由來是山田豬三郎的國產飛行船飛過東京上空的日子。

山田豬三郎完成了日本的第一架飛行船「山田式一號飛行船」，並成功進行首航。

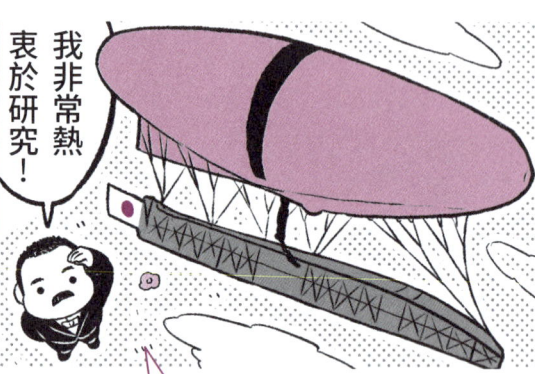

> 我非常熱衷於研究！

### 國產飛行船飛過東京上空的日子

我是山田豬三郎。擁有製作橡膠逃生用品經驗的我，決定運用這項技術來開發飛行船。開發出來的飛行船在1910年成功首航，隔年九月則在東京上空進行了一小時左右的航行。為了紀念這件事而制定的「航空之日」是如今的「空之日」的由來喔！

山田豬三郎

💡 **問題**　山田豬三郎在開發飛行船之前，在用橡膠製造什麼？

❶ 熱氣球　　❷ 飛機　　❸ 汽車　　❹ 火箭

答案：① 山田豬三郎在做出飛行船之前是製造軍用熱氣球的。

# 9月21日 （文久3年）

武市瑞山（半平太）入獄的日子
西元1863年11月2日

大概這時候
1603 — 1868
江戶時代

## 土佐勤王黨的成員通通都被抓去坐牢了！

武市瑞山想和同志們合力打造一個以天皇為中心的社會。他們在土佐藩藩主山內容堂的命令下遭到逮捕。

> 我不會改變尊皇攘夷的信念！
>
> 把武市瑞山抓起來！

### 土佐勤王黨的領袖武市瑞山鋃鐺入獄

武市瑞山（半平太）以土佐藩（現在的高知縣）的下級武士為中心，組成一個叫「土佐勤王黨」的組織，從事尊皇攘夷(※)的運動。藩主山內容堂是支持幕府和朝廷共同治理國家的公武合體派，與瑞山等人互相對立。土佐勤王黨起初勢如破竹，但是在公武合體派的勢力日漸增強以後，瑞山就和為數眾多的同志一起被打入大牢了。

※尊敬天皇、將外國勢力逐出日本的思想。

**問題** 過去被稱為「土佐藩」的高知縣位於何處？

① 九州地方　② 關東地方　③ 四國地方　④ 東北地方

答案：③　四國地方位在本州的西南邊，是和本州隔著瀨戶內海相望的大型島嶼。

# 9月22日（明治元年）

松平容保向新政府軍投降的日子
西元1868年11月6日

大概這時候
1868　　　1912
明治時代

## 我認輸了！
## 向新政府軍投降！

幕末時期，松平容保和東北及北陸各藩聯手對抗新政府軍。最後他認輸投降，打開了會津若松城。

> 我才不承認什麼新政府！

明治新政府把用權力打壓倒幕派的容保視為朝敵（朝廷的敵人），對他發動猛攻。

### 再也招架不住新政府軍！我舉白旗投降

我叫松平容保，是會津藩（現在的福島縣）的藩主喔！我擔任奧羽越列藩同盟(※)的中心對抗新政府軍。面對新政府軍的猛烈砲火，友軍米澤藩（現在的山形縣）和仙台藩（現在的宮城縣）認輸棄戰。守在會津若松城奮力抵抗的我也跟著投降了。

※東北和北陸的31個藩為了對抗新政府軍組成的同盟。

**問題** 會津若松城的別名是？

❶ 江戶城　　❷ 二條城　　❸ 姬路城　　❹ 鶴城

答案：④ 全國各地都有叫作鶴城的城堡，因此除了當地人以外，多半稱之為會津若松城。

# 9月23日（寶曆10年）

葛飾北齋的生日
西元1760年10月31日

大概這時候
1603 ———— 1868
江戶時代

## 日本引以為傲的**浮世繪畫家**葛飾北齋出生的日子喔！

進入江戶時代以後，町人文化蓬勃發展。
其中大受歡迎的是平民百姓也能輕鬆欣賞的浮世繪。

江戶時代出了如喜多川歌麿、東洲齋寫樂及歌川廣重等多位知名的浮世繪畫家，在當時大受歡迎。

我搬家搬了93次喔！

### 畫出《富嶽三十六景》等作品的葛飾北齋的生日

我叫葛飾北齋，是一位代表日本的浮世繪畫家！所謂的浮世繪是指把圖畫雕刻在木板上再拿去印刷的版畫。儘管浮世繪的主題以演員或女性居多，但我畫的《富嶽三十六景》等風景畫大受好評。我的畫還對西方的畫家造成了影響喔！

浮世繪畫家・葛飾北齋

---

💡 問題　　葛飾北齋在《富嶽三十六景》畫的是什麼山？

❶ 富士山　　❷ 聖母峰　　❸ 阿蘇山　　❹ 筑波山

答案：①　年過60以後，北齋在《富嶽三十六景》畫了富士山。

287

# 9月24日 （明治10年）

**西鄉隆盛的忌日**
西元1877年9月24日

大概這時候
1868 ──── 1912
明治時代

## 西鄉隆盛在對抗政府軍的戰役中**自盡**。西南戰爭邁入尾聲……

西南戰爭是由不滿明治政府的士族（※）發起的戰爭。在與政府軍的戰鬥中負傷的西鄉隆盛以刀自戕。

> 嗚嗚……！

> 我打不過政府軍……只能在這裡上路了！

### 在西南戰爭敗陣的西鄉隆盛自盡的日子

由於和明治政府理念不合，西鄉隆盛返回故鄉鹿兒島創辦學校。然而，政府卻懷疑他可能有推翻政府的意圖。不滿政府的士族們以西鄉為中心，展開與政府之間的戰爭，這就是西南戰爭。受到政府軍壓制退回鹿兒島的西鄉隆盛中槍負傷，自行結束了生命。於是，西南戰爭就這樣結束了。

※武士世家

**問題** 上野公園的西鄉隆盛銅像牽著什麼動物？

① 貓熊　　② 貓　　③ 獅子　　④ 狗

答案：④　西鄉隆盛以愛狗著稱，據說他養了將近二十隻狗。

# 9月25日 （文政12年）

西博德被流放海外的日子
西元1829年10月22日

大概這時候
1603　1868
江戶時代

## 攜帶日本地圖的事情曝光，被**流放海外**了！

西博德在長崎開設私塾，培養出一眾日本門生。他在回國前夕被發現持有日本地圖，遭到驅逐出境。

西博德作為荷蘭商館的醫生來到日本。在長崎開設了學校兼診所的「鳴瀧塾」。

攜帶禁止帶出國外的日本地圖被抓到了……！

### 被抓到持有地圖，西博德被流放海外

我叫西博德，是一位德國醫生喔！準備離開日本回國的前夕，我放在行李裡面的日本地圖被人查獲。當時的日本地圖是禁止帶出國的喔！我、官員和送我地圖的人等等，總共有十幾個人遭到逮捕並接受偵訊。這就是「西博德事件」喔！

菲利普・法蘭茲・馮・西博德
（Philipp Franz von Siebold）

**問題**　江戶時代，在長崎與外國進行貿易的人工島是？

❶ 伊豆大島　　❷ 佐渡島　　❸ 淡路島　　❹ 出島

答案：④　出島是日本建造的第一座人工島。

# 9月26日 （永祿11年）

織田信長與足利義昭入京的日子
西元1568年10月16日

大概這時候
1493 — 1573
戰國時代

## 就由我來讓足利義昭當上**將軍**吧！

織田信長擁護想當將軍的足利義昭，朝著京都出發。
多虧了信長，義昭順利坐上將軍的大位。

**義昭大人駕到——！**

信長9月7日從岐阜縣出發，一路上順便打倒六角氏等敵人，花了不到二十天就到京都了。

足利義昭

織田信長

**義昭能入京當上將軍都是託我的福！**

足利幕府第13代將軍足利義輝的弟弟足利義昭寫信給各個戰國大名們：「我想成為將軍，請你們一面當陪襯突顯我的厲害，一面隨我入京。」我——織田信長決心為義昭而戰，朝京都出發。接著，我便隨義昭一起入京了。

---

**問題** 把信長引薦給義昭的人是誰？

❶ 聖德太子　　❷ 明智光秀　　❸ 平清盛　　❹ 德川慶喜

答案：② 曾經是足利義昭家臣的明智光秀為兩人居中牽線。

# 9月27日 （昭和15年）

德義日三國同盟成立的日子
西元1940年9月27日

大概這時候
1926 ——— 1989
昭和時代

## 聯合德國和義大利一起**對抗**美國！

跟中國交戰、和美國對立的日本
與德國、義大利組成德義日三國同盟對抗中、美。

> 就能和美國、英國和蘇聯抗衡！ —— 希特勒
> 
> —— 桂小五郎
> 
> 只要三國聯手， —— 墨索里尼

### 三國約定彼此要互相幫助

1937年，中國抗日戰爭爆發，日本在侵略中國以後，與幫助中國的美國之間的關係急遽惡化。於是，日本聯合在歐洲戰場取得優勢的德國、由墨索里尼（Benito Mussolini）實行一黨獨裁制（※）的義大利組成德義日三國同盟，約好要彼此互相幫助。他們打算藉由這種方式對抗美國、英國和蘇聯（現在的俄羅斯）等國喔！

※權力集中在一人或單一政黨手中，禁止其他政黨活動的狀態。

**問題** 當時在德國帶領納粹黨的人是誰？

❶ 貝多芬　　❷ 牛頓　　❸ 哥倫布　　❹ 希特勒

答案：④ 德國首相希特勒（Adolf Hitler）也是納粹黨的領導人。

291

# 9月28日 （延曆4年）

早良親王的忌日
西元785年11月4日

大概這時候
710 ——— 794
奈良時代

## 不是我做的！痛訴自己的清白，盛怒之下活活氣死了！

早良親王被懷疑參與了藤原種繼暗殺事件。
憤怒的親王氣急攻心，就這樣氣死了。

### 早良親王主張自己的清白，憤然離世

早良親王是桓武天皇的弟弟，同時也是皇太子。此時發生了興建長岡京<sup>(※)</sup>的工程負責人藤原種繼被人以弓箭射殺的事件。雖然被當成犯人逮捕的是反對遷都的大伴氏，但早良親王也因為有涉案的嫌疑，被流放到淡路島。不過早良親王主張自己是無罪的，不吃東西、也不喝水，在前往淡路島半路上斷氣了。

※當時正在建造新的都城以遷離平城京。

**問題** 桓武天皇繼長岡京之後，在京都建設的都城是？

❶ 平安京　　❷ 北京　　❸ 東京　　❹ 藤原京

答案：① 早良親王過世後，因為作物枯死、疾病蔓延而遷都。

# 9月29日 （昭和47年）

簽署《中日聯合聲明》的日子
西元1972年9月29日

大概這時候
1926 ─ 1989
昭和時代

## 請多多指教！田中角榮首相和中國締結**邦交**了！

戰後有很長一段時間，日本和中國的關係非常惡劣。不過，日本的田中角榮首相出訪中國，約好雙方要開始當好朋友。

> 彼此彼此！
> 中國
> 以後請多多指教！
> 日本

### 中日簽署聯合聲明，建立邦交

成立於1949年的中華人民共和國過去和日本沒有邦交（國與國之間的正式交流）。因此在1972年的這一天，日本的田中角榮首相和中國的周恩來總理在北京（中國首都）簽署《中日聯合聲明》，建立了邦交。日本和中國約好要一直和平共處，維持良好的關係。接著在一個月後，作為友誼的證明，中國送給日本兩隻名叫「康康」和「蘭蘭」的貓熊喔！

**問題** 中國送的貓熊康康和蘭蘭住在哪一座動物園？

❶ 旭山動物園　❷ 東武動物園　❸ 江之島水族館　❹ 上野動物園

答案：④ 上野動物園除了貓熊之外，還飼養了350種以上的動物，是以日本最高的入園人數留下紀錄的動物園。

293

# 9月30日 （寬平6年）

**廢除遣唐使的日子**
西元894年11月1日

大概這時候
794 ———— 1185
平安時代

## 幸好廢除了！
## 遣唐使要承擔一堆**風險**！

平安時代，遣唐使是把唐朝（現在的中國）文化學起來傳到日本的重要角色。但因為風險也很高，菅原道真便廢除了這個制度。

（牌子）廢除・沈船・海盜・風險

（對話框）把遣唐使廢除了吧！

奈良時代有大量的遣唐使遠赴唐朝學習法律和佛教，但是在進入平安時代以後，次數就慢慢減少了。

### 菅原道真廢除遣唐使。
### 日本特有的文化蓬勃發展！

我是菅原道真，獲選擔任遣唐使。所謂的遣唐使指的是從日本遠赴唐朝的人喔！儘管遣唐使會把中國進步的文化帶回日本，卻也是個會遇到搭乘的船隻沉沒或海盜打劫的危險職務。反正唐朝的勢力也在日漸衰退，我就把這個制度廢除掉了。

---

**問題** 菅原道真被稱為「什麼之神」？

❶ 學問　　❷ 商業　　❸ 農業　　❹ 漁業

答案：① 菅原道真曾經是一位著名的學者，因此世人奉他為「學問之神」敬拜他。

### 中場休息小專欄

### 今年只剩下三個月啦！

# 一頁日本史
# 近世 篇

（漫畫）
天下接力棒
從今以後就是我的時代啦！
包在我們身上！
後面就交給你們了！
接！

### 在這個時代大放異彩的是信長、秀吉和家康這三個人！

武將的數量多如牛毛，要全部都記起來會很辛苦吧？不過，這個時代的重點人物只有三位，分別是織田信長、豐臣秀吉和德川家康，他們偶爾也會被稱為「三英傑」喔！首先，最先在戰國時代變強的是織田信長。可是他在距離統一天下只有一步之遙的地方，遭到家臣明智光秀的背叛離開了人世（參考P173）。接著，下一個變強的是豐臣秀吉。秀吉是信長的家臣，達成了朝思暮想的統一大業。然而，在秀吉死後，信長的昔日好友德川家康卻把這些通～通都占為己有，開啟了江戶時代喔！

295

# 10月1日 （天文24年）

**爆發嚴島之戰的日子**
西元1555年10月16日

大概這時候
1493 ─── 1573
戰國時代

## 在廣島的嚴島神社擊潰大軍啦！

毛利元就追隨的大內義隆被陶晴賢殺害，為了報仇，他把陶軍引誘至嚴島。

> 把敵人引誘到嚴島的話，可能有機會贏喔！
> 來喔　來喔
> 我想到了！

### 毛利元就在嚴島之戰打敗陶晴賢

毛利元就追隨的大內義隆遭人殺害。縱然元就有心想要報仇，可是毛利軍的兵力只有區區四千人。相對於此，敵對的陶軍卻有兩萬人之多。於是，元就把陶軍引誘到平地稀少、大軍行動不易的小島嚴島，這個戰術非常成功。被殺得措手不及的陶軍陷入混亂，陶晴賢則舉刀自盡了。

**問題** 位於嚴島的嚴島神社在1996年被登錄為？

❶ 人間國寶　❷ 特別天然紀念物　❸ 世界遺產　❹ 名譽市民

答案：③　1996年登錄世界遺產。為日本三景（日本三處著名美景）之一，又稱「安藝的宮島」。

| 10月2日 （安政2年） | 發生安政大地震的日子<br>西元1855年11月11日<br>1603　　　　　1868　大概這時候<br>江戶時代 |

# 哇！大地震！
## 江戶有多達七千人罹難

大地震侵襲了以江戶為中心的關東地方。
震垮建築、引發火災，並且造成超過七千名罹難者。

> 江戶因為地震和火災變得滿目瘡痍……

### 安政年間發生江戶大地震，造成超過七千名罹難者

晚上十點左右，超乎想像的大地震襲擊了江戶街道。以江戶為中心，現在的埼玉、千葉、神奈川一帶的震度超過5以上。這是一場震源位於東京灣、地震規模7.0至7.2，震源深度40至50公里的直下型地震。<u>江戶因為地震的搖晃，房屋倒塌、火災四起，徹底變成一座廢墟</u>。罹難者估計超過七千人喔！

💡 **問題**　江戶時代會把什麼動物的畫當成「地震平安符」？

❶ 鯰魚　　❷ 貓熊　　❸ 青鱂魚　　❹ 貂

答案：① 鯰魚自古被視為一種會預知地震的魚類。

297

# 10月3日（朱鳥元年）

大津皇子被迫自殺的日子
西元686年10月25日

大概這時候
593　　　　710
飛鳥時代

## 他策畫謀反，背叛朝廷？
## 大津皇子被迫**自殺**的日子

大津皇子作為天武天皇的皇子，集眾人的期待於一身。天皇駕崩後，他被以意圖興兵造反的罪名遭到逮捕。

> 我才24歲就死掉了……

天武天皇駕崩後，持統天皇即位。持統天皇打算讓兒子草壁皇子繼承皇位。

長得帥　人望　才能

### 以策畫謀反的罪名
### 被迫自殺的大津皇子

我叫大津皇子，是天武天皇的兒子！父皇對我有很高的評價。可是，他一駕崩，我就以涉嫌謀反的罪名遭到逮捕，被強迫自盡了。也有人說持統天皇是為了讓自己的兒子草壁皇子當上天皇，才把莫須有的罪名冠在我頭上的喔！

💡 **問題**　天武天皇的哥哥是誰？

❶ 春日局　　❷ 小野妹子　　❸ 安倍晴明　　❹ 天智天皇

答案：④　天武天皇的哥哥是天智天皇。兩人雖是兄弟，但年齡差距至今不明。

# 10月4日 （明治5年）

> 富岡製絲廠開始生產的日子
> 西元1872年11月4日
> 大概這時候
> 1868 ——— 1912
> 明治時代

## 富岡製絲廠開張大吉！
## 我們要生產生絲來賺錢啦！

群馬縣的富岡製絲廠啟動機器，開始生產生絲。
有無數女性員工在這裡工作，成為女性邁入社會的契機。

> 這下日本也成為近代國家的一員了呢！

### 雇用大批女性員工的富岡製絲廠開始生產了

這天，群馬縣的富岡製絲廠啟動了機器。明治時代，日本向國外出口數量龐大的生絲（從蠶繭抽出來的絲）。<u>為了大量生產品質優良的生絲進行出口，日本聘請法國技師並興建工廠</u>。在富岡製絲廠，有非常多女性勤奮勞動。女性開始作為技術員在富岡製絲廠工作，成了女性在社會上發光發熱的契機喔！

💡 **問題** 下列何者在2014年被登錄為世界遺產？

❶ 富岡製絲廠　❷ 東京鐵塔　❸ 東京巨蛋　❹ 國立競技場

答案：① 是日本的第18個世界遺產。

# 10月5日 （寬永7年）

藤堂高虎的忌日
西元1630年11月9日

大概這時候
1603　　　1868
江戶時代

## 侍奉的主君超過10位以上！
## 最後自己當上大名的**升官高手**

藤堂高虎出生在戰國時代一個領土狹小的家門，他以換了好幾任侍奉的主君，最後出人頭地的事跡名聲遠播。

### 問題

藤堂高虎以身材魁梧著稱。
請問他的身高是？

❶ 190公分
❷ 170公分
❸ 180公分

### 藤堂高虎其實是一位心地善良的人

藤堂高虎侍奉過的主君以淺井長政、豐臣秀吉以及德川家康、秀忠、家光三代將軍等較為知名，總人數超過十位以上！有些歷史小說之類的作品會醜化他，把他寫成叛徒，不過據說他實際上吃過很多苦，是一個心地善良的人喔！他告訴離開自己麾下的家臣「隨時都可以回來」，還嚴格交代「即使自己死了，家臣也絕對不能跟著殉死」。

### 補充

藤堂高虎以身材魁梧著稱，不過他全身上下布滿數不清的傷痕，都是在戰場上留來下的。相傳在他過世後看到遺體的家臣非常震驚。

答案：❶　藤堂高虎有一副可以在戰場最前線盡情發揮的好體格。

# 10月6日 （昭和29年）

決定實施ODA的日子
西元1954年10月6日

大概這時候
1926 — 1989
昭和時代

## 提供金錢和技術，幫助開發中國家(※)變得**更進步**！

為了幫助開發中國家，
日本也決定向世界各國看齊，助他們一臂之力。

> 讓我們透過ODA幫助開發中國家吧！

### 日本決定開始實施「政府開發援助（ODA）」

「ODA」是一個艱澀的專有名詞，中文是「政府開發援助（Official Development Assistance）」，指政府為開發中國家提供金錢和技術。1954年的這天，日本決定加入從事開發中國家援助活動的「可倫坡計畫（Colombo Plan）」，開始執行ODA。因為這個原因，10月6日被定為「國際合作之日」喔！日本的援助對象主要是印度、越南、伊拉克、孟加拉、緬甸這些位於亞洲、非洲以及中東的國家。

※經濟和發展不如已開發國家進步的國家。

**問題** 2004年，泰國的哪一種交通工具在日本的援助下首次通車？

❶ 雙層巴士　　❷ 火箭　　❸ 地下鐵　　❹ 腳踏船

答案：③　有助於解決交通堵塞及改善空氣汙染等環境問題。

# 10月 7日 （天正13年）

千利休在禁裏茶會獻茶的日子
西元1585年11月28日

大概這時候
1573　　　1603
安土桃山時代

## 把茶獻給天皇，結果得到一個**霸氣的名字**！

秀吉為了感謝天皇任命自己擔任關白（※），在京都御所舉辦茶會。利休在這場茶會上被認證為是天下第一的茶人。

### 禁裏茶會獻茶，利休名滿天下

當上關白的豐臣秀吉在禁裏舉行茶會以表謝意。「禁裏」指的是天皇所在京都御所喔！秀吉在茶會上把風行於武家社會的「侘茶」獻給正親町天皇。當時，千利休也獻茶給親王以及諸位公家（貴族），獲得正親町天皇賜居士號「利休」。就這樣，利休被認證為是天下第一的茶人囉！

※輔佐天皇的重要官職。

問題　千利休的老家原本是做什麼的？

❶ 商人　❷ 建造傳統宗教建築的木工　❸ 茶農　❹ 武士

答案：① 利休的老家在堺（大阪府堺市）販售海鮮。

## 10月8日 （昭和49年）

公布佐藤榮作獲得諾貝爾和平獎的日子
西元1974年10月8日

大概這時候
1926 ～ 1989
昭和時代

# 日本人首次獲得諾貝爾和平獎！

前首相佐藤榮作發表的「非核三原則」深受肯定，獲選成為諾貝爾和平獎的得獎人。

> 我是日本唯一的一位諾貝爾和平獎得獎人！

## 公布佐藤榮作前首相榮獲諾貝爾和平獎

這天公布了佐藤榮作即將以日本人的身分首次獲頒諾貝爾和平獎喔！他在1967年的國會上發表了「不持有、不生產、不引進核武」的非核三原則，因此獲得表揚。這個原則也是在《憲法》中展現和平主義（不參與戰爭）的日本作為國家的方針喔！佐藤榮作從1964年11月到1972年7月為止，總共當了七年又八個月的首相。

### 問題　佐藤榮作的下一任總理大臣是誰？

❶ 伊藤博文　　❷ 犬養毅　　❸ 勝海舟　　❹ 田中角榮

答案：❹　田中角榮出生於新潟縣，是少數沒有大學畢業的首相。

303

# 10月9日 （昭和21年）

實施男女共學的日子
西元1946年10月9日

大概這時候
1926 ─── 1989
昭和時代

## 既然戰爭也結束了，以後男生女生都要**感情融洽**地一起上學喔！

法律針對在戰爭期間成立的「國民學校」制度做了更進一步的改善，規定男女要在同一間學校或教室裡上課。

找出3個不同之處

### 男女分班已經過時了！男女共學開始實施

戰爭期間的小學稱為「國民學校」。雖然在戰敗剛過不久的期間還是繼續沿用這個名稱，但學校的教學內容和制度卻需要大幅度的調整。日本從開始實施學校教育的明治時代起，男女就是分別在不同的教室分班授課，學的科目和用的課本也截然不同。當時像是選舉權也只開放給男性。實現男女平等在往後的民主主義社會（※）是非常重要的喔！

※人民可以透過討論來決定國家事務的自由平等社會。

**補充**　在實施男女共學大約過了一個月的11月3日頒布了《日本國憲法》，第14條規定所有國民在法律之下人人平等。

答案：①老師的髮型　②桌子中間的文具　③前面女生的筆記本

304

# 10月10日 （天正5年）

松永久秀自殺的日子
西元1577年11月19日
大概這時候
1573 — 1603
安土桃山時代

## 我才不會把**平蜘蛛**交給信長那種人呢！

松永久秀背叛織田信長，據守在信貴山城。當城堡遭到包圍以後，他便摔破茶器「平蜘蛛」自盡了。

松永久秀：我才不要給信長咧——！

信長入京後，松永久秀認輸並聽命於他，但他卻背叛信長，再度與他對立。

### 可恨的信長！松永久秀打破知名茶器自殺身亡！

我叫松永久秀，是戰國時代一個非常厲害的武將喔！我背叛過去侍奉的織田信長，躲在信貴山城據守不出。信長說，只要我把自己那盞作工精美的茶碗「平蜘蛛」交出來就饒我一命，但豈能如此。我打破寶貝的平蜘蛛，在天守引火自焚。

織田信長：咦——！

### 問題　松永久秀燒掉了哪一座奈良寺廟？

❶ 清水寺　　❷ 增上寺　　❸ 東大寺　　❹ 延曆寺

答案：③　相傳是火苗延燒至鐵砲的火藥，不小心燒掉的。

# 10月11日 （昭和22年）

山口法官餓死的日子
西元1947年10月11日

大概這時候
1926 ── 1989
昭和時代

## 不管肚子有多餓，**違法**就是不行！

山口法官曾對在黑市（※）進行食品交易的人們進行審判，戰後他只吃政府配給的食物，因為營養不良活活餓死了。

> 我是法院的法官，怎麼能吃違法的食物！
> 咕嚕

### 山口法官拒吃黑市的食物死於飢餓

這天，東京地方法院的山口良忠法官因為營養失調離開了人世。第二次世界大戰以後，食物和日用品都很匱乏，有許多民眾會在違法的黑市購買這些東西。<u>山口法官曾經審判過在黑市裡進行食品交易的百姓，因此宣稱「自己無法違背法律」，試圖只靠配給的食物果腹維生</u>。最後他因為這樣營養不良過世了。

※在物資匱乏的時期，違法販賣物品的商店聚集地。

**問題** 從農家流入黑市的違法米叫作什麼？

❶ 黑米　　❷ 私下交易　　❸ 舊米　　❹ 無洗米

答案：① 當時的米歸政府統一管理，卻在一種叫黑市的地方被拿來非法交易。

# 10月12日 (明治14年)

**決定成立國會的日子**
西元1881年10月12日
大概這時候
1868 ── 1912
明治時代

## 在九年後的1890年我們要成立國會！

明治時代初期，針對國會及憲法的議論持續升溫，明治天皇宣布將會成立國會。

> 好耶──！
> 我國也要成立國會！

### 明治天皇宣布要成立國會

這天，明治天皇發表了決定將在1890年成立國會（議會）的文書。在這個時代，人民開始發現政府的各種問題，要求設立以國民為中心施政的國會，這叫作「自由民權運動(※)」喔！隨著自由民權運動日漸加劇，有力政治家伊藤博文向明治天皇請願，要求在十年之內開設國會。點頭答應的明治天皇於是發表了會遵守約定的文書。

※為追求自由試圖改變政治的運動。

💡 **問題** 伊藤博文是日本的第一位什麼？

① 環境大臣　② 內閣總理大臣　③ 東京都知事　④ 動物園園長

答案：② 他以歷代最年輕的44歲就任內閣總理大臣。

# 10月13日 （文化元年）

執行世界第一場全身麻醉手術的日子
西元1804年11月14日

大概這時候
1603 ─ 1868
江戶時代

## 太好了！世界第一場全身麻醉手術成功了！

江戶時代的醫生華岡青洲為了手術從事麻醉的研究。
他為患者進行了世界第一場全身麻醉手術。

> 只要使用麻醉，就能讓以前不能做的手術化為可能！

### 華岡青洲執行了世界第一場全身麻醉手術

為了拯救為疾病所苦的人們而鑽研醫學的華岡青洲發現，古代中國的醫生會用麻醉藥來進行手術。他心想：「只要使用麻醉藥，就能執行以前因為太痛不能做的手術。」抱著自己也要做出麻醉藥動手術的決心展開研究。接著，在這一年，青洲幫乳癌患者進行了世界第一場全身麻醉，成功透過手術取出了腫瘤。

**問題** 華岡青洲的麻醉藥使用了哪一種植物？

❶ 洋金花　　❷ 西瓜　　❸ 葡萄　　❹ 桃子

答案：① 又名「曼陀羅華」，也是日本麻醉科學會的標誌。

# 10月14日 （慶應3年）

**江戶幕府結束的日子**
西元1867年11月9日

大概這時候
1603　　1868
江戶時代

## 請容我恭敬地交還予您。幕府結束，邁向**以天皇為中心**的政體

江戶幕府的第15代將軍決定把政權還給天皇，自鎌倉幕府以來延續了700年左右的武家政權宣告結束。

### 問題

江戶幕府的最後一位將軍是誰？

❶ 德川慶喜
❷ 德川家慶
❸ 德川家茂

### 結束265年的江戶幕府，施行大政奉還的日子

薩摩藩、長州藩（※）以及一部分的公家企圖以武力推翻江戶幕府，在這樣的情況之下，前土佐（現在的高知縣）藩主山內容堂向第15代將軍德川慶喜進言，實行把政權還給天皇的「大政奉還」。慶喜允諾，朝廷立刻頒布《王政復古大號令》，宣布要展開以天皇為中心的政治體制並撤除幕府。就這樣，歷時265年的江戶幕府，若從鎌倉幕府算起則長達七百年的武家政治結束了！

※薩摩藩在現在的鹿兒島縣，長州藩在現在的山口縣。

### 補充

不當將軍之後的德川慶喜過著以相機、自行車、音樂等興趣為樂的生活，大正2年（1913年）離開人世，享年77歲。

答案：① 明治時代以後，他在靜岡度過餘生，世人親暱地稱他為「KEIKI大人」（「慶喜」的音讀，本來應作訓讀「YOSHINOBU」）。

309

# 10月15日（天智天皇8年）

中臣鎌足被賜姓藤原的日子
西元669年11月13日

**大概這時候**
593 ─────── 710
飛鳥時代

## 天智天皇賜給我「藤原」這個姓！

中臣鎌足與天智天皇共同推動大化革新（※）。他獲得天皇賜姓「藤原」，改名藤原鎌足。

> 天智天皇賜予中臣鎌足「藤原」之姓，變成藤原鎌足。藤原氏由此發跡，日益繁榮。

謝主隆恩——！

天智天皇賜給我「藤原」這個姓！

### 中臣鎌足獲得天皇賜姓「藤原」

我是跟中大兄皇子（後來的天智天皇）等人共同擊敗蘇我氏、推動大化革新的中臣鎌足！天智天皇將「藤原」之姓、冠位及地位賜給了從馬背上摔下來命在旦夕的我。雖然我隔天就死掉了，不過子孫則作為藤原氏，讓家族變得越來越強盛喔！

改姓藤原的中臣鎌足。

※採用年號、規定所有土地為天皇所有等等的政治改革。

**問題** 被中大兄皇子和中臣鎌足打敗的人是誰？

❶ 蘇我貓熊　　❷ 蘇我鯨魚　　❸ 蘇我入鹿　　❹ 蘇我無尾熊

310

答案：③　被打倒的人是蘇我入鹿。不久後，其父蝦夷跟著自盡，蘇我家就此滅亡。

# 10月16日 （昭和48年）

發生第一次石油危機的日子
西元1973年10月16日

大概這時候
1926 ─ 1989
昭和時代

## 沒有衛生紙了？！大家陷入囤貨恐慌。

當原油（石油）出口價格的大幅調漲已成定局，在日本，對於各種產品將會缺貨的擔憂逐漸擴散。

找出3個不同之處

### 原油價格調漲所引發的第一次石油危機

「石油輸出國組織（Organization of the Petroleum Exporting Countries，簡稱OPEC）」決定將原油的出口價格調漲70%。當時日本用來生產能源的原油有將近八成都是向海外購買，所以為了省電，展開了百貨公司縮短營業時間、電視臺深夜停播等等的「節能運動」喔！就在這時，衛生紙即將缺貨的假消息四處流傳。民眾陷入恐慌，紛紛搶著囤貨，甚至把店裡的商品都買光了！

**補充**　五年後的昭和53年（1978年）也發生了原油價格調漲，稱為「第二次石油危機」，但這時國民也能冷靜應對了。

答案：①購物籃裡面　②左邊的人的髮型　③前面海報上的文字

311

# 10月17日（昭和43年）

公布川端康成獲得諾貝爾文學獎的日子
西元1968年10月17日

大概這時候
1926　　　1989
昭和時代

## 他是日本第一位
## 諾貝爾文學獎得獎人喔！

川端康成是以《伊豆舞孃》和《雪國》等小說聞名的作家，其描繪日本之美的作品得到肯定，榮獲諾貝爾文學獎。

> 穿越縣界的長長隧道便是雪國。

### 賀！日本獲得第一座諾貝爾文學獎！

這天是公布作家川端康成得到日本第一座諾貝爾文學獎的日子喔！以《伊豆舞孃》、《古都》、《雪國》等作品聞名的川端康成自1961年起，每年都入圍諾貝爾文學獎，並且在第八次入圍的1968年確定得獎。作品本身的卓越不凡自然不在話下，而當時比較鮮為人知的日本文學獲得高度評價，也被認為是他得獎的原因喔！

**問題**　在川端康成之後，下一個得到諾貝爾文學獎的日本人是誰？

❶ 大江健三郎　　❷ 巴布・狄倫　　❸ 佐藤榮作　　❹ 石黑一雄

答案：①　22歲成為作家，得到諾貝爾文學獎的年紀則是59歲。

# 10月18日（慶長7年）

**小早川秀秋的忌日**
西元1602年12月1日

大概這時候
1573 — 1603
安土桃山時代

## 在關原之戰**倒戈投靠**東軍！才21歲就去世了！

小早川秀秋成為豐臣秀吉的養子，從小就在百般呵護下長大，但他在關原之戰背叛秀吉，後來年紀輕輕就過世了。

被北政所扶養長大的小早川秀秋在關原之戰立下的功勞獲得肯定，成了岡山藩的藩主。

> 大家，永別了⋯⋯
> 反正我就是個叛徒！

### 關原之戰的兩年後，小早川秀秋逝世

我的父親是秀吉正室（※）北政所的兄弟，母親則是北政所的堂姊妹，我因此成為秀吉的養子，由北政所扶養長大。然而，在秀吉死後爆發的關原之戰，我背叛對我有養育之恩的秀吉，加入了德川家康的陣營。關原之戰的兩年後，我年僅21歲就過世了。

小早川秀秋

※正式的妻子。

💡 **問題** 在關原之戰擔任西軍中心人物的是？

① 德川秀忠　② 方濟各・沙勿略　③ 明智光秀　④ 石田三成

答案：④　中心人物是石田三成，總大將則是毛利輝元。

313

# 10月19日 （昭和31年）

簽署《日蘇共同宣言》的日子
西元1956年10月19日

大概這時候
1926　　　　1989
昭和時代

## 藉由《日蘇共同宣言》和蘇聯**恢復邦交**(※)了喔！

日本與蘇聯（現在的俄羅斯）一直維持著互不往來的狀態，直到1956年公布《日蘇共同宣言》，才終於恢復國與國之間的關係。

> 往後讓我們和平共處吧！
> 終於恢復邦交了！

### 簽署《日蘇共同宣言》，日本和蘇聯重修舊好！

第二次世界大戰以後，日本和蘇聯之間並沒有簽訂和平條約，因此在國際法上依然維持著戰爭狀態。於是，日本總理大臣鳩山一郎拜會蘇聯首相布爾加寧（Nikolai Bulganin），決定終結兩國之間的戰爭狀態、恢復邦交，以及將北海道東北方島群中的齒舞群島及色丹島交給日本等事項，簽署了《日蘇共同宣言》喔！

※兩國之間彼此認同、互相交流。

**問題**　蘇聯是現在的哪一個國家？

① 美利堅合眾國　② 中華人民共和國　③ 阿拉伯聯合大公國　④ 俄羅斯聯邦

答案：④　1991年變成俄羅斯聯邦。第一任總統是葉爾欽（Boris Yeltsin）。

314

# 10月20日 （文永11年）

爆發文永之役的日子
西元1274年11月19日

大概這時候
1185　　　1333
鎌倉時代

## 真奇怪，神風吹起，占盡優勢的元軍就不見了？

元朝（現在的中國）軍隊用載著好幾萬名士兵的船艦逼近日本，受到壓制的日本屈居劣勢，可是到了隔天，元軍卻消失了。

> 颯——
> 哇啊
> 本來一直輸，但是託神風的福打贏了？

### 文永之役颳起神風，取得優勢的元軍撤退了

統治中國的蒙古王朝——元朝的忽必烈決定率領數萬名士兵攻打日本。這天，元朝的船艦集結在九州的博多灣，士兵們開始登陸。對此，大約有四千名日本武士前往迎戰，雙方展開交鋒，這就是「文永之役」喔！日本武士陷入苦戰，然而在元軍撤回船上的當天夜裡，暴風雨肆虐造成多艘船艦沉沒，元軍因而撤退。這場暴風雨被稱為「神風」喔！

#### 問題　蒙古帝國元朝的第一任皇帝是？

❶ 成吉思汗　　❷ 秦始皇　　❸ 奧古斯都　　❹ 足利尊氏

答案：①　他為人類史上最大規模的帝國奠定根基。

315

# 10月21日 （昭和18年）

> 舉辦學生兵誓師大會的日子
> 西元1943年10月21日
> 大概這時候
> 1926 ─ 1989
> 昭和時代

## 兵力不足！
## 學生也被送上戰場……

眼看日本即將輸掉太平洋戰爭。在明治神宮外苑競技場，舉辦了把學生們送上戰場的誓師大會（※）。

> 終於輪到學生上戰場了嗎……

### 在明治神宮外苑舉辦學生兵誓師大會

太平洋戰爭末期，日軍的戰死者越來越多，士兵的數量日漸不足。在此之前，就讀大學或專門學校的學生不需要從軍，然而為了填補兵力的缺口，政府決定把學生送上戰場。這天，在秋雨飄搖的東京明治神宮外苑競技場集結了大約七萬名學生，舉行了送他們出征的誓師大會。據說全國加入軍隊的學生總共多達十三萬人喔！

※為即將出征的士兵餞行的集會。

### 問題　下列何者是興建於明治神宮外苑競技場舊址的建築物？

❶ 東京巨蛋　❷ 日本武道館　❸ 甲子園球場　❹ 國立競技場

答案：④　成為1964年東京奧運的舉辦場地。

# 10月22日 （延曆13年）

**桓武天皇遷都平安京的日子**
西元794年11月18日
大概這時候

794 ——————— 1185
平安時代

## 搬新都啦！
## 桓武天皇**遷都**平安京。

離開各種災禍不斷的長岡京，搬往平安京。
遷都的其中一個原因是早良親王的怨靈。

> 怨靈好可怕喔……！

桓武天皇離開十年前才剛從平城京遷過來的長岡京，搬到新蓋好的平安京。

### 早良親王的怨靈太可怕了！
### 桓武天皇遷都平安京

遷都的意思是遷移首都。這天是我把首都搬到平安京的日子。之前的長岡京發生了各式各樣的事件，例如工程負責人藤原種繼被人暗殺、弟弟早良親王留下滿腹怨懟離世等等，<u>我被早良親王的怨靈嚇得魂不守舍</u>，這就是我遷都平安京的原因之一！

---

💡 **問題**　平安京舊址位於何處？

❶ 大阪府　　❷ 奈良縣　　❸ 東京都　　❹ 京都府

答案：④　這裡截至明治2年（1869年）為止都是日本的首都。

317

# 10月23日（建治2年）

北條實時的忌日
西元1276年11月30日

大概這時候
1185　　　　1333
鎌倉時代

## 蒐集最愛的書本
## 建立**金澤文庫**的北條實時

鎌倉時代的武將北條實時在卸下幕府的工作之後蒐集了各式各樣的書籍，打造了金澤文庫。

> 我從幕府退休之後，蒐集了一大堆的書喔！

### 建立金澤文庫的北條實時離世的日子

北條實時雖然身為鎌倉時代的武將，但是非常熱愛學問。卸下幕府的工作以後，他在金澤（現在的橫濱市金澤區）的別墅裡蒐集大量書籍，抄寫謄本。這就是被譽為日本最古老武家文庫的「金澤文庫」喔！他的藏書橫跨政治、文學、歷史等各種領域。建立金澤文庫的北條實時去世後，金澤文庫還是有被繼續傳承下去喔！

**問題** 金澤文庫的「文庫」是指什麼？

❶ 消防署　　❷ 警察署　　❸ 圖書館　　❹ 市公所

答案：③　亦指收藏文書或圖書的書庫。

# 10月24日 （明治19年）

**發生諾曼頓號事件的日子**
西元1886年10月24日

大概這時候
1868 ―― 1912
**明治時代**

## 船沉沒了！
## 日本人全數罹難？

從橫濱航向神戶的英國貨船諾曼頓號（Normanton）沉沒了。
英國人逃過一劫，但日本人卻全數罹難。

英國船長對日本人見死不救？

### 諾曼頓號沉沒，日本人全數罹難

1886年的這一天，從橫濱航向神戶的英國貨船諾曼頓號在和歌山縣外海沉沒了。當時，英國船員搭乘小艇成功脫困，但是日本船客卻被留在船上，全數葬身大海，無一倖免！最初判決時，船長等人被判無罪，但日本國民非常憤怒，不滿外國的不平等條約。於是，日本政府便以殺人罪將船長等人起訴了！

**問題** 外國人不必遵守所在國家法律的權利稱為什麼？

❶ 治外法權　　❷ 都道府縣　　❸ 選舉權　　❹ 富國強兵

答案：① 這項有利於外國人的權利以諾曼頓號為契機被提出來重新檢討。

# 10月25日 （寬永14年）

發生島原之亂的日子
西元1637年12月11日

大概這時候
1603　　　1868
江戶時代

## 總大將是天草四郎。
## 江戶時代最大的武裝行動！

對天主教的嚴格取締苦不堪言的民眾，推舉16歲的天草四郎擔任總大將，發動了島原之亂。

> 四郎大人！
> 我就是神之子天草四郎！

### 農民發動了「島原之亂」

這天，長崎縣島原半島南部的農民們，再也無法忍受幕府對天主教的嚴重打壓以及強徵年貢，殺死了代官（※），發起武裝行動，這就是「島原之亂」！當上總大將的是一位16歲的少年天草四郎。大約三萬名叛軍躲進原城，死命抵抗。幕府向島原派出十幾萬援軍，發動總攻擊打敗叛軍。這起「島原之亂」被稱為江戶時代最大的武裝行動喔！

※代替主君對地方政務等進行管理的官員。

**問題** 頒布《伴天連追放令》流放傳教士的人是？

① 豐臣秀吉　② 織田信長　③ 千利休　④ 明智光秀

答案：① 秀吉害怕天主教在日本傳開，天主教徒會起兵造反。

# 10月26日 （明治42年）

**伊藤博文遭到暗殺的日子**
西元1909年10月26日

大概這時候
1868　　　1912
明治時代

## 伊藤博文在哈爾濱車站遭人持槍暗殺了！

在當上韓國總監之後持續推動韓國殖民地化的伊藤博文，被想讓韓國獨立的安重根刺殺了。

> 日本奪走了韓國的外交權，在韓國境內設置了名為統監府的機關。伊藤博文是第一任統監。

### 推動殖民地化的伊藤博文遭人暗殺

我是還當過第一任內閣總理大臣的伊藤博文。為了與俄羅斯進行協商，我抵達了哈爾濱車站，正當我走下火車，與俄羅斯人一一握手時，遭到別人持槍射擊，遇刺身亡。犯人是想要實現獨立的韓國人安重根。因為我一直設法讓韓國變成殖民地，所以才會被他盯上。

遭到暗殺的伊藤博文。

---

💡 **問題**　使用伊藤博文肖像的日幣鈔票是多少面額？

❶ 2千日圓　　❷ 5千日圓　　❸ 1萬日圓　　❹ 1千日圓

答案：④　發行期間為昭和38年（1963年）到昭和61年（1986年）。

# 10月27日 （安政6年）

**吉田松陰被處刑的日子**
西元1859年11月21日

大概這時候
1603 ── 1868
江戶時代

## 吉田松陰在**安政大獄**被處死了！

吉田松陰被押送到江戶接受偵訊。
在那裡查出他曾經計畫暗殺老中，因而被處以死刑。

> 我是對的。所以一點也不後悔。

### 在江戶接受偵訊的吉田松陰遭到處死

吉田松陰從萩被押送至江戶關進大牢。理由是滿心懷抱尊皇攘夷(※)宏願的梅田雲濱說自己曾經見過吉田松陰，所以幕府要調查他們的談話內容。松陰認為這是向幕府闡述己見的大好機會，脫口說出了針對幕府老中間部詮勝的暗殺計畫。為之駭然的幕府判了他死刑，在當天之內就把他處死了。

※ 尊敬天皇、將外國勢力逐出日本的思想。

**問題** 吉田松陰的故鄉「萩」位於什麼縣？

❶ 島根縣　　❷ 兵庫縣　　❸ 鳥取縣　　❹ 山口縣

答案：④　位於山口縣北部，面向日本海的地方。

# 10月28日 （明治9年）

**發生萩之亂的日子**
西元1876年10月28日

大概這時候
1868 ── 1912
明治時代

## 實在忍無可忍了！
## 忿忿不平的士族引發了萩之亂

前原一誠企圖召集不滿明治政府的士族(※)起兵造反，但計畫東窗事發，叛亂一下子就被控制住了。

### 前武士家族發動「萩之亂」

進入明治時代以後，生活陷入困境的士族們紛紛在各地揭竿而起。1867年的這天，不滿政府的士族在山口縣的萩，發起一場名為「萩之亂」的叛亂。前原一誠等人也集結大約兩百名同志，計畫要攻擊縣廳。然而，消息在事前走漏，計畫以失敗告終。前原等五人搭船逃往東京，卻在中途被捕，而「萩之亂」也在一週左右就被鎮壓了。

※武士世家。

**問題** 參與萩之亂的吉田松陰任教的私塾是？

❶ 學習塾　　❷ 慶應義塾　　❸ 松下村塾　　❹ 英語塾

答案：③　為松陰的叔叔玉木文之進所開設。

## 10月29日（昭和20年）

日本最早的彩券開賣的日子
西元1945年10月29日

大概這時候
1926　　　1989
昭和時代

# 最早的彩券一張賣10日圓！
# 四張「銘謝惠顧」換10支香菸！

戰爭結束的兩個月後，「第一期彩券」正式開賣。
據說受歡迎到甚至還出現了山寨版。

**問題**　最早的彩券頭獎有多少獎金？

❶ 5萬日圓
❷ 10萬日圓
❸ 100萬日圓

### 在東西比鈔票更值錢的時代，最早的彩券正式開賣

戰後的日本幣值下跌，萬物齊漲，民不聊生。因此，延續戰爭時期的作法，米、衣物、酒、香菸等物品的數量是由政府的配給決定。「第一期彩券」會大受歡迎的原因，似乎是因為可以用四張「銘謝惠顧」的彩券換十支香菸。頭獎除了獎金之外，還會附贈40公尺的棉布。果然是東西比鈔票更值錢的時代呢！

**補充**　昭和20年（1945年），彩券賣出了3億日圓。自隔年起，地方也開始能自行販售彩券，這些所得被用來重建在戰爭中變得滿目瘡痍的城鎮。

答案：❷　即便是在糧食等物資匱乏的配給制時代，10萬日圓依舊是令人充滿夢想的金額。

# 10月30日 （明治23年）

頒布《教育敕語》的日子
西元1890年10月30日

大概這時候
1868 ── 1912
明治時代

## 「朕惟……」
## 明治天皇頒布《教育敕語》

明治天皇發表了彰顯教育基本方針的《教育敕語》，此舉背後也有要打壓自由民權運動[※]的目的存在。

> 全體國民，讓我們團結一心，支持日本走下去吧！

### 明治天皇發表了《教育敕語》

《教育敕語》是明治天皇展現他對於教育、道德之基本理念的一番話，裡面寫著他長久以來的領悟，例如孝順父母、兄友弟恭等等。直到日本在太平洋戰爭戰敗為止，《教育敕語》都是教育的參考基準。在這個時代，日本各地頻頻發生各種事件。政府對此產生危機意識，於是才想推廣以天皇為中心的教育。

※為追求自由試圖改變政治的運動。

---

💡 **問題**　明治時代初期，人民把什麼看得比國家更重要？

❶ 太陽　　❷ 藩　　❸ 大海　　❹ 村

答案：②　明治時代初期，把藩（類似現在的縣）視為祖國的人占了一大半。

# 10月31日 （明治17年）

發生秩父事件的日子
西元1884年10月31日

大概這時候
1868 ——— 1912
明治時代

## 「困民黨」在埼玉縣秩父襲擊高利貸和警察的事件

苦於付不起稅金和高利息借款的秩父農民組成「困民黨」，對放高利貸的商人、警察和公所等發動攻擊。

> 我們很困擾耶！
> 延長還款期限！
> 噠！噠！噠！噠！噠！
> 減輕稅金！

### 秩父農民引發秩父事件的日子

這個時代稅金提高、物價飛漲，有很多人無力償還債務。這些人加入從事自由民權運動[※]的自由黨，透過這個方式來增加同伴。1884年的這天，秩父地方大約有三千位農民自稱「困民黨」，高舉「延長還款期限」和「減稅」的訴求，襲擊了借高利貸的商人、警察以及公所。政府則出動了軍隊進行鎮暴。

※為追求自由試圖改變政治的運動。

**問題** 發生秩父事件的秩父地方位於何處？

❶ 茨城縣　　❷ 群馬縣　　❸ 栃木縣　　❹ 埼玉縣

答案：④　在埼玉縣的最西邊。也是鑄造和同開珎（日本最早流通的貨幣）所需的銅礦產地。

# 11月1日 （皇極天皇2年）

山背大兄王被蘇我入鹿襲擊的日子
西元643年12月16日

大概這時候
593　　　　　710
飛鳥時代

## 聖德太子的兒子山背大兄王被蘇我入鹿偷襲了！

身為聖德太子之子、深受眾人信賴的山背大兄王，在遭到擁護其他皇子的蘇我入鹿襲擊後自盡身亡。

> 戰爭會導致很多人受傷。既然如此，我選擇死亡。

蘇我入鹿擁護古人大兄皇子，以成為下一任天皇的親戚把持權力、耀武揚威。

### 山背大兄王為了避戰選擇自我了斷

我的父親是聖德太子。作為下一任天皇候選人受到萬民愛戴的我在斑鳩宮（聖德太子的宮殿）被蘇我入鹿的軍隊偷襲。入鹿一心想讓對他唯命是從的古人大兄皇子成為下一任天皇。不喜歡和別人起衝突的我便帶著整個家族一起在法隆寺自盡了。

---

**問題**　建造法隆寺的人是？

❶ 聖德太子　　❷ 清少納言　　❸ 聖武天皇　　❹ 藤原道長

答案：①　聖德太子興建的法隆寺築於飛鳥時代，是世界上最古老的木造建築。

327

# 11月2日 （昭和6年）

東京科學博物館開幕的日子
西元1931年11月2日

大概這時候
1926 ——— 1989
昭和時代

## **國立科學博物館**的前身
## 東京科學博物館開幕啦！

東京科學博物館坐落於關東大震災中嚴重受損的上野公園裡面。經過重建，在這天正式開幕。

> 鏘鏘
> 變成比之前更氣派的博物館了喔！

### 東京科學博物館開幕的日子

國立科學博物館是日本最具歷史的綜合科學博物館。這座博物館的功能是調查、研究、蒐集並保存標本資料、展示以及輔助教學等等，它的使命是讓更多人熟悉科學。在關東大震災中損傷慘重的教育博物館在上野公園進行重建，變成東京科學博物館（現在的國立科學博物館）。這天，昭和天皇及皇后兩位陛下蒞臨現場，舉行了開幕儀式喔！

💡 **問題**　從上方俯瞰東京科學博物館會呈現什麼形狀？

❶ 圓形　　❷ 飛機　　❸ 山　　❹ 恐龍

答案：② 這種形狀的建築在當時極為罕見，以先進技術建造而成。

# 11月3日 （昭和21年）

頒布《日本國憲法》的日子
西元1946年11月3日

大概這時候
1926　　　1989
昭和時代

## 主權在民！
## 頒布《日本國憲法》

在第二次世界大戰結束隔年的11月3日，政府為了把日本變成民主國家，頒布了《日本國憲法》。

創造一個比現在更好、充滿和平的國家吧！

閃閃
日本國憲法
發光

我是新的憲法！

### 取代《大日本帝國憲法》的《日本國憲法》頒布了

第二次世界大戰後，掌控日本的GHQ（※）想要把日本變成一個尊重多數人意見的國家。而為了達到這個目的，需要制定取代《大日本帝國憲法》的新憲法。《日本國憲法》的基本原則有三，分別是國民主權（國家事務由國民決定）、尊重基本人權（每個人都能活得有尊嚴）及和平主義。而在和平主義中則包含不會為了解決紛爭而發動戰爭以及不持有軍備喔！

※盟軍最高司令官總司令部，最高司令官是道格拉斯・麥克阿瑟。

**問題** 在《大日本帝國憲法》當中，國家的主權屬於何者？

❶ 將軍　　❷ 藩主　　❸ 天皇　　❹ 貴族

答案：③ 在《大日本帝國憲法》，最高權力者是天皇，擁有一切的權利。

329

## 11月4日 （慶長元年）

服部半藏的忌日
西元1596年12月23日

大概這時候
1573　　　1603
安土桃山時代

# 我叫服部半藏！
# 是為家康大人效命的武將喔！

服部半藏是繼承父親的衣缽效忠於德川家康的武將，他輔佐家康，獲選成為德川十六神將的其中一人。

服部半藏曾經在「姊川之戰」等諸多戰役中立下戰功，竭盡所能地為德川家康賣命。

我不是忍者，是武將才對啦！

### 追隨家康的武將服部半藏過世了

我叫服部半藏，是一名效忠於德川家的武將。「服部半藏」是代代相傳的名字，所以有好幾個人喔！不過，其中名聲最響亮的就屬我本人服部半藏正成。我繼承父業侍奉德川家康大人，在戰場上為他賣命！還入選成為「德川十六神將」喔！

服部半藏正成。

💡 問題　服部半藏被視為什麼的領導者？

❶ 忍者　　❷ 相撲力士　　❸ 學者　　❹ 浮世繪師

答案：①　他是伊賀國（現在的三重縣）的領導者，但真正的忍者只有初代的服部半藏一人。

# 11月5日 （昭和47年）

貓熊在上野動物園公開亮相的日子
西元1972年11月5日

大概這時候
1926 — 1989
昭和時代

## 遊客一天有20萬人！貓熊來到上野了♪

貓熊作為日本和中國恢復邦交的象徵來到日本。自從貓熊來了之後，每天有多達20萬人湧入上野動物園。

> 他們是為了彰顯中日友好來到日本的康康和蘭蘭喔！

### 貓熊在上野動物園公開亮相

這天，上野動物園首次公開了中國贈送的貓熊。在田中角榮首相出訪中國，使日本和中國恢復邦交的這一年，作為中日建立友好關係的象徵，貓熊康康和蘭蘭抵達了日本。為了參觀貓熊，平均每天有20萬人，11月6日甚至有多達26萬人湧進上野動物園，因此可以看到兩隻貓熊的時間只有短短三十秒左右喔！

💡 問題　2017年在上野動物園出生的貓熊叫什麼名字？

❶ 陵陵　　❷ 童童　　❸ 崗崗　　❹ 香香

答案：④　性別為雌性，從花開明媚的印象取名為「香香」。

331

# 11月6日 (昭和20年)

**GHQ下令解散財閥的日子**
西元1945年11月6日

大概這時候
1926 —— 1989
昭和時代

## 幫助軍國主義的財閥(※) 都給我**解散**！

直到第二次世界大戰結束為止，財閥一直支撐著日本的經濟。GHQ(※)以助長軍國主義的名義解散了財閥。

> 首先，要解散財閥，削弱他們。

統治日本的GHQ試圖藉由解散財閥來促進民主化的發展。

### GHQ通過日本政府提出的四大財閥解散計畫

我叫道格拉斯・麥克阿瑟，是GHQ的最高司令官！第二次世界大戰期間，日本財閥的驚人實力甚至足以影響國家權力，為軍國主義提供支援。因此，作為美國統治日本的政策之一，我下達了解散三菱、三井、住友、安田這些財閥，藉此削弱他們的指令。

大槌一揮
磅！
財閥

※財閥：以鉅額資本經營各種事業的集團。　※GHQ：盟軍最高司令官總司令部。

💡 **問題**　1945年8月30日，麥克阿瑟抵達了哪一座機場？

❶ 成田機場　　❷ 關西國際機場　　❸ 羽田機場　　❹ 厚木機場

答案：④　基於治安及衛生方面的考量，選擇了位於神奈川縣的厚木機場。

# 11月7日 （昭和19年）

佐爾格和尾崎秀實被處死的日子
西元1944年11月7日

大概這時候
1926 ─── 1989
昭和時代

## 在日本進行活動的國際間諜？
## 佐爾格和尾崎秀實被處以死刑

佐爾格（Richard Sorge）等人以向蘇聯（現在的俄羅斯）傳遞日本情報的罪名遭到逮捕。佐爾格和尾崎秀實因罪刑重大，被判處死刑。

> 我們因為涉嫌參與國際諜報工作，被抓起來處死了！

### 佐爾格事件的佐爾格和尾崎秀實遭到處決

在1941年9月到1942年4月的這段期間，日本的特別高等警察接連逮捕了國際間諜團體「佐爾格諜報組織」的領導人佐爾格、日本記者尾崎秀實以及他們的同夥。據說他們在太平洋戰爭當中把日本的軍事情報透露給蘇聯。佐爾格和尾崎秀實被判處死刑，在同時也是俄羅斯革命紀念日的這天雙雙伏法。

---

💡 問題　收容佐爾格和尾崎秀實的巢鴨拘置所（監獄）現在變成什麼？

❶ 東京巨蛋　　❷ 國立競技場　　❸ 東京晴空塔　　❹ 太陽城

答案：④　巢鴨拘置所於昭和46年（1971年）拆除，太陽城（Sunshine City）在其原址開幕。

333

# 11月8日 （寬永6年）

後水尾天皇因紫衣事件退位的日子
西元1629年12月22日

大概這時候
1603　　　1868
江戶時代

## 後水尾天皇對江戶幕府發飆，不當**天皇**了！

後水尾天皇無視幕府的規定，賜給僧侶紫色袈裟。這些「紫衣」被幕府沒收，他一氣之下乾脆不當天皇了。

> 暴跳
> 如雷
> 氣
> 可惡的幕府！這什麼爛天皇嘛，我不當了！

### 後水尾天皇不滿紫衣事件退位

幕府為了打壓朝廷和貴族的行動，制定了《禁中並公家諸法度》，裡面有一條規定是「天皇在授予紫衣給德高望重的僧侶時，必須和幕府商量」。因為後水尾天皇沒有事先跟幕府討論就送出紫衣，幕府把紫衣沒收，還把抗議的僧侶處以流刑(※)。為此大發雷霆的後水尾天皇，便瞞著幕府卸下了天皇之位！

※把罪犯流放到遠方的小島。

**問題** 江戶幕府為了抑制諸位大名的行動所頒布的法律叫作什麼？

❶《十七條憲法》　❷《武家諸法度》　❸《大日本帝國憲法》　❹《道路交通法》

答案：② 這是為穩定江戶幕府所制定的法律。提案者是德川家康。

# 11月9日 （明治9年）

**野口英世的生日**
西元1876年11月9日

大概這時候
1868 — 1912
明治時代

## 一千日圓鈔票上的大叔是把一生都奉獻給醫學的人！

野口英世是曾經三度入圍諾貝爾獎的世界級醫學家。他因為精力十足的研究風格被暱稱為「人類發電機」。

**問題**　野口英世正式展開醫學研究的地方是哪個國家？

❶ 法國
❷ 英國
❸ 美國

### 為傳染病研究奉獻生命的野口英世出生的日子

被印在一千日圓紙鈔上的野口英世，他在1歲左右傷了左手，度過了非常艱難的孩提時代。17歲時接受了手部手術，也讓他立志從醫。他25歲前往美國，發表了一連串在世界各國都備受讚譽的研究成果。曾經三度入圍諾貝爾獎。聽說大家幫不眠不休拼命工作的他，取了一個綽號叫「人類發電機」。最後，他在研究黃熱病的過程中，在非洲染上此病，因病過世了。

**補充**　野口英世的朋友除了有發明王愛迪生（Thomas Edison），還有首位成功以單人不著陸飛行飛越大西洋的飛行員林白（Charles Lindbergh）。

答案：❸　野口大部分的研究都是在洛克菲勒醫學研究所（Rockefeller Institute of Medical Research）進行的。

# 11月10日 （明治23年）

**安裝日本第一臺電梯的日子**
西元1890年11月10日

大概這時候
1868 ─── 1912
明治時代

## 這實在太驚人了！
## 日本第一臺電動式電梯

這天，東京淺草的凌雲閣安裝了日本第一臺電動式電梯。

> 這裡有一臺電梯，通到8樓的電梯，
> 是用來吸引觀光人潮的主打設施喔！

### 安裝日本第一臺電動式電梯

今天是日本第一次安裝靠電力驅動的電梯的日子喔！安裝地點是昔日矗立在東京淺草的凌雲閣。那是一棟十二樓高的建築物。凌雲閣上層有架設望遠鏡的瞭望臺，可以在這裡欣賞周遭的景色喔！每個樓層各有用途，有些是繪畫或照片的展覽，有些則是休息區。日本電梯協會將11月10日定為「電梯日」。

**問題** 凌雲閣的別名叫什麼？

❶ 淺草寺　　❷ 淺草雷門　　❸ 淺草花屋敷　　❹ 淺草十二階

答案：❹　凌雲閣被稱為「淺草十二階」，是當時日本最高的建築物。

## 11月11日 （昭和6年）

企業家澀澤榮一的忌日
西元1931年11月11日

大概這時候
1926 ─── 1989
昭和時代

# 創辦多家**銀行**及**公司**的澀澤榮一逝世的日子

澀澤榮一是參與過好幾家銀行及企業創辦過程的企業家，同時也積極投入社會貢獻。

> 澀澤榮一除了企業家的分內工作，在其他事情上也會全力以赴，例如積極參與社會貢獻活動。

> 我想盡我所能讓更多人變得更幸福！

## 日本資本主義之父澀澤榮一的忌日

我叫澀澤榮一，是被世人稱為「日本資本主義之父」的企業家。我走遍世界各國增廣見聞，參與了包含第一國立銀行（現在的瑞穗銀行）在內的多家銀行和企業的創立過程，努力為日本的經濟發展做出貢獻。我的肖像會變成2024年發行的一萬日圓新鈔上面的圖案喔！

企業家澀澤榮一。

### 問題　澀澤榮一的故鄉埼玉縣深谷市的特產是？

❶ 蔥　　❷ 仙貝　　❸ 蒟蒻　　❹ 茶葉

答案：① 明治30年左右開始栽種，現在則是深谷市的特產。

# 11月12日 （明治4年）

**岩倉使節團從橫濱出發的日子**
西元1871年12月23日

大概這時候
1868 ── 1912
明治時代

## 預備！岩倉使節團
## 即將朝國外出發啦！

這天，岩倉使節團以超過百人的大陣仗從橫濱出發。這趟針對先進國家的制度與文化的考察之旅歷時長達兩年。

> 我們要從國外學一堆東西回來喔！

白浪淘淘──

### 岩倉具視的使節團從橫濱出發了

岩倉具視的使節團從橫濱出航啦！假如把大久保利通、伊藤博文、山口尚芳、木戶孝允這四位副使以及隨行人員和留學生通通算進去，人數竟然超過100個人！此行的目的地是美國以及歐洲各國。使節團的其中一個目的是為了修改日本在幕末與外國簽訂的不平等條約進行協商，另一個則是學習外國先進的制度、產業、技術以及文化。

**問題** 岩倉使節團搭乘什麼從橫濱出發？

❶ 飛機　　❷ 新幹線　　❸ 卡車　　❹ 蒸汽船

答案：④　他們搭著蒸汽船「美利堅號」從橫濱港出發。

# 11月13日 （天文10年）

尼子經久的忌日
西元1541年11月30日

大概這時候
1493 ─ 1573
戰國時代

## 哼哼！我從**浪人**一路往上爬，升格成為戰國大名啦！

尼子經久曾一度淪落為浪人，卻成功躋身戰國大名之列。他統治11國，開創了尼子氏的全盛時期。

> 經久在退位後支持孫子尼子晴久，為了讓晴久變成中國地方首屈一指的大名而繼續奮戰。

> 戰國第一的谷底大翻身！我乃十一國太守尼子經久！

### 戰國大名尼子經久過世的日子

我叫尼子經久，是一位戰國武將。因為做了壞事，我被足利幕府流放，變成浪人，然而當主君京極政經在出雲（現在的島根縣）嚥下最後一口氣，我便以繼承人的身分進攻鄰近國家，一一把他們占為己有。最後，我成了統治山陰、山陽十一國的戰國大名，建立了尼子氏的全盛時期！

統治11國的尼子經久。

**問題** 尼子經久被稱為什麼？

① 美濃蝮蛇　② 十一州太守　③ 槍之又左　④ 越後之虎

答案：② 除了「十一州太守」，他還因為巧妙地騙過敵人擴張領土，被稱作「謀聖」或「謀將」。

# 11月14日 （昭和22年）

本田實發現新彗星的日子
西元1947年11月14日

大概這時候
1926　　　　1989
昭和時代

## 日本人的首次創舉！
## 終於發現新彗星了！

在倉敷天文臺進行天體觀測的本田實發現了一顆新彗星。這顆由他最先發現的彗星被命名為「本田彗星」。

> 我是發現12顆新彗星和11顆新星的星星獵人！

### 本田實成為第一個發現彗星的日本人

這天，在岡山縣的倉敷天文臺觀測天體的本田實發現了一顆新的彗星。這是第二次世界大戰後，日本人頭一次發現彗星。因為在北半球進行觀測的只有本田，所以這顆彗星被命名為「本田彗星」。這則新聞為戰後的日本帶來了璀璨的希望。附帶一提，本田生涯總共發現了12顆新彗星和11顆新星喔！

💡 問題　　拖著長尾巴的彗星被叫作什麼？

❶ 掃把星　　❷ 抹布星　　❸ 畚斗星　　❹ 撢子星

答案：① 彗星攜帶的氣體或塵埃像尾巴一樣拖在後面，看起來很像掃把，因而得名。

340

# 11月15日 （慶應3年）

**坂本龍馬遭到暗殺的日子**
西元1867年12月10日

大概這時候
1603　1868
江戶時代

## 哇啊！被暗算了！
## 在生日當天**遇刺**的坂本龍馬

坂本龍馬為了推翻幕府赴湯蹈火。
他在京都的近江屋被武士襲擊，就此喪命。

> 龍馬幫助關係險惡的薩摩（現在的鹿兒島縣）和長州（現在的山口縣）聯手，組成推翻幕府的薩長同盟。

被暗算了！
哐！
納命來！

### 坂本龍馬在京都的近江屋遭人刺殺

我是坂本龍馬。在幕末時期胸懷崇高的勤王(※)之志。這天，我在京都的近江屋二樓，與同為土佐（現在的高知縣）出生的中岡慎太郎等人議事。沒想到有好幾個武士找上門來，二話不說就揮刀把我砍死了。明明今天是我生日耶……

遭到暗殺的坂本龍馬。
※為天皇盡忠。

💡 **問題**　龍馬遇害的近江屋是販賣什麼的商店？

❶ 魚　　❷ 蔬菜　　❸ 武器　　❹ 醬油

答案：❹　近江屋是一家醬油釀造商，也是龍馬他們用來掩人耳目的藏身之處。

341

# 11月16日 （安政5年）

西鄉隆盛與僧侶月照投水的日子
西元1858年12月20日

大概這時候
1603　　1868
江戶時代

## 兩個人同時跳海，只有我死裡逃生？

西鄉隆盛和忠於天皇的僧侶月照結伴跳海。雖然兩人雙雙獲救，但是唯獨西鄉撿回了一命。

> 只有我撿回了一條命啊。

### 西鄉隆盛與僧侶月照投水自盡，被人救起

這天黎明，西鄉隆盛與僧侶月照從一艘漂浮在錦江灣（鹿兒島灣）的船上縱身一躍，跳進大海。兩人從漆黑的海水裡被拉上岸，雖然西鄉好不容易保住一命，可是月照卻不幸身亡。據說西鄉是因為得知逃亡到薩摩的月照被人追殺，才打算和同樣以「尊皇」為信念的同志共赴黃泉。大難不死的西鄉聽從藩的命令，留在奄美大島生活。

---

💡 **問題**　西鄉隆盛住在奄美大島時的妻子叫什麼名字？

❶ 愛加那　　❷ 北條政子　　❸ 北政所　　❹ 紫式部

答案：① 西鄉隆盛結過三次婚，另外兩位妻子是「須加」和「糸」。

# 11月17日（弘安8年）

發生霜月騷動的日子
西元1285年12月14日

大概這時候
1185 — 1333
鎌倉時代

## 明明是在施行**德政**，卻被平賴綱攻擊了！

安達泰盛擔任鎌倉幕府的高臣參與政務，他被敵對的平賴綱襲擊，滿門覆滅。

> 哦！
> 賴綱殺過來啦！
> 平賴綱　安達泰盛

### 平賴綱攻擊安達泰盛，爆發霜月騷動

鎌倉幕府的執權（※）北條時宗過世以後，由其子北條貞時繼任。同一時期，在幕府內部掌握大權安達泰盛正在主導政治，而對安達泰盛的施政感到非常不滿的人就是平賴綱！這天，賴綱對泰盛展開進攻，雖然泰盛奮力反擊，但<u>最後安達一家自殺的自殺、戰死的戰死，整個家族就此滅亡</u>。這就是「霜月騷動」喔！

※輔佐將軍的重要官職。擁有比將軍更大的權力。

**問題**　「霜月」在古代的日文是指幾月？

❶ 1月　　❷ 4月　　❸ 8月　　❹ 11月

答案：④　指「降霜之月」，故稱「霜月」。

343

# 11月18日 （大正11年）

**愛因斯坦來到日本的日子**
西元1922年11月18日

大概這時候
1912　　1926
大正時代

## 以蓬蓬頭為人所熟知的 愛因斯坦來了！

愛因斯坦（Albert Einstein）因為相對論和一頭蓬鬆的亂髮舉世聞名。他接受日本出版社的招待，首次拜訪日本。

> 想不到日本竟然掀起一股愛因斯坦熱潮！

物理學家愛因斯坦是一位出生在德國的猶太人，獲頒1921年的諾貝爾物理學獎。

### 代表20世紀的物理學家愛因斯坦來到日本

我是代表20世紀的物理學家愛因斯坦。以相對論為首，我替現代物理學奠定了基礎喔！這天，我在日本出版社的邀請之下抵達日本。在前往日本的船上，公布了我將成為諾貝爾物理學獎得獎人的消息，因為這個原因，我在日本受到非常熱烈的歡迎喔！

### 問題　第二次世界大戰期間，愛因斯坦搬到哪一個國家？

❶ 美國　　❷ 法國　　❸ 英國　　❹ 中國

答案：① 德國出生的愛因斯坦也曾經居住在義大利和瑞士等國。

# 11月19日 （永祿9年）

毛利元就攻陷月山富田城的日子
西元1566年12月30日

大概這時候
1493 ━━━ 1573
戰國時代

## 攻下尼子氏的月山富田城，中國地方我就**收下**啦！

為了將中國地方收入囊中，毛利元就出兵攻打難以攻略的月山富田城。兵力和糧草的補給路線遭到攔截，尼子義久終於投降了。

> 中國地方都是我的啦！
> 終於──這下子……

### 毛利元就出戰尼子義久，打下月山富田城

9月，出兵月山富田城的毛利元就截斷了往城裡補給兵力和糧草的道路，讓守在城裡的尼子軍陷入苦戰。等毛利軍一展開攻勢，疲於應付長期戰事的尼子軍士兵便開始紛紛投降了。接著在11月19日，尼子義久終於宣布投降，表示自己會切腹自盡，請元就放過城裡的士兵。元就對尼子軍的士兵網開一面。他藉著這場戰役，成了中國地方首屈一指的大名。

💡 問題　月山富田城昔日位於何處？

① 島根縣安來市　② 栃木縣日光市　③ 山梨縣富士吉田市　④ 富山縣富山市

答案：①　月山富田城利用天然山脈，被稱為「天空之城」。

345

# 11月20日 （治承3年）

平清盛幽禁後白河法皇的日子
西元1179年12月20日

大概這時候
794 —— 1185
平安時代

## 把後白河法皇**關起來**，強迫他結束院政(※)！

當身兼平清盛之孫的新皇子呱呱墜地，平家的勢力日益壯大，被後白河法皇的行徑惹怒的清盛就把法皇囚禁起來了。

> 之前我都睜一隻眼閉一隻眼，
> 但這次我真的受不了老愛亂來的後白河法皇了！
> 折斷
> 平清盛

### 平清盛幽禁後白河法皇，結束院政

高倉天皇的皇子（平清盛之孫）出生後，清盛的勢力又有了更進一步的增長。在這樣的情況下，當清盛的長子重盛一過世，後白河法皇立刻沒收了重盛的土地。此舉加劇了清盛與後白河法皇之間的對立。之前從來不曾責備過後白河法皇的清盛，這次終於生氣了。這天，他讓後白河法皇搬進鳥羽殿，並命令武士嚴加看守，強迫法皇結束院政。

※上皇或法皇代替天皇掌權執政。

💡 **問題** 高倉天皇的皇子暨清盛的孫子後來即位成為哪一位天皇？

❶ 後醍醐天皇　❷ 聖武天皇　❸ 仁德天皇　❹ 安德天皇

答案：④　他以歷代最短命的天皇著稱。

346

# 11月21日 （安永8年）

**平賀源內因殺人罪入獄的日子**
西元1779年12月28日

大概這時候
1603　　　1868
江戶時代

## 因為**誤會**就殺人了？
## 平賀源內鋃鐺入獄

某天早上，平賀源內一起床，發現重要的計畫書不見了。誤以為自己遭小偷的源內，在殺人後被捕入獄。

平賀源內是江戶時代中期的發明家，還因為修好故障的「靜電產生裝置（Elekiter）」而遠近馳名。

> 我以為你們偷了計畫書，一時衝動就……

### 平賀源內殺死木匠棟樑，因殺人罪入獄

我是平賀源內。某天喝了酒睡醒之後，我發現大名委託我的房屋修繕計畫書不見了。我以為是兩個木匠棟樑（師傅）偷走的，就拿刀殺死了他們。不過，那其實是我搞錯了，計畫書被我收在另一個地方。我對不起你們兩個……

江戶時代的發明家平賀源內。

---

💡 **問題**　平賀源內修好的「Elekiter」是什麼？

❶ 電腦　　❷ 透過摩擦產生靜電的裝置　　❸ 溫度計　　❹ 冰箱

答案：② 荷蘭製的靜電產生裝置。源內在沒搞懂運作原理的情況下就把它修好了。

347

# 11月22日 （弘長3年）

北條時賴的忌日
西元1263年12月24日

大概這時候
1185 ━━━━━━ 1333
鎌倉時代

## 趕走敵對的將軍，恢復執權(※)的權利！

北條時賴從哥哥那裡繼承了鎌倉幕府的執權一職。
他趕走敵對勢力，恢復強大的執權政治。

> 一腳踹開
> 你這個前將軍被開除了！
> 我要讓親王當將軍，

### 鎌倉幕府第5代執權北條時賴逝世

北條時賴從哥哥兼第4代執權北條經時那裡接下了執權的寶座。當上執權後，他開除了為了不輸給北條氏而爭鬥不休的鎌倉幕府第4代將軍藤原賴經，讓賴經的兒子賴嗣取代他的位子。接著，他把企圖造反的賴經遣送回京都，後來甚至還把賴嗣也趕出鎌倉！讓後嵯峨天皇的皇子宗尊親王就任第6代將軍，恢復執權權力的人正是北條時賴喔！

※輔佐將軍的重要官職。擁有比將軍更大的權力。

**問題** 身為親王，並且被任命為鎌倉幕府將軍的人叫作什麼？

❶ 冬將軍　　❷ 攝關將軍　　❸ 紅將軍　　❹ 親王將軍

答案：④　也叫「宮將軍」或「皇族將軍」。

# 11月23日 （寶永4年）

發生寶永大噴發的日子
西元1707年12月16日

大概這時候
1603　　　1868
江戶時代

## 大事不好啦！
## 富士山**大爆發**了！

富士山發生大規模噴發，被命名為「寶永大噴發」。
因為此次噴發形成的新火山則叫寶永山。

> 這下慘了！
> 轟隆隆隆
> 隆隆！
> 石頭和火山灰因為大噴發掉下來了！

### 富士山大爆發，寶永山出現了

這天早上，富士山山腹發生了名為「寶永大噴發」的火山爆發。火山口冒出濃濃黑煙，火山灰被噴到15公里左右的高空，掉落並沉積在關東地方。在那一天，甚至連江戶也降下火山灰，造成嚴重災情。<u>因為這起噴發形成的火山叫「寶永山」！</u>不久前的10月4日發生了寶永地震，從關東到九州都有劇烈搖晃。真是多災多難啊！

💡 問題　寶永大噴發持續了多久？

❶ 大約1週　　❷ 大約2週　　❸ 大約3週　　❹ 大約4週

答案：② 花了2週左右的時間才漸漸平息。

349

# 11月24日 （天正17年）

下達小田原北條氏討伐命令的日子
西元1589年12月31日

大概這時候
1573 ─── 1603
安土桃山時代

## 我要打倒小田原的北條氏
## 統一全國！

北條氏屢次反抗豐臣秀吉的命令，不聽他的話。
秀吉終於忍無可忍，下令要派兵攻打北條氏。

> 這下糟了……
> 北條，你這個死不聽話的傢伙！我要號召全國大名們滅了你！

### 豐臣秀吉下令討伐小田原的北條氏

這天是豐臣秀吉命令全國大名肅清小田原北條氏的日子喔！去年，秀吉招待後陽成天皇到自己的豪宅聚樂第作客。當時他叫北條氏政及氏直父子一同出席，可是氏政沒有到場。在那之後，北條氏也多次違抗秀吉的命令，因此秀吉寄出針對北條氏政的宣戰（※）信，詔告全國大名「在明年春天討伐北條氏」。

※告訴對手「我要跟你開戰了喔」。

💡 問題　被秀吉攻擊的北條氏政據守在哪一座城堡？

❶ 江戶城　　❷ 八王子城　　❸ 大阪城　　❹ 小田原城

答案：④　小田原城是北條氏的根據地。氏政守在城裡抵抗了3個月左右。

# 11月25日 （明治9年）

> 《學問之勸》最終卷出版的日子
> 西元1876年11月25日
> 大概這時候
> 1868 —— 1912
> 明治時代

## 現在一萬日圓鈔票上的大叔不僅勸人向學，而且還建了**大學**！

福澤諭吉尤其想把在國外學到的東西分享給世人。
為了不讓明治時代的日本落後於世界，人們需要「學問」。

### 問題

福澤諭吉創立的大學是？

❶ 東京大學
❷ 早稻田大學
❸ 慶應義塾大學

### 總共17篇的著作終於完結！《學問之勸》最終卷問世

你知道「天不在人上造人，亦不在人下造人」這句話嗎？這是福澤諭吉的代表作《學問之勸》裡面的第一句話喔！他的意思是說：人類生而平等，若有什麼會決定一個人的高低，唯有「他是否研究過學問」。年輕時去過美國和歐洲的福澤諭吉想把自己在那裡看到、聽到、學到的自由、平等與民主主義（※），透過書籍或演說傳播給明治時代的大眾。

※人民可以透過討論來決定國家事務的自由平等立場。

### 補充

江戶時代末期，福澤諭吉出生在現在大分縣的一個下級武士家。他在長崎、大阪學習荷蘭文和英文，成功以口譯員的身分前往海外。

答案：③ 前身是福澤諭吉在即將改元明治的慶應4年（1868年）命名的私塾。

# 11月26日 （應德3年）

白河天皇開始實施院政的日子
西元1087年1月3日

大概這時候
794 ——— 1185
平安時代

## 即使變成上皇也要實施院政，**權力**都是我的！

白河天皇把天皇之位傳給年幼的親王，開啟院政。橫跨大約100年的院政時代就此開始了。

> 汝等聽令！吾乃治天之君！
> 哈哈哈哈
> 吾以上皇之名把握實權。

### 白河天皇成為上皇，開啟院政

這天，白河上皇把皇位傳給了當時年僅8歲的善仁親王（堀河天皇），自己則成為上皇，開始實施院政。「院」代表上皇，由院掌握政治實權則稱「院政」。白河天皇在堀河天皇、鳥羽天皇到崇德天皇的43年間，作為執掌大權的「治天之君」施行院政。在他之後，院政時代也繼續透過鳥羽天皇以及後白河上皇延續了大約100年左右。

💡 **問題** 院政時代，為了以武力保護都城而擴張勢力的是？

❶ 武士　　❷ 僧侶　　❸ 貴族　　❹ 忍者

答案：① 上皇或法皇為了維持院政雇用了大批武士，造成武士的權力與日俱增。

# 11月27日 （明治27年）

**松下幸之助的生日**
西元1894年11月27日

大概這時候
1868 —— 1912
明治時代

## Panasonic的創辦人 松下幸之助的生日！

松下幸之助是代表日本的電器製造商「Panasonic」的創辦人，電燈燈座的熱銷影響了公司的後續發展。

> 松下幸之助在1989年過世之前，除了企業家之外，還以作家的身分留下了非凡的成就。

> 因為沒辦法上學，我都靠自己唸書。

### 把生活變得更方便的松下幸之助的生日

我是「Panasonic」的創辦人松下幸之助。因為家庭因素，9歲從小學輟學，到大阪工作，這樣的我對電產生了興趣，作為一名實習工人進入了「大阪電燈會社」（現在的關西電力）。後來我成立了「松下電器機具製作所」，這間公司不斷成長茁壯，最後就發展成「Panasonic」啦！

經營之神松下幸之助。

**問題** 松下幸之助是因為看到用電力驅動的什麼東西才開始對電產生興趣？

❶ 路面電車　　❷ 收音機　　❸ 冰箱　　❹ 電視

答案：① 他看到路面電車，預見新時代即將到來，開始對電產生興趣。

# 11月28日 （明治16年）

鹿鳴館開幕的日子
西元1883年11月28日

大概這時候
1868 ———— 1912
明治時代

## 這下我們就不會輸給外國啦！在鹿鳴館招待他們吧！

經過近代化，想要展現自己已經能夠與外國並駕齊驅的日本興建了鹿鳴館，邀請外國人在這裡舉行盛大豪華的舞會。

> 不平等條約應該要改一下吧！
> 日本都已經變得這麼近代化了

### 日本近代化的象徵——鹿鳴館開幕了

為了彰顯日本的近代化，修改與外國之間的不平等條約，鹿鳴館在東京日比谷盛大開幕了。為了招待外國的上流階級，穿著西式服裝的人們會聚集在鹿鳴館內，幾乎每天晚上都會舉辦豪華的舞會。建築風格、餐點和端出來的酒等等清一色都是西洋風味。不過，由於出現各種批判聲浪，鹿鳴館只開了不到四年就關門了。

💡 問題　鹿鳴館在舞會和演唱會之外還會舉辦什麼活動？

❶ 義賣會　　❷ 時裝秀　　❸ 相撲比賽　　❹ 歌唱大賽

答案：❶　政治人物的夫人們舉辦的義賣會廣受好評。

# 11月29日 （明治23年）

《大日本帝國憲法》啟用的日子
西元1890年11月29日

大概這時候
1868 — 1912
**明治時代**

## 《大日本帝國憲法》是**近代國家**的證明！

明治時代，日本的目標是成為一個與西方各國並駕齊驅的近代國家。作為證明，《大日本帝國憲法》正式啟用了。

> 這是東亞最早的近代化憲法！

### 《大日本帝國憲法》實際啟用的日子

把為國家建立新體制當成目標的明治政府，在這天頒布了《大日本帝國憲法》作為近代國家的證明。對明治政府而言，最大的煩惱是日本在江戶時代與海外各國簽訂的不平等條約。為了讓外國承認日本也跟他們一樣，是依法執政的國家，憲法是不可或缺的。《大日本帝國憲法》作為東亞地區最早的近代化憲法，在往後的五十年左右都不曾修改過。

> **問題**　《大日本帝國憲法》參考了哪一個歐洲國家的憲法？
>
> ❶ 英國　　❷ 德國　　❸ 法國　　❹ 義大利

答案：②　在研究歐洲各國憲法的過程中注意到德國的憲法。

355

# 11月30日 （明治25年）

日本第一座傳染病研究所成立的日子
西元1892年11月30日

大概這時候
1868 ━━━ 1912
明治時代

## 我成立了日本第一座**傳染病研究所**喔！

北里柴三郎創下許多世界級的豐功偉業，如發現破傷風的治療方法。回國後，他在福澤諭吉等人的幫助下成立日本第一座傳染病研究所。

北里柴三郎的肖像成為令和6年（2024年）換新的一千日圓紙鈔圖案。

預防不管在哪個時代都很重要！

### 日本的第一座傳染病研究所成立了

我是北里柴三郎。在東京醫學校（※）學醫，遠赴德國留學以後，我找到破傷風這種恐怖疾病的預防及治療方法，留下許多偉大的成就。然而，當時沒有適合的機構讓我在回國之後服務，於是在福澤諭吉等人的幫助下，我成立了傳染病研究所！

細菌學家北里柴三郎。
※現在的東京大學醫學部。

**問題** 北里柴三郎發現什麼動物會傳播黑死病？

❶ 獅子　　❷ 鯨魚　　❸ 豹　　❹ 老鼠

答案：④ 他發現老鼠會傳播黑死病（鼠疫），建議大家飼養老鼠的天敵貓。

356

# 12月 1日 (昭和5年)

出現兒童洋食的日子
西元1930年12月1日

大概這時候
1926　　　1989
昭和時代

## 兒童餐的起源？
## 兒童洋食在日本首次登場囉！

三越百貨總店的餐廳首次出現小朋友專用的餐點。
這道「兒童洋食」正是現今兒童餐的起源。

> 我要跟朋友炫耀！
> 好像作夢一樣喔！

### 專為兒童設計的餐點首次登場

這天，位於東京日本橋的三越百貨總店餐廳，首次出現了專門為小朋友設計的餐點「兒童洋食」。這就是我們現在說的兒童餐喔！想出這個菜色的人是餐廳主任安藤太郎。他用彩繪盤子裝著富士山造型的白飯再插上旗子，在旁邊擺上可樂餅、義大利麵及水果這些小朋友愛吃的東西。售價30錢，是咖哩飯的三倍，所以在當時是一道很奢侈的餐點喔！

**問題**　「兒童洋食」的白飯上面插著什麼？

❶ 湯匙　　❷ 叉子　　❸ 旗子　　❹ 香腸

答案：③　旗面上的字是三越的「越」。

357

# 12月2日 （平成2年）

日本人第一次飛上宇宙的日子
西元1990年12月2日
大概這時候

1989 ────────── 2019
平成時代

## 第一個飛上宇宙的日本人是一名電視臺記者！

第一位飛上宇宙的日本人是TBS電視臺的記者秋山豐寬。當時在電視及廣播上連續播出了好幾天。

**找出3個不同之處**

### 第一句話竟然是？日本人第一次飛上宇宙的日子

48歲的秋山記者搭乘蘇聯（現在的俄羅斯）發射的太空船「聯盟號（Soyuz）」出發了。在發射成功後的轉播當中，秋山記者那句「正式來了嗎？」意外成為日本人在宇宙裡說的第一句話。之後，他進入太空站「和平號（Mir）」，透過電視和廣播分享他的日常生活以及參與的實驗等等。秋山記者在宇宙裡待了九天。聽說他在這段期間繞了地球144圈喔！

**補充**　秋山記者從TBS電視臺退休後，在福島縣展開農業生活。據說他受到東日本大震災以及福島第一核電廠事故的影響，搬到群馬縣避難了。

答案：①後面的彗星　②太空衣的造型　③地球上的忍者圖案

# 12月3日（寬永14年）

天草四郎據守在原城遺跡的日子
西元1638年1月17日
大概這時候
1603　　　1868
江戶時代

## 島原和天草的**武裝行動**（※）合併
## 我們要堅守原城，奮戰到底！

在島原之亂當中，總大將天草四郎躲進原城遺跡。攻擊代官所和城堡的武裝行動也和他會合，據守在原城遺跡。

> 我天草四郎是總大將！
> 這裡集結了大約3萬名參與武裝行動的群眾！

### 天草四郎等人在島原之亂據守原城遺跡

這天，天草四郎在島原之亂躲進了原城遺跡。參與武裝行動的民眾首先襲擊了代官所，接著又朝各地的城堡發動攻勢。後來，島原和天草的起義合併，據守在原城遺跡。<u>原城遺跡是上一任城主有馬氏的根據地，當時已經無人使用。</u>武裝行動的規模最後擴大到三萬人左右。江戶幕府向附近的大名召集兵力平亂，但是終究演變成長期戰，造成了無數死傷。

※群眾抗議對政治的不滿揭竿起義。

**問題** 變成天主教徒的大名叫作什麼？

① 外樣大名　② 守護大名　③ 戰國大名　④ 吉利支丹大名

答案：④ 大友宗麟和有馬晴信等戰國大名都以身為吉利支丹大名廣為人知。

359

# 12月4日 （享保7年）

開設小石川養生所的日子
西元1723年1月10日

大概這時候
1603 ———— 1868
江戶時代

## 沒有錢也沒關係！
## 小石川養生所蓋好囉！

「希望政府蓋一間為窮人看病的地方。」
收到這樣的意見，江戶幕府設立了免費醫療設施「小石川養生所」。

> 這是我參考百姓投到意見箱裡的建議蓋的。

### 在江戶開設免費醫療設施小石川養生所

這天，小石川養生所在江戶小石川的藥草園開張囉！小石川養生所是江戶幕府設立的免費醫療設施。第8代將軍德川吉宗認為必須傾聽百姓的聲音，設置了可以把各式各樣的意見投書給幕府的意見箱。町內的醫生小川笙船在投書中表示，希望政府可以為窮人興建「施藥所（看病的地方）」。以這件事為契機，養生所在吉宗的指示下開幕了。

💡 **問題** 德川吉宗實施的改革是？

❶ 享保改革　　❷ 大化革新　　❸ 產業革命　　❹ 明治維新

答案：① 讓出生低微但能力出眾的人入朝為官、禁止鋪張浪費的改革

# 12月5日 （推古天皇11年）

聖德太子制定冠位十二階的日子
西元603年1月11日
大概這時候
593　　　710
飛鳥時代

## 聖德太子制定了**新的位階制度**
## 冠位十二階！

聖德太子新設了冠位十二階。
他以顏色表示位階，並根據當事人的能力授予冠位。

> 從今往後不再採用世襲制，而是按照能力來決定冠位！

### 聖德太子制定冠位十二階

這天，聖德太子制定了「冠位十二階」，用顏色來代表12個位階。這12個位階由高至低分別是大德（深紫）、小德（淺紫）、大仁（深藍）、小仁（淺藍）、大禮（深紅）、小禮（淺紅）、大信（深黃）、小信（淺黃）、大義（深白）、小義（淺白）、大智（深黑）以及小智（淺黑）。過去位階都是由後代子孫代代相傳，而聖德太子則是根據當事人的能力授予冠位。

💡 **問題**　受封「冠位十二階」的人要在頭上戴什麼？

❶ 錦冠　　❷ 安全帽　　❸ 頭巾　　❹ 棒球帽

答案：① 要把分成12種顏色的錦緞頭冠戴在頭上。

361

# 12月6日 （持統天皇8年）

持統天皇遷都藤原京的日子
西元694年12月27日

大概這時候
593 ─── 710
飛鳥時代

## 走，我們從飛鳥淨御原宮搬到**藤原京**吧！

繼天武天皇之後即位的持統天皇遷都藤原京。
藤原京仿造唐朝（現在的中國）首都，是日本第一座計畫型都市。

> 來吧，朕的目標是打造一個律令國家喔！

藤原京被建造在現今奈良縣橿原市內，一處被大和三山包圍的平地上。

### 持統天皇從飛鳥淨御原宮遷都至藤原京

朕是持統天皇。這天，我從丈夫天武天皇興建的飛鳥淨御原宮遷都，搬到新落成的藤原京。藤原京效仿唐朝都城建造而成，是日本第一座正式的首都喔！聽說最近剛發現在藤原京施工期間，用來搬運建材、長60公尺的運河遺跡呢！

💡 **問題**　「大和三山」分別是天香具山、畝傍山和那一座山？

❶ 耳成山　　❷ 富士山　　❸ 筑波山　　❹ 阿蘇山

答案：①　耳成山位於大和三山當中的最北邊，高度為139.6公尺。

# 12月 7日 （慶應3年）

神戶港開港的日子
西元1868年1月1日
大概這時候
1868 ─── 1912
明治時代

## 起初叫作兵庫港？
## 國際貿易港口**神戶港**開港了

神戶港是被當成外國船停泊處所開設的貿易港口。
起初根據平清盛的事跡取名為兵庫港。

> 我早在平安時代就注意到這裡以後會變成貿易中心了！

### 對外門戶──神戶港開港的日子

這天，兵庫港（現在的神戶港）作為外國船的停泊處開港囉！起初叫作「兵庫港」，明治5年（1872年）才改名「神戶港」。之所以會叫作兵庫港，是因為港口有一部分是平清盛在平安時代修建的「大輪田泊」，此處後來被稱為「兵庫津」。神戶港作為外國船隻的停泊港日漸興盛，現在則是與橫濱港旗鼓相當的國際貿易港口喔！

**問題** 平清盛和中國的哪一個朝代進行貿易？

❶ 明朝　　❷ 唐朝　　❸ 隋朝　　❹ 宋朝

答案：④　平清盛從宋朝進口紡織品及繪畫等等，並出口金、銀等礦物。

363

# 12月8日 （昭和16年）

爆發太平洋戰爭的日子
西元1941年12月8日

大概這時候
1926　　　1989
昭和時代

## 日本對珍珠港**發動突襲**！
## 太平洋戰爭爆發了！

日本突襲珍珠港的美國艦隊，造成嚴重損傷。
美國譴責日本的行徑，太平洋戰爭就此爆發。

> 沒有宣戰就偷襲是什麼意思！勿忘珍珠港！
> 日本突襲美國艦隊！
> 轟隆

### 太平洋戰爭因為日本對珍珠港等地的攻擊正式引爆

這天一大早，日本海軍的飛機在沒有事先告知的情況下就對夏威夷的珍珠港展開進攻，導致美國艦隊傷亡慘重。日本認為與美國開戰對自己不利，因此才想出其不意地攻擊美國、重創對方，藉此提前結束戰爭。由於日本發出的宣戰通知（※）比攻擊更晚送達，讓美國覺得自己被日本偷襲，發出嚴正譴責，立刻也對日本宣戰。

※告訴對手「我要跟你開戰了喔」。

### 問題　珍珠港位在夏威夷的哪一座島？

❶ 夏威夷島　　❷ 歐胡島　　❸ 茂宜島　　❹ 考艾島

答案：②　珍珠港位於歐胡島（Oahu）的南部沿岸，有美國的海軍基地。

# 12月9日 （慶應3年）

頒布《王政復古大號令》的日子
西元1868年1月3日

大概這時候
1868 ─── 1912
明治時代

## 我們不需要德川家！
## 頒布《王政復古大號令》

《王政復古大號令》是一則即將恢復天皇執政的宣言，目的是為了避免明治政府受到德川幕府的影響。

> 趁現在頒布大號令吧！
> 什麼！
> 我們不需要德川家！

### 在御所宣布《王政復古大號令》

這天頒布了恢復天皇執政的《王政復古大號令》！1867年，幕府在保留德川家權力的情況下，實施了把政權還給朝廷的大政奉還，但是新政府的長州藩（現在的山口縣）、薩摩藩（現在的鹿兒島縣）以及岩倉具視等公家（貴族）想要將幕府的權力斬草除根。於是他們決定沒收德川家的地位和土地，把和幕府有關的人趕出御所，頒布了《王政復古大號令》。

**問題** 實行大政奉還的是德川幕府的哪一位將軍？

① 德川家康　② 德川綱吉　③ 德川吉宗　④ 德川慶喜

答案：④ 德川慶喜是江戶幕府的最後一位將軍，因為大政奉還解除了將軍的職務。

365

# 12月10日（昭和43年）

發生三億圓事件的日子
西元1968年12月10日

大概這時候 1926 — 1989 昭和時代

## 歹徒鎖定的目標是冬季獎金。史上最著名的**未解懸案**！

發生在東京都府中市的3億日圓事件留下了一堆謎團。這是日本犯罪史上最知名的事件，被許多作品當成題材。

### 問題

犯人打扮成什麼模樣？

❶ 消防員
❷ 警察
❸ 自衛官

### 堪稱是劇場型完美犯罪！發生3億日圓事件的日子

這天是很多公司發員工冬季獎金的日子，在事件中被搶的運鈔車，上面的3億日圓原本也會是很多人的獎金。偽裝成警察的犯人騎著警用機車追上運鈔車，要求行員停車，表示車上裝了炸彈，把行員騙下車。犯人在車底製造煙霧，大喊：「快逃！」行員嚇一跳，連忙和車子拉開距離，犯人就趁機劫走運鈔車了。

### 補充

現場留有大量物證，起初大家都覺得很快就會抓到犯人。警方製作了11萬人的嫌犯名冊，但是最後還是沒有破案。

答案：② 運鈔車被偽裝成騎著警用機車的警察攔了下來。

# 12月11日 （文明17年）

發生山城國一揆的日子
西元1486年1月16日

大概這時候
1336 ── 1493
室町時代

## 一天到晚在打仗的大名快滾蛋！
## 山城國武裝行動爆發了！

應仁之亂以後，山城國因為畠山氏的繼承人問題爆發戰爭。
南山城發起武裝行動趕走了畠山氏，自行治理村莊。

> 我要自己當武士治理村莊！
> 猛刺
> 大名
> 我們不需要成天打仗造成居民困擾的大名！

### 別再打了！山城國的人民揭竿而起，發動武裝行動

山城國武裝行動是室町時代一起極具代表性的暴動，發起人是農民和地侍（※）。應仁之亂（※）以後，山城國（現在的京都府南半部）因為畠山政長和畠山義就的繼承人之爭戰火連天。於是，在這場戰爭中飽受摧殘的國人眾（當地居民）群起暴動，趕走了畠山氏。南山城的村莊改由名為「三十六人眾」的地方武士為中心實施自治。

※地侍：從農民或名主（田主）轉職成武士的人。　　※應仁之亂：因為該由誰來繼承將軍之位引發的內亂。

💡 **問題**　在山城國一揆出現的村莊自治維持了幾年？

❶ 1年　　　❷ 4年　　　❸ 8年　　　❹ 16年

答案：③　農民們的自治維持了8年左右，但是發生內鬨解散了。

# 12月12日 （天正12年）

小牧・長久手之戰結束的日子
西元1585年1月12日

大概這時候
1573　　1603
安土桃山時代

## 織田信雄和秀吉和好了？
## 家康和秀吉也不打了！

德川家康擁護織田信雄，與豐臣秀吉開戰。
信雄跟秀吉進行談和，結束了小牧・長久手之戰。

> 家康大人，背叛你真的很抱歉！
> — 織田信雄

> 對了，只要和信雄聯手，家康就不能輕舉妄動了！
> — 豐臣秀吉

### 家康和秀吉在小牧、長久手之戰握手言和

豐臣秀吉在織田信長死後成為天下人。可是，信長的次子織田信雄卻看不慣這樣的秀吉，投靠了德川家康。家康以幫助信雄的名義對秀吉開戰，因此爆發的戰爭就是「小牧・長久手之戰」喔！然而秀吉與信雄進行談和，結束了戰爭。原本在戰場上取得優勢的家康這下也沒輒了，只能和秀吉握手言和。

**問題** 在小牧・長久手之戰擔任總大將出征的秀吉外甥是誰？

❶ 豐臣秀長　❷ 豐臣秀賴　❸ 結城秀康　❹ 豐臣秀次

答案：④　豐臣秀次作為天下人秀吉的外甥參戰，卻因為遭遇德川軍的突襲戰敗逃跑。

368

# 12月13日 （昭和12年）

**發生南京大屠殺的日子**
西元1937年12月13日
大概這時候
1926 — 1989
昭和時代

## 日軍入侵南京造成了**大屠殺**。

日軍在中國抗日戰爭中占領了中國的首都南京。據傳日軍在南京殺害了成千上萬名中國人。

> 就由我們拿下南京！

### 日軍強占南京，發生南京大屠殺

這天是日軍在中國造成南京大屠殺的日子。南京大屠殺是指中國抗日戰爭期間，日軍占領了當時的中國首都南京，包括不是軍人的民眾在內，大量屠殺中國人的事件。一般認為這起事件的原因，是因為日本原本以為很快就能打敗中國，然而中國軍隊奮力抵抗，導致苦戰拖了很久。這起事件讓日本受到國際社會的嚴重譴責。

---

**問題** 1937年，引爆中國抗日戰爭的導火線是什麼事件？

❶ 盧溝橋事變　❷ 五一五事件　❸ 洛克希德事件　❹ 3億日圓事件

答案：① 日軍和中國軍的其中一方在北京郊外的盧溝橋開槍。雙方因此爆發戰爭。

369

# 12月14日 （元祿15年）

赤穗浪士發動攻擊的日子
西元1703年1月30日

大概這時候
1603 ─── 1868
江戶時代

## 吉良上野介人頭落地！
## 赤穗浪士襲擊吉良宅邸

赤穗浪士為了替主君淺野長矩報仇，殺進了吉良的宅邸。終於，他們成功砍下了仇人吉良上野介的頭。

> 被暗算了……

去年在江戶城內發生了淺野持小刀攻擊吉良的事件，淺野隨即就因此被迫切腹了。

> 我們要替主君報仇！殺啊——！

### 赤穗浪士襲擊吉良上野介家將其殺害

我是吉良上野介。赤穗浪士不滿我在淺野長矩所引發的事件當中沒被問罪，在這天闖進我家找我算帳。我為了預防這種情況，事先雇用了浪人，但赤穗浪士還是找到了躲在炭房裡的我，把我的頭砍下來了。

💡 問題　赤穗浪士的領導者是？

❶ 大岡越前守　　❷ 大石內藏助　　❸ 大海人皇子　　❹ 德川綱吉

答案：② 他率領包含自己在內共四十七人闖入吉良家，殺死了吉良上野介等二十多人。

# 12月15日 （天慶2年）

平將門自稱「新皇」的日子
西元940年1月26日

大概這時候
794 ─────── 1185
平安時代

## 從今天起，我平將門就是「新皇」啦！

平安時代中期，平將門發兵攻打關東八國。他攻陷上野國府，自稱「新皇」。

以「新皇」自稱的將門宣布要從朝廷自立門戶，對關東各地進行統治。

拔起

其實啊，在東京車站附近有我的首塚喔！

### 平將門攻陷上野國府，自稱「新皇」

我是平將門。為了父親統治的領地，我和親戚打得不可開交，想不到打著打著，我竟然變成了朝敵（朝廷的敵人）。於是，我下定決心要憑武力打下坂東八州。進軍上野國（現在的群馬縣）把國府（※）占為己有的我改以「新皇（新的天皇）」自稱。

自稱新皇的平將門。
※設於各國的地方行政官辦公室。

### 問題　坂東指的是現在的什麼地方？

① 關東地方　② 關西地方　③ 四國地方　④ 九州地方

答案：①　關東地方的古稱。指相模國足柄（現在的神奈川縣西南部）坂（山坡）以東的國家。

371

# 12月16日 （昭和16年）

**大和號戰艦完工的日子**
西元1941年12月16日

大概這時候
1926　　　　1989
昭和時代

## 世界最大的戰艦
## 大和號完工了！

大和號在日軍攻擊珍珠港的不久後完工。
在當時是世界最大的戰艦，上面裝備了巨型大砲。

> 我在完工後馬上變成聯合艦隊的旗艦（※）了喔！

### 史上最大的戰艦大和號完工了

在1904年的日俄戰爭當中，日本擊敗了俄羅斯的波羅的海艦隊（Baltic Fleet），使日本產生了「只要有強大的艦隊就能打贏勝仗」的想法。在日本發動珍珠港事件八天後的12月16日，當時世界最大的戰艦大和號完工了！大和號全長有263公尺，裝備九門口徑46公分的巨型大砲。大和號被稱為「無敵的不沉艦（不會沉沒的船艦）」！

※艦隊的司令長官或司令官在上面進行指揮的軍艦。

**問題**　大和號是在哪裡建造的？

❶ 廣島縣吳市　　❷ 愛知縣名古屋市　　❸ 神奈川縣橫須賀市　　❹ 茨城縣日立市

答案：❶　以前在廣島縣吳市有海軍直營的工廠，建造出包含大和號在內的多艘戰艦。

# 12月17日 （明治13年）

> 發生日本最後一樁復仇事件的日子
> 西元1880年12月17日
> 大概這時候
> 1868　　　　1912
> 明治時代

## 啊啊！為了我的家人！
## 日本**最後**血債血還的復仇事件！

臼井六郎的父母以及年幼的妹妹慘遭不明人士殺害。
他終於找到仇人，完成了日本最後一場血債血還的復仇。

> 用力一揮！
> 哼！
> 我終於替父母和年幼的妹妹報仇了！

### 臼井六郎為父母和妹妹報仇雪恨

這天，一位名叫臼井六郎的人完成了日本最後一場血債血還的復仇。六郎作為一個在幕末時代效忠秋月藩（現在的福岡縣）的武士之子出生，父母和年幼的妹妹不知道被誰下了毒手。起因是六郎的父親向藩主提出開國的建言。於是，六郎在叔叔家寄人籬下，一邊搜尋犯人的下落，最後終於找到殺害父親的一瀨。接著，便趁一瀨從藩主宅邸返家的時候攻擊對方，成功復仇了。

**問題**　明治6年（1873年）頒布了什麼法律禁止這種復仇的行為？

❶《治安維持法》　❷《仇討禁止令》　❸《道路交通法》　❹《個人情報保護法》

答案：②　江戶時代，復仇只要跟奉行所提出申請就不會被問罪。在明治時代以後遭到禁止。

373

# 12月18日 （明治31年）

西鄉隆盛像在上野公園完工的日子
西元1898年12月18日

大概這時候
1868 ——— 1912
明治時代

## 咦？這是誰的銅像？
## 跟本人一點都不像……

你知道在東京都的上野公園有一座銅像嗎？
這是在日本史上不可或缺的某位人物的銅像。

找出3個不同之處

### 上野公園的象徵——西鄉隆盛像舉行揭幕儀式！

西鄉隆盛發動西南戰爭(※)，被當成反抗明治政府的叛徒。然而，隨著明治22年（1889年）《大日本帝國憲法》的頒布大赦天下(※)，卻有人提議要把他奉為明治維新的功臣並興建銅像！接著，這天終於在上野公園舉行了銅像的揭幕儀式。聽說當布幕揭開來時，參加儀式的糸（西鄉的妻子）一臉吃驚地小聲抱怨：「我先生才不是這個樣子。」

※由士族引發的日本國內最後一場內戰。　※國家在發生喜事時赦免罪人。

**補充**　針對西鄉妻子糸說的話有兩種看法，一種認為她是說「長得不像」，另一種則認為她說的是「他才不是會穿著浴衣（在當時被當成居家服）到處走的人」。

答案：①牽著的狗　②插在腰間的刀　③底座的形狀

# 12月19日（慶長元年）

**豐臣秀吉處死天主教徒的日子**
西元1597年2月5日

大概這時候 1573 — 1603
安土桃山時代

## 禁止天主教！
## 秀吉處死26名天主教徒！

秀吉起初允許天主教進行傳教，但是中途改口，下令禁止，在長崎將26名天主教徒處以磔刑（※）。

> 我要狠狠處罰你們！
> 日本豈能被西班牙和葡萄牙肆意侵略！

### 豐臣秀吉處死26名天主教徒

這天，在豐臣秀吉的命令之下，包含日本人在內，有26名天主教徒在長崎被處以磔刑。天主教於1549年傳入日本，獲得織田信長的傳教許可，秀吉一開始也是認同的。然而，隨著天主教的傳播，寺廟和神社開始遭人破壞；再加上他聽說西班牙和葡萄牙打算透過天主教把日本變成殖民地，產生危機感，所以才擺出嚴厲的態度！

※使用十字架執行的死刑。

### 問題　下列哪一位武將和秀吉一樣禁止天主教？

① 織田信長　② 源賴朝　③ 足利尊氏　④ 德川家康

答案：④　慶長19年（1614年），德川家康以兒子秀忠的名義頒布天主教禁令。

375

# 12月20日 （大正3年）

**東京車站開幕的日子**
西元1914年12月20日

大概這時候
1912 ———— 1926
大正時代

## 列車出發！
## 東京車站開幕囉！

東京車站作為符合首都規模的中央停車場興建而成，開幕當天有大批民眾湧入參觀。

> 東京車站在面向皇居的丸之內口完工囉！

### 紅磚造的東京車站開幕了

隨著鐵路的發達，政府決定興建一個取代新橋車站，足以配得上首都的中央停車場。這座停車場就是東京車站喔！12月18日舉行了落成典禮，兩天後的12月20日，東京車站開幕了。當天早上5點20分，往橫須賀的第一輛列車駛離月臺，參觀民眾絡繹不絕。隨著東京車站的開幕，昔日作為東海道本線起點的新橋車站改名「汐留車站」，變成貨物處理站。

💡 **問題** 興建東京車站花了多少錢？

❶ 100萬日圓　　❷ 200萬日圓　　❸ 300萬日圓　　❹ 400萬日圓

答案：③ 300萬日圓。以現在的幣值換算大約是500億日圓。

# 12月21日 （應永6年）

大內義弘戰死的日子
西元1400年1月17日

大概這時候
1336 ─ 1493
室町時代

## 我出兵挑戰足利義滿，卻遭遇火攻，戰死沙場！

足利幕府第3代將軍足利義滿企圖削弱守護大名（※）的勢力。與義滿對立的大內義弘發起了應永之亂

> 受不了啦！我要對足利幕府發動政變！ ——大內義弘
> 既然如此，我就用火攻來對付你！ ——足利義滿

### 大內義弘在應永之亂陣亡

這天是室町時代的守護大名大內義弘戰死的日子。大內義弘與足利幕府的第3代將軍足利義滿對立，決定出兵討伐。這就是「應永之亂」喔！義滿想要削弱透過與明朝（現在的中國）的貿易獲利無數的大內氏。幕府軍對義滿所在堺地的城堡採用火攻，展開總攻擊。義弘也做好這是最後一戰的覺悟，奮力揮刀殺敵，最終戰死沙場。

※戰國大名的一種。

**問題** 大內義弘戰死的堺位於何處？

① 京都府　② 愛知縣　③ 兵庫縣　④ 大阪府

答案：④　現在的大阪府堺市。

377

## 12月22日（明治18年）

出現第一任內閣總理大臣的日子
西元1885年12月22日

大概這時候 1868 — 1912
明治時代

# 為什麼要選伊藤博文？
# 因為……他的英文很好！

聽說當上第一任內閣總理大臣的伊藤博文在會見德國首相俾斯麥（Bismarck）時非常感動。日本最早的內閣制度及憲法的制定皆以德國為範本。

**問題**

伊藤博文當過幾任內閣總理大臣？

❶ 2任
❷ 3任
❸ 4任

### 近代政治的黎明，伊藤博文成為第一任內閣總理大臣

其實第一任內閣總理大臣原本很有可能是時任太政大臣、公家（貴族）出生的三條實美。不過，在討論人選的會議上，伊藤的友人井上馨主張應該讓看得懂外文電報的人來當，這句話成為決定的關鍵。雖然伊藤是貧困的農民出身，語言能力卻是人人肯定的。當時伊藤44歲，史上最年輕就任內閣總理大臣的紀錄一直保持到現在喔！

**補充**

伊藤博文自昭和38年（1963年）起，被印在一千日圓紙鈔上超過二十載。後來，一千日圓紙鈔上面的人物肖像依序變成夏目漱石和野口英世。

答案：③ 第1任、第5任、第7任和第10任，總共當了四任內閣總理大臣。

# 12月23日 (昭和33年)

**東京鐵塔完工的日子**
西元1958年12月23日

大概這時候
1926 ———— 1989
昭和時代

## 333公尺高的電波塔
## 東京鐵塔蓋好囉!

這天,世界最高的電波塔東京鐵塔正式完工,其目的是為了統一發送日漸增加的電視臺訊號。

> 好不甘心——!
>
> 耶!
>
> 我的高度超過當時世界最高的巴黎艾菲爾鐵塔喔!

### 作為電波塔使用的東京鐵塔完工了

東京鐵塔在東京的芝公園竣工,舉行落成典禮的這天是「東京鐵塔日」喔!東京鐵塔是為了統一發送與日俱增的電視臺訊號興建而成,高度為333公尺,超過了當時世界最高的巴黎艾菲爾鐵塔(Eiffel Tower)。東京鐵塔在平成30年(2018年)9月30日結束了電波塔的職責,這項工作現在則是由東京晴空塔接手喔!

**問題** 接替東京鐵塔的東京晴空塔有多高?

❶ 634公尺  ❷ 644公尺  ❸ 654公尺  ❹ 666公尺

答案:① 高634公尺,以電波塔來說是世界最高。目前也是備受歡迎的觀光景點。

# 12月24日 （昭和63年）

日本首次通過消費稅法案的日子
西元1988年12月24日

大概這時候
1926　　　　　1989
昭和時代

## 最早的稅率是3%！
## 日本決定導入消費稅。

竹下登內閣促使國會通過消費稅相關法案。透過該法案，日本確定將首次導入消費稅。

> 最先在日本導入消費稅的人就是我！

### 首先就從3%開始！消費稅法案成立了

這天，消費稅相關法案在國會通過，決定將從隔年4月1日起，對所有商品或服務的價格徵收3%消費稅。消費稅指的是在購買某樣商品、利用某種服務時徵收稅金，所以有能夠在整個社會廣泛課稅的優點。附帶一提，稅率在平成9年（1997年）調成5%、平成26年（2014年）調成8%，到令和元年（2019年）則調成10%了喔！

**問題** 像消費稅這種消費者透過商店等間接繳納的稅叫作什麼？

❶ 遺產稅　　❷ 住民稅　　❸ 所得稅　　❹ 間接稅

答案：④　①至③是直接稅，消費稅屬於④間接稅。

# 12月25日 （慶應3年）

薩摩藩邸被燒毀的日子
西元1868年1月19日

大概這時候
1603　　1868
江戶時代

## 想要推翻江戶幕府的薩摩藩在江戶的藩邸被攻擊了！

薩摩藩（現在的鹿兒島縣）在江戶的藩邸召集浪士（※），江戶幕府為了討伐浪士，放火燒毀了薩摩藩邸。

> 這起事件變成了鳥羽、伏見之戰跟戊辰戰爭的導火線喔！

### 江戶幕府燒毀了薩摩藩的藩邸

這天，位於三田（現在的東京都港區）的薩摩藩江戶藩邸被庄內藩（現在的山形縣）等勢力襲擊，化成火海。事件的起因是薩摩藩為了推翻幕府，招募浪士集結在藩邸內，命令他們在江戶各地放火打劫。於是，勘定奉行、小栗上野介等幕府官員決定要逮捕這些浪士，派出兩千名庄內藩的士兵前往薩摩藩邸，放火將其燒毀。

※沒有主君的武士，又稱浪人。

**問題**　像庄內藩這種支持江戶幕府的人叫作什麼？

❶ 佐幕派　　❷ 尊皇派　　❸ 鴿派　　❹ 鷹派

答案：① 支持江戶幕府的人是佐幕派，支持天皇的人則是尊皇派。

381

# 12月26日 （天文11年）

**德川家康的生日**
西元1543年1月31日

大概這時候
1493 ─── 1573
戰國時代

## 從小就吃了一堆苦！
## 德川家康的生日

德川家康是傳了15代的江戶幕府的初代將軍。
他從小就經歷各種磨難，最後終於成功建立了江戶幕府。

> 我3歲就離開了母親，在那之後則是一連串的苦難。

家康在今川義元、織田信長和豐臣秀吉身邊蟄伏隱忍多年，才總算開創了屬於德川的時代。

啜泣……

### 建立江戶幕府的德川家康出生的日子

我叫德川家康，作為三河地方（現在的愛知縣）統治者松平家的繼承人，出生在岡崎城。松平家是今川家的家臣，我在6歲時被送到今川家當人質。後來今川義元敗給織田信長，我才重新回到故鄉三河。直到統一天下為止，我的人生始終都飽經風霜啊！

---

💡 **問題** 德川家康擔任大將的東軍和以石田三成為中心的西軍爆發了哪一場戰役？

❶ 大坂之陣　　❷ 三方原之戰　　❸ 關原之戰　　❹ 川中島合戰

答案：③ 關原之戰又稱「定奪天下的戰役」，由東軍的德川家康獲勝。

# 12月27日 （寶曆8年）

**松平定信的生日**
西元1759年1月25日

大概這時候
1603 ━━━ 1868
**江戶時代**

## 推行寬政改革的 松平定信 的生日

松平定信擔任德川家齊將軍的老中（※），推動寬政改革，試圖導正因為田沼意次陷入混亂的政局。

> 松平定信為了重振幕府的財政，命令人民要簡樸節儉（不奢侈、不浪費錢）。

> 我為了拯救財政赤字制定了嚴格的規範，結果卻引發了人民的反彈。

### 下令「禁止奢侈」的松平定信誕生的日子

我在江戶幕府第11代將軍德川家齊的時代，擔任「老中」的官職推動了寬政改革。因為前任的田沼意次疏於管理、政務鬆懈，我只好努力重新上緊發條，還設法振作在「天明大饑荒」垮掉的幕府財政。只不過，改革的成效一直沒能提升。

老中松平定信。

※除了將軍之外，在幕府握有最高權力的位階。

**問題** 松平定信的爺爺是誰？

① 德川吉宗　② 足利義昭　③ 織田信長　④ 石田三成

答案：① 德川吉宗是江戶幕府的第8代將軍，實施了享保改革。

383

# 12月28日 （治承4年）

平氏燒毀南都的日子
西元1181年1月15日

大概這時候
794 ━━━ 1185
平安時代

## 平家攻進奈良！
## 奈良的寺廟陷入一片火海！

平清盛派兵攻打反對平家的奈良佛教勢力，士兵們放的火導致東大寺和興福寺付之一炬，災情慘重。

> 把那些反對平家作風的寺廟都給我燒了！

### 平氏放火燒毀南都

當平家的勢力一減弱，南都（現在的奈良縣）的佛教勢力就開始跟平家唱反調。討厭興福寺等寺廟對政治指手畫腳的平清盛，任命兒子重衡擔任大將軍，出兵征伐南都。與南都寺廟開戰的重衡在入夜之後，命令士兵放火點燃附近的民宅。火勢受到猛烈的冬季季風助長迅速擴散，燒掉了興福寺、東大寺等多間寺廟。

💡 問題　哪一位天皇興建了以奈良大佛聞名的東大寺？

❶ 桓武天皇　❷ 天武天皇　❸ 聖武天皇　❹ 神武天皇

答案：③　聖武天皇向佛教尋求救贖，除東大寺外，還在全國各地廣建寺廟。

# 12月29日 （寬弘2年）

紫式部成為女官的日子
西元1006年1月31日

大概這時候
794 ──────── 1185
平安時代

## 我在撰寫《源氏物語》的同時侍奉中宮彰子喔！

紫式部以身為在平安時代誕生的《源氏物語》的作者名聞遐邇。丈夫過世後，她作為中宮彰子的老師入宮。

> 我完美勝任顧問、家教和作家喔！

紫式部受中宮彰子之父藤原道長的請託，以顧問兼老師的身分擔任女官。

### 紫式部成為中宮彰子的女官

我叫紫式部，是《源氏物語》的作者喔！這天是我開始在一條天皇的中宮彰子身邊工作的日子。我被錄取擔任教導中宮學習教養的老師。我一邊照顧中宮，一邊慢慢完成《源氏物語》。因為人就身在皇宮之中，寫故事時也能信手拈來、下筆成章呢！

**問題** 《源氏物語》的主角是？

❶ 源賴朝　　❷ 源義經　　❸ 源為朝　　❹ 光源氏

答案：❹ 主角是光源氏。《源氏物語》是發生在貴族之間的故事，總共有54卷。

385

# 12月30日 (昭和2年)

日本第一條地下鐵通車的日子
西元1927年12月30日

大概這時候
1926 ─── 1989
昭和時代

## 日本第一條地下鐵通車了！
## 行駛在東京的上野至淺草之間

這天，日本的第一條地下鐵通車了。
雖然只有從上野到淺草這麼短的距離，不過民眾非常捧場。

> 載客用地下鐵在這個時候首次通車喔！

### 日本第一條地下鐵在上野──淺草通車

日本第一條載客用地下鐵通車的這天，是「地下鐵紀念日」喔！當時，人們經常使用路面電車作為交通工具。然而，當汽車的數量與日俱增，電車在路面通行的難度隨之提高。地下鐵的行駛路線是上野到淺草，距離約2.2公里。這也是現在地鐵銀座線的起源！通車當天，大批民眾摩肩擦踵地搭上了地下鐵。

**問題** 繼東京之後建設地下鐵的是哪一座都市？

❶ 大阪　　❷ 名古屋　　❸ 札幌　　❹ 橫濱

答案：① 大阪地下鐵於昭和8年（1933年）完工，在梅田車站到心齋橋之間通車。

386

# 12月31日（昭和20年）

神話從教科書上消失的日子
西元1945年12月31日

大概這時候
1926 ——————— 1989
昭和時代

## 歷史課不再教 **日本神話** 的日子

GHQ禁止日本政府教授歷史等課程。
從此以後，學校再也不教給孩子們日本自古流傳的神話了。

（漫畫：咦／吞雲吐霧／日本歷史的第一課是舊石器時代！）

### GHQ禁止教授歷史，神話從教科書上消失了

這天，GHQ（盟軍最高司令官總司令部，第二次世界大戰後，盟軍在統治日本期間設立的機關）對日本政府下達歷史教育禁令，指示他們回收至今為止使用的教科書。從此以後，學校不再傳授自古流傳下來的日本神話了。取而代之的是在昭和21年（1946年）9月重新編撰的新歷史課本，新課本從舊石器時代開始，歷史教育又再次回到校園了！

**問題** GHQ的最高司令官是誰？

❶ 麥卡尼　　❷ 甘迺迪　　❸ 歐巴馬　　❹ 麥克阿瑟

答案：④　麥克阿瑟是一位美國軍人，深受美國國民愛戴。

## 這一年來辛苦了！

中場休息小專欄

# 一頁日本史
# 近代 篇

> 那種髮型外國人看了會覺得很奇怪，可以請你不要留了嗎？
>
> 咦！哪有人這樣的……

### 必須把髮型變得跟外國人一樣的法令頒布了

從室町時代後期開始，丁髷（剃掉頭頂的頭髮，把剩下的部分綁成髮髻）因為「戴頭盔的時候不會悶熱，超棒的！」這種理由而廣泛流行。 剛開始是武士特有的髮型，但是在進入江戶時代以後，所有男性都改留這種髮型了。 然而，這樣的丁髷卻被明治維新時期來日本的外國人批評得一無是處，於是越來越多日本人覺得：「這種髮型好丟臉喔，我不要留了！」明治4年（1871年）頒布了《斷髮令》，丁髷就在往後的十年左右慢慢被淘汰了。

## 來自小和田老師的祝福

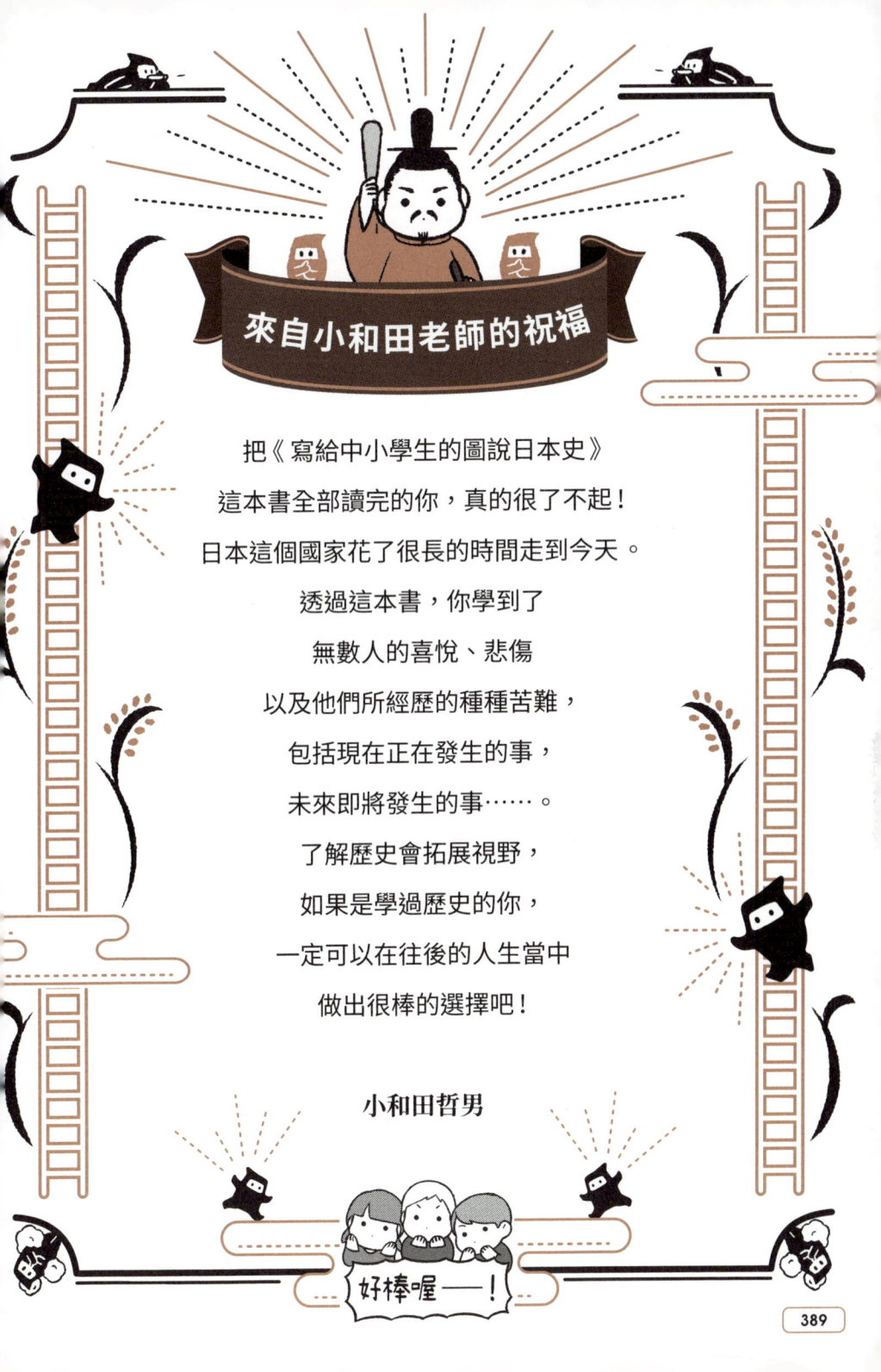

把《寫給中小學生的圖說日本史》

這本書全部讀完的你，真的很了不起！

日本這個國家花了很長的時間走到今天。

透過這本書，你學到了

無數人的喜悅、悲傷

以及他們所經歷的種種苦難，

包括現在正在發生的事，

未來即將發生的事⋯⋯。

了解歷史會拓展視野，

如果是學過歷史的你，

一定可以在往後的人生當中

做出很棒的選擇吧！


小和田哲男

好棒喔——！

# 實用索引！
# 日本史年表

## 從舊石器時代開始複習一遍吧！

| 時代 | 西元 | 主要事件 |
|---|---|---|
| 舊石器時代 | 前兩萬 | 開始使用石器生活 |
| 舊石器時代 | 前一萬 | 開始使用陶器生活 |
| 繩紋時代 | 前四千 | 稻作文化開始 |
| 繩紋時代 | 前三千 | 出現大型貝塚和環狀聚落 |
| 彌生時代 | 前四百 | 九州正式發展水稻農耕 |
| 彌生時代 | 57 | 倭奴國王獲後漢（現在的中國）光武帝賜印綬 |
| 彌生時代 | 266 | 卑彌呼獲魏（現在的中國）明帝賜「親魏倭王」稱號 |
| 古墳時代 | 400左右 | 大和政權統一 |
| 古墳時代 | 538左右 | 佛教傳入日本 |
| 古墳時代 | 592 | 蘇我馬子暗殺崇德天皇 |
| 飛鳥時代 | 593 | 聖德太子成為皇太子參與政治 |
| 飛鳥時代 | 599 | 日本歷史上最早的地震記錄的日子 →p.137 |
| 飛鳥時代 | 600 | 日本派出最早的遣隋使 |
| 飛鳥時代 | 603 | 聖德太子為根據能力授予位階頒布「冠位十二階」 →p.361 |
| 飛鳥時代 | 604 | 聖德太子頒布後來成為國家立法依據的《十七條憲法》 →p.113 |
| 飛鳥時代 | 607 | 小野妹子出發前往隋朝 →p.205 |
| 飛鳥時代 | 622 | 聖德太子逝世 →p.71 |
| 飛鳥時代 | 628 | 推古天皇駕崩 →p.85 |
| 飛鳥時代 | 643 | 山背大兄王被蘇我入鹿襲擊 →p.327 |
| 飛鳥時代 | 645 | 為使天皇成為政治中心，發生大化革新 →p.183 |

| 時代 | 西元 | 主要事件 |
|---|---|---|
| 飛鳥時代 | 646 | 頒布墳墓規格應符合身分的《薄葬令》 →p.100 |
| 飛鳥時代 | 663 | 爆發日本對中國唐朝、新羅的白村江之戰 →p.260 |
| 飛鳥時代 | 669 | 中臣鎌足獲天智天皇賜姓「藤原」 →p.310 |
| 飛鳥時代 | 673 | 天武天皇即位 →p.76 |
| 飛鳥時代 | 686 | 大津皇子因涉嫌謀反被迫自殺 →p.298 |
| 飛鳥時代 | 694 | 持統天皇遷都藤原京 →p.362 |
| 奈良時代 | 701 | 完成日本最早的正式法典《大寶律令》 →p.236 |
| 奈良時代 | 702 | 統一測量長度、重量的度量衡 →p.86 |
| 奈良時代 | 708 | 發行最早的貨幣「和同開珎」 →p.151 |
| 奈良時代 | 710 | 遷都平城京 →p.88 |
| 奈良時代 | 712 | 太安萬侶完成《古事記》 →p.46 |
| 奈良時代 | 723 | 頒布允許私有土地可傳三代的《三世一身法》 →p.127 |
| 奈良時代 | 743 | 頒布獲准私有土地的《墾田永年私財法》 →p.167 |
| 奈良時代 | 752 | 東大寺大佛舉行開光儀式 →p.119 |
| 奈良時代 | 754 | 鑑真為宣揚佛教從唐朝來到日本 →p.34 |
| 奈良時代 | 774 | 空海出生，創立平安時代新興佛教之一的真言宗 →p.186 |
| 奈良時代 | 785 | 早良親王主張無罪，含恨離世 →p.292 |
| 平安時代 | 794 | 奈良時代結束，遷都平安京 →p.317 |
| 平安時代 | 802 | 蝦夷族長阿弖流為向坂上田村麻呂投降 →p.125 |
| 平安時代 | 810 | 藤原藥子企圖使平城上皇上位，在失敗後自殺身亡（藥子之變） →p.276 |
| 平安時代 | 894 | 菅原道真決定廢除遣唐使 →p.294 |
| 平安時代 | 901 | 菅原道真被貶到大宰府（昌泰之變） →p.43 |

| 時代 | 西元 | 主要事件 |
|---|---|---|
| 平安時代 | 940 | 平將門擊敗上野國府，自稱「新皇」 →p.371 |
| | | 平將門與朝廷軍交戰後落敗 →p.63 |
| | 1000 | 藤原定子成為皇后，藤原彰子成為中宮 →p.74 |
| | 1006 | 平安時代作家紫式部成為中宮彰子的女官 →p.385 |
| | 1016 | 藤原道長當上攝政 →p.47 |
| | 1074 | 藤原賴通逝世 →p.51 |
| | 1087 | 白河天皇退位成為上皇（院政）→p.352 |
| | 1156 | 後白河法皇與崇德上皇展開權力鬥爭（保元之亂）→p.213 |
| | | 源為朝被流到放伊豆大島 →p.259 |
| | 1179 | 平清盛幽禁後白河法皇，結束院政 →p.346 |
| | 1180 | 爆發源氏與平氏之間的源平合戰 →p.166 |
| | | 源賴朝為打倒平氏出征 →p.250 |
| | 1181 | 平氏攻進南都，燒毀東大寺、興福寺等建築 →p.384 |
| | 1182 | 源賴家出生 →p.245 |
| | 1184 | 源義經在源平合戰的「一之谷之戰」獲得勝利 →p.56 |
| | 1185 | 平氏戰敗，於壇之浦滅亡 →p.102 |
| | | 在源平合戰燒毀的東大寺大佛，重建後舉行開光儀式 →p.261 |
| 鎌倉時代 | | 鎌倉幕府成立 |
| | 1188 | 源賴朝下令討伐弟弟源義經 →p.70 |
| | 1199 | 征夷大將軍源賴朝猝逝 →p.31 |
| | | 北條政子制定以北條為中心的十三人合議制 →p.122 |
| | 1203 | 北條氏擊潰比企氏，開始施行執權政治（比企之亂）→p.266 |

| 時代 | 西元 | 主要事件 |
|---|---|---|
| 鎌倉時代 | 1219 | 源實朝遭到暗殺 →p.45 |
| | 1221 | 鎌倉幕府設置用來監視朝廷、保護京都的六波羅探題 →p.187 |
| | | 發動承久之亂的後鳥羽上皇被流放到隱岐島 →p.215 |
| | 1232 | 北條泰時頒布《御成敗式目51條》→p.243 |
| | 1238 | 鎌倉大佛開始動工 →p.101 |
| | 1241 | 為《小倉百人一首》選定和歌的藤原定家逝世 →p.253 |
| | 1252 | 鎌倉幕府第六代將軍宗尊親王從京都出發 →p.97 |
| | 1263 | 北條時賴逝世 →p.348 |
| | 1274 | 文永之役吹起神風，元朝（現在的中國）撤軍 →p.315 |
| | 1276 | 以建立金澤文庫揚名於世的北條實時逝世 →p.318 |
| | 1281 | 蒙古軍入侵九州，爆發弘安之役 →p.177 |
| | 1285 | 平賴綱發起消滅安達泰盛及其一族的霜月騷動 →p.343 |
| | 1297 | 頒布免除武士債務的永仁德政令 →p.84 |
| | 1324 | 後醍醐天皇試圖推翻鎌倉幕府，卻以失敗告終（正中之變）→P.283 |
| | 1331 | 後醍醐天皇成功推翻鎌倉幕府（元弘之亂）→p.139 |
| | 1333 | 延續大約150年的鎌倉幕府滅亡 →p.162 |
| 室町時代 | 1336 | 足利尊氏在湊川擊敗楠木正成及新田義貞的軍隊（湊川之戰）→p.165 |
| | | 後醍醐天皇從京都逃往吉野 |
| | 1338 | 推翻鎌倉幕府的足利尊氏成為征夷大將軍 →p.244 |
| | 1397 | 足利義滿為興建金閣寺舉辦祈福儀式 →p.126 |

| 時代 | 西元 | 主要事件 |
|---|---|---|
| 室町時代 | 1400 | 室町幕府軍進攻堺城（應永之亂） →p.377 |
| | 1401 | 足利義滿派使節前往中國明朝 →p.153 |
| | 1408 | 統一南北兩朝的足利義滿逝世 →p.146 |
| | 1419 | 朝鮮士兵入侵對馬（應永外寇） →p.191 |
| | 1428 | 足利義教靠抽籤當上將軍 →p.37 |
| | | 爆發正長土一揆 →p.282 |
| | 1436 | 室町幕府第八代將軍足利義政出生 →p.20 |
| | 1438 | 足利持氏反抗室町幕府（永享之亂） →p.249 |
| | 1441 | 赤松滿祐暗殺足利義教（嘉吉之亂） →p.195 |
| | | 赤松滿祐遭山名持豐等人攻擊，自殺身亡 →p.274 |
| | 1457 | 太田道灌興建江戶城 →p.118 |
| | 1486 | 山城國人眾向畠山政長、義就的軍隊發起一揆 →p.367 |
| 戰國時代 | 1493 | 北條早雲消滅伊豆的堀越公方 |
| | 1496 | 日野富子逝世 →p.160 |
| | 1500 | 因應仁之亂而停辦的祇園祭恢復舉行 →p.178 |
| | 1541 | 尼子經久逝世 →p.339 |
| | 1543 | 建立江戶幕府的德川家康出生 →p.382 |
| | | 鐵砲首次傳入日本 →p.258 |
| | 1547 | 武田信玄針對家臣及農民頒布《甲州法度之次第》 →p.172 |
| | 1549 | 方濟各・沙勿略在鹿兒島登陸 →p.224 |
| | 1555 | 毛利元就在嚴島之戰擊破陶晴賢 →p.296 |
| | 1556 | 齋藤道三在長良川對戰兒子義龍，戰死沙場 →p.130 |

| 時代 | 西元 | 主要事件 |
|---|---|---|
| 戰國時代 | 1560 | 織田信長在桶狹間之戰戰勝今川義元 →p.159 |
| | 1563 | 松平元康（後來的德川家康）脫離今川家，改名家康 →p.208 |
| | 1566 | 毛利元就攻陷月山富田城 →p.345 |
| | 1567 | 上杉謙信送鹽給敵對的武田信玄 →p.29 |
| | 1568 | 織田信長支持足利義昭，與其共赴京城 →p.290 |
| | 1570 | 淺井長政在金崎之戰背叛織田信長 →p.135 |
| | | 信長與家康聯手，爆發姊川之戰 →p.199 |
| | 1571 | 毛利元就逝世 →p.185 |
| | 1573 | 織田信長流放足利義昭，室町幕府結束 →p.220 |
| 安土桃山時代 | 1575 | 織田信長用鐵砲贏下長篠之戰 →p.161 |
| | 1577 | 松永久秀摔破知名茶器「平蜘蛛」自我了斷 →p.305 |
| | 1578 | 織田信長集結三百名相撲力士，在安土城觀賞相撲比賽 →p.78 |
| | 1579 | 德川秀忠出生 →p.117 |
| | 1582 | 織田信長在本能寺之變中殞命 →p.173 |
| | | 豐臣秀吉在山崎之戰擊敗明智光秀，朝統一天下邁進 →p.184 |
| | | 召開決定織田信長繼承人的清州會議 →p.198 |
| | 1583 | 柴田勝家切腹 →p.134 |
| | 1585 | 家康和秀吉在小牧・長久手之戰言歸於好 →p.368 |
| | | 豐臣秀吉主辦禁裏茶會，千利休獻茶 →p.302 |
| | 1587 | 島津義久向豐臣秀吉投降 →p.148 |
| | | 豐臣秀吉遷居聚樂第 →p.277 |
| | 1588 | 豐臣秀吉實施《刀狩令》 →p.210 |

| 時代 | 西元 | 主要事件 |
|---|---|---|
| 安土桃山時代 | 1589 | 豐臣秀吉下令討伐小田原北條氏 →p.350 |
| | 1590 | 豐臣秀吉完成天下統一 →p.207 |
| | 1591 | 戰國時代的茶人千利休逝世 →p.77 |
| | 1592 | 豐臣秀吉為文祿之役朝名護屋城出發 →p.104 |
| | 1594 | 石川五右衛門被處以烹刑 →p.257 |
| | 1595 | 豐臣秀吉的外甥暨關白豐臣秀次被迫切腹 →p.217 |
| | 1596 | 服部半藏逝世 →p.330 |
| | 1597 | 豐臣秀吉處死26名天主教徒 →p.375 |
| | | 千姬出生 →p.121 |
| | | 豐臣秀吉收到大象 →p.226 |
| | 1600 | 德川家康以天下為目標參與關原之戰 →p.279 |
| | 1602 | 小早川秀秋逝世 →p.313 |
| 江戶時代 | 1603 | 德川家康成為征夷大將軍，江戶幕府成立 →p.61 |
| | 1609 | 琉球王國敗給薩摩 →p.115 |
| | 1612 | 宮本武藏和佐佐木小次郎在巖流島決鬥 →p.123 |
| | 1615 | 德川家康參加大坂夏之陣 →p.114 |
| | | 人稱「日本第一兵」的真田信繁（幸村）逝世 →p.147 |
| | | 德川秀忠在二條城召集公家，頒布《禁中並公家諸法度》 →p.219 |
| | 1623 | 德川家光成為第三代將軍 →p.229 |
| | 1624 | 高台院（寧寧）逝世 →p.270 |
| | 1628 | 「水戶黃門」原型德川光圀出生 →p.181 |
| | 1629 | 後水尾天皇不滿紫衣事件退位 →p.334 |

| 時代 | 西元 | 主要事件 |
|---|---|---|
| 江戶時代 | 1630 | 藤堂高虎逝世 →p.300 |
| | 1634 | 江戶幕府在長崎建造出島 →p.168 |
| | 1635 | 參勤交代制度化 →p.192 |
| | 1636 | 伊達政宗逝世 →p.164 |
| | 1637 | 對天主教的取締引發島原之亂 →p.320 |
| | 1638 | 天草四郎據守原城遺跡 →p.359 |
| | 1639 | 江戶幕府完成鎖國 →p.206 |
| | 1646 | 江戶幕府第五代將軍德川綱吉出生 →p.26 |
| | 1657 | 發生明曆大火，江戶街道付之一炬 →p.36 |
| | 1666 | 和新井白石合力推行正德之治的間部詮房出生 →p.156 |
| | 1689 | 松尾芭蕉踏上《奧之細道》的旅途 →p.105 |
| | 1703 | 赤穗浪士攻擊吉良邸 →p.370 |
| | 1707 | 富士山大噴發（寶永大噴發） →p.349 |
| | 1716 | 德川吉宗成為江戶幕府第八代將軍 →p.246 |
| | 1721 | 幕府設置意見箱 →p.235 |
| | 1723 | 成立免費醫療設施小石川養生所 →p.360 |
| | | 德川吉宗規定每六年實施一次人口調查 →p.108 |
| | 1759 | 實施寬政改革的松平定信出生 →p.383 |
| | 1760 | 葛飾北齋出生 →p.287 |
| | 1763 | 小林一茶出生 →p.145 |

江戶時代延續了265年之久喔！

| 時代 | 西元 | 主要事件 |
|---|---|---|
| 江戶時代 | 1767 | 瀧澤馬琴出生 →p.180 |
| | 1771 | 杉田玄白及前野良澤在江戶小塚原參觀屍體解剖現場 →p.82 |
| | 1777 | 伊豆大島的三原山噴發 →p.231 |
| | 1779 | 平賀源內因殺人罪入獄 →p.347 |
| | 1784 | 發現「漢倭奴國王」金印 →p.72 |
| | 1787 | 因為糧食不足發生天明暴動 →p.152 |
| | | 二宮尊德出生 →p.225 |
| | 1792 | 俄羅斯使節拉克斯曼來到根室提出貿易要求 →p.267 |
| | 1794 | 水野忠邦出生 →p.194 |
| | 1804 | 世界第一場全身麻醉手術經由日本人之手完成 →p.308 |
| | 1806 | 藤田東湖出生 →p.94 |
| | 1821 | 伊能忠敬的弟子們把《大日本沿海輿地全圖》獻給幕府 →p.212 |
| | 1823 | 勝海舟出生 →p.48 |
| | 1825 | 頒布《異國船驅逐令》 →p.67 |
| | | 《東海道四谷怪談》首演 →p.228 |
| | 1829 | 西博德被流放國外 →p.289 |
| | 1830 | 吉田松陰出生 →p.237 |
| | 1832 | 鼠小僧被處死 →p.252 |
| | 1833 | 木戶孝允出生 →p.197 |
| | 1835 | 前島密出生 →p.25 |
| | 1837 | 糧食不足導致官員帶頭造反（大鹽平八郎之亂）→p.68 |
| | | 將軍德川家齊退位，成為大御所 →p.112 |

| 時代 | 西元 | 主要事件 |
|---|---|---|
| 江戶時代 | 1851 | 約翰萬次郎回到日本 →p.21 |
| | 1853 | 培里的黑船抵達浦賀 →p.174 |
| | 1854 | 日本首次進行電子通訊 →p.73 |
| | | 下田、函館基於《神奈川條約》開港 |
| | 1855 | 發生規模7.0～7.2的安政大地震 →p.297 |
| | 1856 | 美國總領事哈里斯抵達下田 →p.223 |
| | 1858 | 簽署《美日修好通商條約》 →p.190 |
| | | 小濱藩士及梅田雲濱在安政大獄被捕 →p.271 |
| | | 西鄉隆盛和僧侶月照企圖投水自盡 →p.342 |
| | 1859 | 吉田松陰被處以死刑 →p.322 |
| | 1860 | 井伊直弼等人在江戶城遭人暗殺（櫻田門外之變）→p.81 |
| | 1861 | 日本第一座保齡球場完工 →p.193 |
| | 1862 | 發生企圖推翻幕府的武士被殺的寺田屋騷動 →p.133 |
| | | 發生武士砍殺外國人的生麥事件 →p.254 |
| | 1863 | 薩摩藩與英國艦隊開戰（薩英戰爭）→p.204 |
| | | 新選組的前身——壬生浪士組誕生 →p.91 |
| | | 武市瑞山（半平太）入獄 →p.285 |
| | | 尊皇派武士在八月十八日政變被逐出京城 →p.251 |
| | 1864 | 江戶幕府與長州藩開戰（禁門［蛤御門］之變）→p.221 |
| | | 四國聯合艦隊進攻下關 →p.238 |
| | 1866 | 為推翻幕府組成薩長同盟 →p.39 |
| | | 龍馬和阿龍展開日本最早的蜜月旅行 →p.107 |

| 時代 | 西元 | 主要事件 |
|---|---|---|
| 江戶時代 | 1866 | 德川家茂逝世 →p.222 |
| | 1867 | 夏目漱石出生 →p.23 |
| | | 明治天皇即位 →p.27 |
| | | 高杉晉作逝世 →p.124 |
| | | 江戶幕府因為大政奉還宣告結束 →p.309 |
| | | 坂本龍馬在京都被暗殺 →p.341 |
| | | 江戶幕府燒毀薩摩藩邸 →p.381 |
| | 1868 | 德川慶喜逃出大阪 →p.24 |
| | | 頒布恢復天皇執政的《王政復古大號令》 →p.365 |
| | | 明治天皇在紫宸殿宣誓《五條御誓文》 →p.92 |
| | | 頒布一世一元制，改元「明治」 →p.272 |
| | | 沖田總司逝世 →p.170 |
| | | 白虎隊在飯盛山迎接死亡 →p.256 |
| 明治時代 | | 會津藩主松平容保開城投降。會津戰爭結束 →p.286 |
| | | 對外門戶之一的「神戶港」開港 →p.363 |
| | 1869 | 頒布《小學校設置令》 →p.54 |
| | | 冰淇淋開始在日本國內生產、販售 →p.149 |
| | | 榎本武揚等人在五稜郭之戰敗陣，戊辰戰爭結束 →p.158 |
| | 1871 | 日本的貨幣單位改成「圓」 →p.150 |
| | | 實施改藩為縣的廢藩置縣 →p.216 |
| | | 開始響起正午報時的「咚」 →p.273 |
| | | 岩倉使節團從橫濱出發 →p.338 |

| 時代 | 西元 | 主要事件 |
|---|---|---|
| 明治時代 | 1872 | 島崎藤村出生 →p.66 |
| | | 樋口一葉出生 →p.103 |
| | | 彈珠汽水開始在日本國內生產、販售 →p.144 |
| | | 明治天皇出發前往日本各地巡幸 →p.163 |
| | | 富岡製絲廠開始生產 →p.299 |
| | 1873 | 日本曆法從太陰曆改成太陽曆 →p.19 |
| | | 頒布要求國民服兵役的《徵兵令》 →p.28 |
| | 1874 | 提出《民撰議院設立建白書》 →p.35 |
| | 1875 | 平民也被賦予冠姓的義務 →p.62 |
| | 1876 | 星期日變成休息日 →p.90 |
| | | 為消除階級差異頒布禁止佩刀的「廢刀令」 →p.106 |
| | | 美國教師克拉克作為副校長任教於札幌農學校 →p.247 |
| | | 不滿政府的士族起兵造反（萩之亂） →p.323 |
| | | 野口英世出生 →p.335 |
| | | 福澤諭吉的《學問之勸》最終卷出版 →p.351 |
| | 1877 | 修改並調降地租稅率 →p.22 |
| | | 爆發西南戰爭 →p.64 |
| | | 西南戰爭成為日本紅十字會的創會緣由 →p.141 |
| | | 鉛筆開始在日本國內生產、販售 →p.142 |
| | | 美國學者摩斯開始挖掘「大森貝塚」 →p.280 |
| | | 西南戰爭結束，西鄉隆盛自盡 →p.288 |

明治是社會發生劇烈變化的動盪時代喔！

| 時代 | 西元 | 主要事件 |
|---|---|---|
| 明治時代 | 1878 | 明治新政府的中心人物<br>大久保利通逝世　→p.154 |
| | 1879 | 大正天皇出生　→p.264 |
| | 1880 | 發生日本最後一起復仇事件　→p.373 |
| | 1881 | 政府宣布將成立國會　→p.307 |
| | 1882 | 上野動物園開幕　→p.98 |
| | | 板垣退助遭人暗殺未遂　→p.116 |
| | 1883 | 象徵日本近代化的西式會館<br>鹿鳴館開幕　→p.354 |
| | 1884 | 農民被重稅激怒，爆發秩父事件　→p.326 |
| | 1885 | 頒布《特許法》的前身<br>《專賣特許條例》　→p.128 |
| | | 日本最早的鐵路便當開賣　→p.218 |
| | | 確立內閣制度，成立第一次<br>伊藤博文內閣　→p.378 |
| | 1886 | 英國船發生船難，船上的日本人<br>全數罹難　→p.319 |
| | 1887 | 電力公司開始營業　→p.40 |
| | | 制定郵政符號「〒」　→p.57 |
| | 1890 | 頒布府縣制及郡制　→p.157 |
| | | 舉辦第一屆眾議院議員總選舉　→p.203 |
| | | 頒布天皇針對教育的一席話<br>《教育敕語》　→p.325 |
| | | 安裝日本第一臺電梯　→p.336 |
| | | 啟用《大日本帝國憲法》　→p.355 |
| | 1892 | 成立日本第一座傳染病研究所　→p.356 |
| | 1894 | 松下幸之助出生　→p.353 |
| | | 爆發甲午戰爭　→p.234 |

| 時代 | 西元 | 主要事件 |
|---|---|---|
| 明治時代 | 1898 | 大隈重信和板垣退助的內閣成立　→p.201 |
| | | 西鄉隆盛像於上野公園完工　→p.374 |
| | 1900 | 東京第一次出現公共電話　→p.275 |
| | | 津田梅子開設女子英學塾　→p.278 |
| | 1903 | 路面電車在新橋到品川區間通車　→p.255 |
| | 1904 | 對俄羅斯宣戰　→p.59 |
| | 1905 | 簽訂《樸茨茅斯條約》，<br>日俄戰爭結束　→p.269 |
| | 1907 | 日本第一位諾貝爾得獎人<br>湯川秀樹出生　→p.41 |
| | | 開採銅礦的礦工引發足尾暴動事件　→p.53 |
| | 1908 | 移居海外的781名日本人<br>抵達巴西　→p.189 |
| | 1909 | 第一任內閣總理大臣伊藤博文<br>遭到暗殺　→p.321 |
| | 1910 | 公布《日韓合併條約》，把韓國<br>變成日本的領土　→p.262 |
| | 1911 | 第一架國產飛行船飛越東京上空　→p.284 |
| | 1912 | 出現女性專用車廂　→p.49 |
| | | 明治天皇在發病的短短半個月後<br>駕崩　→p.232 |
| 大正時代 | 1914 | 櫻島噴發，是20世紀最大的火山<br>噴發　→p.30 |
| | | 東京車站開幕　→p.376 |
| | 1922 | 在華盛頓會議上簽署<br>《華盛頓海軍條約》　→p.55 |
| | | 森鷗外逝世　→p.211 |
| | | 德國物理學家愛因斯坦訪日　→p.344 |
| | 1923 | 發生關東大震災　→p.265 |
| | 1925 | 頒布取締與國家理念相違背者的<br>《治安維持法》　→p.132 |

| 時代 | 西元 | 主要事件 |
|---|---|---|
| 大正時代 | 1925 | NHK廣播開播 →p.214 |
| 昭和時代 | 1927 | 景氣惡化，發生金融恐慌 →p.93 |
| | | 日本第一條地下鐵在上野──淺草區間通車 →p.386 |
| | 1928 | 日本首次舉行男性普選 →p.69 |
| | | 制定蛀牙預防日 →p.175 |
| | 1930 | 出現兒童洋食 →p.357 |
| | 1931 | 東京科學博物館開幕 →p.328 |
| | | 澀澤榮一逝世 →p.337 |
| | 1932 | 滿洲國發布建國宣言 →p.79 |
| | | 團塚磨在血盟團事件被殺 →p.83 |
| | | 對社會心存不滿的軍人發動「五一五事件」 →p.155 |
| | 1933 | 九一八事變結束，簽署停戰協定 →p.171 |
| | 1934 | 忠犬八公像在澀谷車站前完工 →p.131 |
| | 1936 | 舉辦第一場職棒比賽 →p.58 |
| | | 企圖篡奪政權的陸軍青年發動「二二六事件」 →p.75 |
| | | 原定將在1940年舉行的東京奧運宣布停辦 →p.233 |
| | 1937 | 發生盧溝橋事變，演變成中國抗日戰爭 →p.209 |
| | | 日本占領中國首都，發生南京大屠殺 →p.369 |
| | 1938 | 頒布把所有國家資源用於戰爭的《國家總動員法》 →p.111 |
| | 1940 | 杉原千畝發行「救命簽證」幫助猶太人 →p.227 |
| | | 德國、義大利和日本互助合作，成立德義日三國同盟 →p.291 |
| | 1941 | 珍珠港事件等導致太平洋戰爭爆發 →p.364 |

| 時代 | 西元 | 主要事件 |
|---|---|---|
| 昭和時代 | 1941 | 大和號戰艦完工 →p.372 |
| | 1942 | 與謝野晶子逝世 →p.169 |
| | | 與美國爆發中途島戰爭 →p.176 |
| | | 世界第一條海底隧道──關門隧道開通 →p.182 |
| | 1943 | 棒球術語禁用英文 →p.80 |
| | | 學生也被徵召上陣，舉辦學生誓師大會 →p.316 |
| | 1944 | 蘇聯間諜佐爾格和尾崎秀實遭到處死 →p.333 |
| | 1945 | 東京大空襲 →p.87 |
| | | 廣島被投放原子彈 →p.239 |
| | | 蘇聯對日本宣戰 →p.241 |
| | | 長崎被投放原子彈 →p.242 |
| | | 日本戰敗，接受《波茨坦宣言》，二戰結束 →p.248 |
| | | 盟軍最高司令官麥克阿瑟抵達厚木 →p.263 |
| | | 日本最早的彩券開賣 →p.324 |
| | | GHQ下令解散財閥，削弱其勢力 →p.332 |
| | | 根據GHQ的命令，神話禁止列入教科書 →p.387 |
| | 1946 | 日本女性第一次參加選舉 →p.120 |
| | | 學校實施男女共學 →p.304 |
| | | 頒布民主的新憲法《日本國憲法》 →p.329 |
| | 1947 | 開始實施6334學制 →p.109 |

昭和時代有很多跟戰爭有關的事件呢！

| 時代 | 西元 | 主要事件 |
|---|---|---|
| 昭和時代 | 1947 | 啟用《日本國憲法》 →p.143 |
| | | 在全國都市提供營養午餐 →p.38 |
| | | 山口法官只吃配給的食物，因為營養不良餓死 →p.306 |
| | | 本田實發現新彗星 →p.340 |
| | 1949 | 制定成人之日，慶祝二十歲加入大人的行列 →p.33 |
| | | 法隆寺發生火災，金堂的壁畫遭到燒毀 →p.44 |
| | 1950 | 朝鮮半島南北分裂，爆發韓戰 →p.196 |
| | 1951 | 日本人在第55屆波士頓馬拉松首次奪冠 →p.129 |
| | 1952 | 《舊金山和約》生效，日本恢復主權 →p.138 |
| | 1953 | 開始播放電視節目 →p.50 |
| | 1954 | 日本為幫助世界上的開發中國家，開始實施ODA →p.301 |
| | 1956 | 簽署《日蘇共同宣言》，和蘇聯恢復邦交 →p.314 |
| | 1958 | 東京鐵塔完工 →p.379 |
| | 1959 | 在南極觀測基地發現倖存的小狗太郎和次郎 →p.32 |
| | 1964 | 舉辦東京奧運 |
| | 1965 | 江戶川亂步逝世 →p.230 |
| | 1966 | 披頭四樂團訪日 →p.200 |
| | | 制定建國紀念日 →p.60 |
| | 1968 | 川端康成獲得諾貝爾文學獎 →p.312 |
| | | 發生三億圓獎金被搶的三億圓事件 →p.366 |
| | 1971 | 簽署《沖繩返還協定》，沖繩從美國回歸日本 →p.188 |
| | 1972 | 橫井庄一在關島被人發現 →p.42 |

| 時代 | 西元 | 主要事件 |
|---|---|---|
| 昭和時代 | 1972 | 舉辦札幌冬季奧運 →p.52 |
| | | 在高松塚古墳發現色彩鮮豔的壁畫 →p.99 |
| | | 與中國和好，締結邦交 →p.293 |
| | | 貓熊在上野動物園亮相 →p.331 |
| | 1973 | 原油價格上升，發生第一次石油危機 →p.311 |
| | 1974 | 佐藤榮作獲得諾貝爾和平獎 →p.303 |
| | 1985 | 連接四國和本州的大鳴門橋開通 →p.179 |
| | 1988 | 東京巨蛋完工 →p.95 |
| | | 國會通過消費稅法案 →p.380 |
| 平成時代 | 1990 | 日本人首次飛上宇宙 →p.358 |
| | 1994 | 世界第一座海上機場關西國際機場啟用 →p.268 |
| | 1995 | 日本原生的朱鷺剩下最後一隻 →p.140 |
| | 2002 | 首次與北韓進行會談，發表《日朝平壤宣言》 →p.281 |
| | 2005 | 預防全球暖化的《京都議定書》開始生效 →p.65 |
| | 2006 | 在兵庫縣丹波市挖到恐龍化石 →p.240 |
| | 2007 | PASMO開始啟用 →p.96 |
| | 2011 | 發生東日本大震災 →p.89 |
| 令和時代 | 2019 | 平成天皇退位，年號改為令和 |

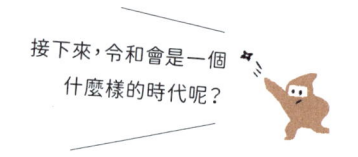

接下來，令和會是一個什麼樣的時代呢？

# 參考文獻

- 《日本史看看就好筆記》（ゼロからやりなおし！日本史見るだけノート），小和田哲男／監修，楓樹林出版社
- 《日本戰國史看看就好筆記》（ゼロからやりなおし！戦国史見るだけノート），小和田哲男／監修，楓樹林出版社
- 《用四百字摘要讀懂日本史》（400字で読む　あらすじ日本史，直譯），小和田哲男／監修，寶島社
- 《漫談日本史》（マンガで教養　やさしい日本史），本郷和人／監修，Mikame Yukiyomi／漫畫，楓書坊
- 《圖解　深入日本古代史》（総図解　よくわかる　古代史，直譯），瀧音能之／編輯，新人物往來社
- 《速解日本戰國史》（早わかり戦国史，直譯），外川淳／著，日本實業出版社
- 《詳說日本史研究》（直譯），佐藤信、五味文彥、高埜利彥、鳥海靖／編輯，山川出版社
- 《砍掉重練　高中日本史》（やりなおし高校日本史，直譯），野澤道生／著，筑摩新書
- 《再學一次日本史　古代‧中世‧近世【教養篇】》（いっきに学び直す日本史　古代‧中世‧近世【教養編】，直譯），安藤達朗／著，東洋經濟新報社
- 《今天是什麼日子？366天　從偉人生日到世界上的歷史事件或紀念日》（今日は何の日？366　偉人の誕生日から世界の歴史、記念日まで，直譯），PHP研究所／編輯，PHP研究所
- 《日本史365漫畫事典》（学研まんが事典シリーズ　日本史できごと365日事典，直譯），橫田とくお／著，學研
- 《今天是什麼日子？366天大事典：校內廣播話題錄》（今日は何の日？366日大事典：放送委員会のヒントがいっぱい！，直譯），校內放送研究所／編輯，AKANE書房
- 《日本史365天事件大全》（できごと日本史365日，直譯），左方郁子、高野澄、百瀨明治／著，駸駸堂出版
- 《馬上能派上用場的366紀念日事典》（すぐに役立つ366日記念日事典，直譯），加瀨清志／著，創元社
- 《今天是什麼日子？366天　讓每天的幼兒教育更有趣！》（今日は何の日？366日　毎日の保育が面白くなる！，直譯），清水洋美／著，世界文化社

知識館 033

# 寫給中小學生的圖說日本史
一天一頁，三分鐘讀懂歷史上的今天
日本の歷史366

| | |
|---|---|
| 監　　修 | 小和田哲男 |
| 繪　　者 | TOA |
| 譯　　者 | 歐兆苓 |
| 語文審訂 | 陳資翰（臺北市立大學歷史與地理學系） |
| 責任編輯 | 洪尚鈴 |
| 封面設計 | 張天薪 |
| 內頁排版 | 連紫吟・曹任華 |
| 出版一部總編輯 | 紀欣怡 |

| | |
|---|---|
| 出版發行 | 采實文化事業股份有限公司 |
| 執行副總 | 張純鐘 |
| 童書行銷 | 張敏莉 |
| 業務發行 | 張世明・林踏欣・林坤蓉・王貞玉 |
| 國際版權 | 劉靜茹 |
| 印務採購 | 曾玉霞 |
| 會計行政 | 許俽瑀・李韶婉・張婕莛 |
| 法律顧問 | 第一國際法律事務所　余淑杏律師 |
| 電子信箱 | acme@acmebook.com.tw |
| 采實官網 | www.acmebook.com.tw |
| 采實臉書 | www.facebook.com/acmebook01 |
| 采實童書粉絲團 | https://www.facebook.com/acmestory/ |

| | |
|---|---|
| ＩＳＢＮ | 978-626-349-990-4 |
| 定　　價 | 580元 |
| 初版一刷 | 2025 年 6 月 |
| 劃撥帳號 | 50148859 |
| 劃撥戶名 | 采實文化事業股份有限公司 |
| | 104台北市中山區南京東路二段95號9樓 |
| | 電話：(02)2511-9798　傳真：(02)2571-3298 |

國家圖書館出版品預行編目資料

寫給中小學生的圖說日本史：一天一頁，三分鐘讀懂歷史
上的今天 / 小和田哲男監修；歐兆苓譯. -- 初版. -- 臺北
市：采實文化事業股份有限公司, 2025.06
400 面；14.8 × 21 公分. -- ( 知識館；33)
譯自：日本の歷史 366
ISBN 978-626-349-990-4（平裝）
1.CST: 日本史 2.CST: 通俗作品
731.1　　　　　　　　　　　　　　　114004200

**線上讀者回函**

立即掃描 QR Code 或輸入下方網址，
連結采實文化線上讀者回函，未來
會不定期寄送書訊、活動消息，並有
機會免費參加抽獎活動。

https://bit.ly/37oKZEa

日本の歷史366
© Shufunotomo Co., Ltd. 2020
Originally published in Japan by Shufunotomo Co., Ltd.
Translation rights arranged with Shufunotomo Co., Ltd.
Through Keio Cultural Enterprise Co., Ltd.

采實出版集團
ACME PUBLISHING GROUP

版權所有，未經同意不得
重製、轉載、翻印